Veröffentlichungen der
Deutschen Gesellschaft für
Politikwissenschaft (DGfP)

Band 24

Eckhard Jesse/Eberhard Sandschneider (Hrsg.)

Neues Deutschland

Eine Bilanz der deutschen Wiedervereinigung

Nomos

Die Deutsche Nationalbibliothek verzeichnet diese Publikation in der Deutschen Nationalbibliografie; detaillierte bibliografische Daten sind im Internet über http://www.d-nb.de abrufbar.

ISBN 978-3-8329-3197-1

1. Auflage 2008

Inhalt

Veröffentlichung der Deutschen Gesellschaft für Politikwissenschaft (DGfP)

Eckhard Jesse/Eberhard Sandschneider (Hrsg.)

Neues Deutschland.
Eine Bilanz der deutschen Wiedervereinigung

Einleitung

Eckhard Jesse/Eberhard Sandschneider

Das Jahr 1989 hat im weltpolitischen Rahmen eine ähnliche Bedeutung wie das Jahr 1789. Mit dem plötzlichen, nicht vorhergesehenen Zusammenbruch des von der Sowjetunion beherrschten kommunistischen Weltensystems[1] brach ein Gezeitenwechsel an. Freilich zeigte sich die Annahme Francis Fukuyamas als so kühn wie optimistisch, die westliche Demokratie sei die finale Regierungsform schlechthin.[2] Sein Kollege Samuel P. Huntington hat mit seinem spektakulären Buch vom „Kampf der Kulturen" die These verfochten, nicht mehr Ideologien würden im Zentrum der Konflikte stehen[3]. Die westliche Kultur sei durch die islamische bedroht, jedenfalls stark herausgefordert. Das Aufkommen des extremistischen Islamismus mit terroristischen Zügen, wie er sich am 11. September 2001 drastisch gezeigt hat, schien den Pessimismus Huntingtons zu bestätigen.

Die weltpolitische Jahrhundertzäsur Ende der achtziger Jahre hatte für Deutschland besonders gravierende Auswirkungen. Mit dem Fall der Mauer am 9. November 1989 zerriss der „Eiserne Vorhang" symbolträchtig, wurde der Zusammenbruch des Ostblocks beschleunigt. Kein Jahr nach diesem Ereignis war Deutschland wiedervereinigt, die DDR von der politischen Landkarte verschwunden. Die These, in der DDR sei eine sozialistische Nation entstanden, erwies sich als großer Irrtum. Der zweite deutsche Staat war ein Staat auf Abruf. Aber nicht nur die Herrschenden in der DDR wurden überrascht: Die deutsche Einheit kam zu einer Zeit zustande, als die „Selbstanerkennung" der Bundesrepublik Deutschland weit vorangeschritten war: in der Politik wie in einflussreichen intellektuellen Kreisen.

Das vereinigte Deutschland wurde schnell vor große Aufgaben und ebensolche Herausforderungen gestellt: in innen- und außenpolitischer, in gesellschafts- und wirtschaftspolitischer Hinsicht. Der Zusammenschluss von zwei Gesellschaften, die sich 45 Jahre lang in unterschiedlichen, ja gegensätzlichen Systemen entwickelt hatten, ist eine Herkulesaufgabe, die bei realistischer Betrachtung nicht binnen weniger Jahre abgeschlossen sein kann. Auch wenn niemand mehr die Teilung propagiert: Die Gestaltung der deutschen Einheit wird höchst unterschiedlich beurteilt, ob man an die viel beschworene „innere Einheit" denkt, an den Prozess der materiellen Angleichung

1 Als einer der wenigen hat Zbigniew Brzezinski ansatzweise das Ende des Kommunismus prophezeit, nicht jedoch das der DDR. Vgl. ders., Das gescheiterte Experiment. Der Untergang des kommunistischen Systems, Wien 1989.

2 Vgl. Francis Fukuyama, Das Ende der Geschichte. Wo stehen wir?, München 1992.

3 Vgl. Samuel P. Huntington, Der Kampf der Kulturen. Die Neugestaltung der Weltpolitik im 21. Jahrhundert, München 1996.

oder an die Auseinandersetzung mit der SED-Diktatur.[4] Die Deutsche Gesellschaft für Politikwissenschaft hatte sich bereits 1992 auf ihrer 10. Tagung mit dem Thema „Die neue Bundesrepublik" befasst.[5] Wenn sie auf ihrer 23. Tagung in Tutzing im Herbst 2005 dieses Thema („Neues Deutschland. Eine Bilanz der deutschen Wiedervereinigung") wieder in Angriff nahm, so deshalb, weil sie der Meinung war, der langwierige Prozess der Wiedervereinigung verdiene stete wissenschaftliche Begleitung. Auch einige Beiträge aus der Nachwuchstagung, die seit einigen Jahren stattfindet, kommen zum Abdruck.

Wer die Frage aufwirft, ob das wiedervereinigte Deutschland eine neue oder eine erweiterte Republik darstellt, nimmt die Perspektive der Bundesrepublik bis zur deutschen Einheit ein. Denn aus der Sicht der Menschen in der DDR ist das politische, gesellschaftliche und wirtschaftliche System in jeder Hinsicht neu. Weniger einfach ist jedoch die Frage zu beantworten, ob das vereinigte Deutschland eher eine neue oder eher eine erweiterte Bundesrepublik sei.[6] Unabhängig davon: Die Auffassung, dass es sich um eine „veränderte Republik"[7] handelt, trifft den kleinsten gemeinsamen Nenner. Auch Klaus Schroeder, von dem das Zitat stammt, weiß nicht, ob die Kompassnadel in Richtung „neu" oder in Richtung „erweitert" ausschlägt, wenn innerhalb weniger Zeilen beide Vokabeln Verwendung finden. „Gewiss, Berlin ist nicht Bonn, aber Berlin ist auch nicht Weimar. Die ‚neue' Bundesrepublik ist derzeit nicht in Gefahr, steht aber aufgrund der veränderten Bedingungen vor ernsten Bewährungsproben, die ein ‚weiter so' in Politik und Gesellschaft nicht ratsam erscheinen lassen. Jenseits ihrer fortbestehenden Institutionen ist in der größer gewordenen Republik vieles in Bewegung geraten, was die bisherige politische und soziale Stabilität in Frage stellen könnte."[8] Autoren unterschiedlicher Couleur wie Johannes Gross und Jürgen Habermas sprachen schnell von der „Berliner Republik", ohne präzise ihren Bedeutungsinhalt darzulegen.[9]

Als die Regierung 1999 nach Berlin umzog und das Parlament wieder im Reichstag tagte, verbreitete sich verstärkt das Wort von der „Berliner Republik" – als Pendant zur „Bonner Republik".[10] Die Frage war: Handelt es sich dabei um mehr als ei-

---

4 Vgl. etwa Jürgen W. Falter/Oscar W. Gabriel/Hans Rattinger/Harald Schoen (Hrsg.), Sind wir ein Volk? Ost- und Westdeutsche im Vergleich, München 2006; Eckhard Jesse, Krasse Interpretationsunterschiede im Widerstreit. Die Bundesrepublik Deutschland 17 Jahre nach der Einheit, in: Zeitschrift für Politik 54 (2007), S. 259-268.

5 Vgl. Hartmut Jäckel, Die neue Bundesrepublik, Baden-Baden 2004 (Veröffentlichungen der Deutschen Gesellschaft für Politikwissenschaft, Bd. 11).

6 Vgl. Ralf Altenhof, Keine akademische Wortklauberei. Eine „neue" oder eine „erweiterte Bundesrepublik" nach der Wiedervereinigung?, in: Ders./Eckhard Jesse (Hrsg.), Das wiedervereinigte Deutschland. Zwischenbilanz und Perspektiven, Düsseldorf 1995, S. 219-242.

7 Vgl. Klaus Schroeder, Die veränderte Republik. Deutschland nach der Wiedervereinigung, München 2006.

8 Ebd., S. 641.

9 Vgl. Johannes Gross, Die Begründung der Berliner Republik, Stuttgart 1995, Jürgen Habermas, Die Normalität der Berliner Republik, Frankfurt a.M. 1995.

10 Vgl. etwa Roland Czada/Hellmut Wollmann (Hrsg.), Von der Bonner zur Berliner Republik. 10 Jahre Deutsche Einheit, Wiesbaden 2000.

nen „Ortswechsel“[11]? Welche Probleme hat die „Berliner Republik“ – und welche Perspektiven[12]? Ist die „Berliner Republik“ ein Synonym für eine „neue“ Republik? Bei der Frage, ob wir eine „neue“ Republik haben und haben sollten, gehen die Auffassungen weit auseinander. Die strikt nach links und nach rechts voneinander abgegrenzte Lagermentalität wird bei dieser Thematik außer Kraft gesetzt. Bereits bei der Abstimmung über den künftigen deutschen Regierungssitz am 20. Juni 1991 im Bundestag gerieten die herkömmlichen „Fronten“ durcheinander: Je etwa die Hälfte der Abgeordneten der beiden großen Volksparteien votierte für Berlin und für Bonn. Doch schon bald ließ die Zugkraft der Wendung von der „Berliner Republik“ nach. In dem 1999 von zehn jüngeren SPD-Abgeordneten ins Leben gerufenen Periodikum „Berliner Republik“ erklärte ein Jahrfünft später Albrecht von Lucke, die „Berliner Republik“ sei eine „vergessene Republik“[13]. Abgesehen vom 3. Oktober, der den 17. Juni abgelöst hat, sind die nationalen Symbole wie Flagge und Hymne dieselben geblieben. Gleichwohl ist mit Blick auf das Nationalgefühl ein Wandel eingekehrt, wie keineswegs bloß der entspannte und fröhliche Patriotismus bei der Fußballweltmeisterschaft gezeigt hat. Allerdings ist diese „Normalität“ nicht nur auf die deutsche Einheit zurückzuführen, sondern u.a. auf die selbstbewusste Haltung der rot-grünen Regierung.[14]

Die Antworten, die die Autoren dieses Bandes auf die Frage nach Kontinuität und Wandel geben, sofern sie sich mit der Frage auseinandersetzen, fallen durchaus unterschiedlich aus, wie es bei einem Band, dessen Autoren nach dem Pluralismusgebot zusammengestellt sind, nicht anders sein kann. Zudem hängt das Ergebnis maßgeblich davon ab, welches Politikfeld in Augenschein genommen wird. Wer den Schwerpunkt auf die Außenpolitik legt, kommt offenkundig zu einem anderen Schluss als ein Verfassungsrechtler; wer das Parteiensystem sichtet, gelangt nicht zu demselben Fazit wie der politische Kulturforscher. Nach einem übergreifenden Essay von Claus Leggewie leuchten Werner Patzelt und Michael Edinger/Andreas Hallermann Facetten der politischen Kultur aus. Während Julia von Blumenthal und Andreas Busch auf je eigene Weise dem komplizierten Verhältnis von Parteiensystem und Föderalismus nachgehen, widmen sich Hanns W. Maull und Peter Becker der Frage nach Kontinuität und Wandel im Bereich der Außen- und Europapolitik.

Die öffentliche Debatte über den Erfolg der deutschen Vereinigung hat nach Claus Leggewie eine steile Alternative hervorgebracht: „Glücksfall Deutsche Einheit“ oder „Supergau“. Verwestlichung schien das alternativlose Telos der politischen Kultur der Bundesrepublik zu sein, das auf die vorbehaltlose Westbindung der neuen Länder

11 Vgl. Hans-Dietrich Genscher/Ulrich Frank-Planitz (Hrsg.), Nur ein Ortswechsel? Eine Zwischenbilanz der Berliner Republik, Stuttgart 2002.

12 Vgl. Michael Jäger, Probleme und Perspektiven der Berliner Republik, Münster 1999.

13 Vgl. Albrecht von Lucke, Die vergessene Republik, in: Berliner Republik, Heft 4/2004, S. 14-18.

14 Vgl. u.a. Matthias Matussek, Wir Deutschen. Warum die anderen uns gern haben können, Frankfurt a.M. 2007.

hinauslief und die Magnettheorie der 1950er Jahre zu erfüllen schien.[15] Der Beitrag untermauert dagegen die Vermutung, dass seit 1990 keine Homogenisierung der politischen Kultur eingetreten ist und die Entwicklung besser mit dem Begriff der „Differenzierung" zu fassen ist. Leggewie unterstreicht fünf Elemente: 1. Der föderative Zusammenhalt der alten Bundesrepublik wird problematischer. 2. Das Parteiensystem öffnet sich, das Wahlverhalten wird unberechenbarer. 3. Volksparteien" und Koalitionsmuster verlieren an Verbindlichkeit. 4. Politische Zufriedenheit und Unterstützung der demokratischen Ordnung lassen nach. 5. Die sprichwörtliche Konsensorientierung geht zurück, die (mediale) Konfrontation wächst. Da dies auch Merkmale der ostmitteleuropäischen Transformationsgesellschaften sind, bietet sich der Begriff Veröstlichung an. Damit ist keine Abkehr von der Westbindung gemeint, sondern eventuell sogar der Durchgriff alternativer westlicher Demokratiekonzepte (aus dem angloamerikanischen Bereich) auf das politische System der alten Bundesrepublik, das Elemente eines „dritten Weges" zwischen Ost und West beinhaltete.

Wie viel Einheit weist die deutsche politische Kultur inzwischen auf? Wie kam es zur bestehenden Lage, und wie verläuft die weitere Entwicklung? Um diese Fragen zu beantworten, richtet sich der Blick von Werner Patzelt zunächst auf wichtige Grundlagen politisch-kultureller Differenzen (Unterschiede beim Einkommen und der Arbeitslosigkeit, bei der allgemeinen Lebenszufriedenheit und bei persönlicher Religiosität). Sodann kommen, eingebettet in ein gesamteuropäisches Panorama, zentrale Elemente west- und ostdeutscher politischer Kultur vergleichend zur Sprache: politische Einstellungen, Demokratiezufriedenheit, gesellschaftliche und politische Aktivitäten, ferner zentrale Entwicklungsmuster ostdeutscher politischer Kultur seit der Wiedervereinigung. Anschließend geht es um das hinter alledem stehende Bedingungsgefüge: zeitgeschichtliche Besonderheiten ostdeutscher Demokratiegründung („Katzenjammer" nach Revolutionseuphorie, intensives Wahlkampfgeschehen, besonderer Nachrichtenwert des Negativen); wirtschaftliche Umstände (Währungsumstellung 1:1, Wegbrechen der Ostmärkte, Run auf westdeutsche Produkte gerade in der Anfangsphase des Wirtschaftsumbaus, wenig wettbewerbsfähiger Kapitalstock usw.); gesellschaftliche Prägefaktoren (Vermachtung des vorpolitischen Raums zu DDR-Zeiten, politisch gewollte und auch weitgehend erreichte Entbürgerlichung der ostdeutschen Teilgesellschaft, soziale Spreizung und Spannungen durch unterschiedliche Lebenschancen nach der „Wende", ‚ostdeutscher „Hospitalismus" durch intensiven Westpaternalismus); sowie unterschiedliche Pfade kultureller Entwicklung (Aufarbeitung des Nationalsozialismus, unterschiedliche Wirkungen von „1968", Prägekräfte des jahrzehntelangen Realsozialismus). Am Ende zeigt sich, dass die wahrscheinlichste Entwicklung im Überschichten unterschiedlich bleibender Bestände politischer Kultur durch nunmehr gemeinsame und immer mehr auch gemeinsam gedeutete Erfahrungen liegen wird.

15 Vgl. Axel Schildt, Ankunft im Westen. Ein Essay zur Erfolgsgeschichte der Bundesrepublik, Frankfurt a. M. 1999; Anselm Doering-Manteuffel, Wie westlich sind die Deutschen? Amerikanisierung und Westernisierung im 20. Jahrhundert, Göttingen 1999.

Im Zentrum des Beitrags von Michael Edinger und Andreas Hallermann steht die Analyse der deutschen Einheit in Ostdeutschland und die Suche nach ihren Determinanten. Dabei werden anfangs die Urteile der Befragten über die deutsche Einheit und das vereinigte Deutschland untersucht. Bei der Suche nach Erklärungen dieser Einheitsbilanz kommen zunächst politische Faktoren zur Sprache, insbesondere die Akzeptanz oder Ablehnung der Demokratie als Staatsidee, als Verfassungskonzept und in der Praxis. Im Vergleich zu weiteren sozialstrukturellen, wirtschaftlichen und gesellschaftlichen Einschätzungen geht es schließlich um den Rang der politischen Einstellungen bei der Bewertung der deutschen Einheit: Wird die Einheit wegen des neuen demokratischen Systems befürwortet, oder ist die persönliche Lage ausschlaggebend? Das Fazit: Die Einheitsbilanz ist durch situative Faktoren bestimmt wie durch sozialisationsbedingte. Das insgesamt positive Bild der Bundesrepublik ist allerdings zunehmend durch spezifische Faktoren getrübt. Die Zufriedenheit mit der Demokratie, so wie sie besteht, nimmt ab, erst recht die Zufriedenheit mit den Parteien. Die Einheitsbilanz fällt in den neuen Bundesländern (die Ereignisse für Thüringen[16] dürften sich verallgemeinern lassen) in den letzten Jahren weniger positiv aus. Trägt das heutige Deutschland häufig noch Züge der alten Bundesrepublik, könnte das künftige Deutschland hingegen stärker ostdeutsche Züge aufweisen – jedenfalls mit Blick auf die politisch-kulturelle Verfasstheit. 1990 wäre ein solches Urteil wohl nicht erwartet worden.

Eine Reihe von Studien ist in den letzten Jahren der Frage nachgegangen, ob sich die bereits seit den 80er Jahren verschärfenden ökonomischen Interessengegensätze und die mit der deutschen Einheit gewachsene Heterogenität der Bundesländer auf die Struktur des Parteienwettbewerbs auswirken. Die Autoren kommen zu sehr unterschiedlichen Ergebnissen: Jeffery/Hough konstatieren eine „Territorialisierung" des Parteienwettbewerbs[17], während Decker und Burkhart dessen fortwirkende bundespolitische Ausrichtung hervorheben[18]. Die These von der Territorialisierung des Parteienwettbewerbs unterzieht Julia von Blumenthal in zwei Schritten einer kritischen Revision, zunächst anhand neuerer Studien zur bundespolitischen Durchdringung von Landtagswahlen, danach in einer Analyse der Entscheidungsprozesse im Bundesrat seit der deutschen Einheit. Wenn die führenden Akteure (Landesregierungen) sich stärker an landespolitischen Interessen und Gegebenheiten orientierten, müsste dies sich auch zeigen. Als theoretischer Zugang wird eine analytische Governance-

16 Vgl. auch Michael Edinger/Andreas Hallermann, Politische Kultur in Ostdeutschland. Die Unterstützung des politischen Systems am Beispiel Thüringens, Frankfurt a.M. 2004.

17 Vgl. Charlie Jeffery/Daniel Hough, Landtagswahlen: Bundestestwahlen oder Regionalwahlen, in: Zeitschrift für Parlamentsfragen 34 (2003), S. 79-94.

18 Vgl. Frank Decker, Landtagswahlen als bundespolitische „Zwischenwahlen". Empirische Analyse und institutionelle Konsequenzen, in: Eckhard Jesse/Roland Sturm (Hrsg.), Bilanz der Bundestagswahl 2005, Wiesbaden 2006, S. 259-280; Simone Burkhart, Parteipolitikverflechtung. Über den Einfluss der Bundespolitik auf Landtagswahlentscheidungen von 1976 bis 2000, in: Politische Vierteljahresschrift 46 (2005), S. 14-38.

Perspektive gewählt. Im Ergebnis schlägt sich die Verringerung der Homogenität der Länder in ökonomischer Hinsicht im Parteienwettbewerb zwar durchaus nieder. Die Bundesrepublik bleibt jedoch auch nach der deutschen Einheit ein im internationalen Vergleich homogenes föderales System, dessen Parteiensystem weitaus mehr von zentripetalen als von zentrifugalen Tendenzen geprägt ist. Ob sich die Waage zugunsten territorialer Interessen oder bundespolitischer Perspektiven neigt, ist wesentlich eine Folge inner- und intraparteilicher Interaktionsmuster und Wettbewerbskonstellationen auf beiden Ebenen des deutschen Bundesstaates.

Der Beitrag von Andreas Busch greift die Debatte um die Reformprobleme in der bundesdeutschen Politik auf und zeichnet zunächst anhand einiger Beispiele die Diagnose des „Reformstaus" nach. Sie prägt bereits seit längerem die politische Diskussion und konzentriert sich seit Ende der 1990er Jahre zunehmend auf die Dysfunktionalitäten des föderalen Systems. Viele Seiten haben folglich eine Reihe von Reformvorschlägen vorgebracht. Nach Busch vernachlässigt eine solche Perspektive die Interaktion von Parteiensystem und Föderalismus. Anhand eines umfangreichen Datensatzes über die Zusammensetzung von Länderregierungen wird gezeigt, dass die Periode seit der Vereinigung 1990 vor allem durch Veränderungen der Dynamik auf der Ebene des Parteiensystems eine spezifische Situation im Bundesrat geschaffen hat, die Politikblockaden zuträglich ist. Diese ist jedoch durch institutionelle Änderungen des föderalen Systems kaum aufzubrechen. Selbst ein um die Trägheitsmomente des kooperativen Föderalismus bereinigtes Regierungssystem würde sich nicht zum „Durchregieren" eignen, da die Charakteristika des „semisouveränen Staates"[19] mit seiner Zähmung zentralstaatlicher Macht auch nach der Vereinigung fortdauern und die bundesdeutsche Politikproduktion kennzeichnen.

Das Verhältnis von Kontinuität und Wandel bestimmt viele Debatten zur deutschen Außenpolitik. Sie zeichnet sich nach Hanns W. Maull über den Zeitraum von 1955 bis 2005 durch eine bemerkenswerte Kontinuität aus, die selbst über den Systembruch der Weltpolitik von 1989 hinweg andauerte. Über diesen gesamten Zeitraum bleiben die wesentlichen Konstanten der deutschen Außenpolitik dem außenpolitischen Rollenkonzept einer Zivilmacht verpflichtet, das aus einem Kernbestand von Normen und Prinzipien wesentliche außenpolitische Leitlinien bezieht. Dazu gehören die konsequente Absage an die Macht- und Expansionspolitik des Kaiserreiches und des Nationalsozialismus, die systematische Eingliederung der Bundesrepublik in die Wertorientierungen und institutionellen Rahmenwerke multilateralen Handelns der westlichen Staaten und der Verzicht auf eigenständige Handlungsoptionen. Lediglich in drei Bereichen gab es über die fünf Jahrzehnte hinweg wichtige Veränderungen in der (west)deutschen Außenpolitik – Anfang der 1970er Jahre die Neuausrichtung der Ostpolitik; nach der Vereinigung die Umorientierung vom atlantischen Bündnis auf

19 Vgl. Peter Katzenstein, Policy and politics in West Germany. The growth of a semisovereign state, Philadelphia, 1987.

den Vorrang Frankreichs und damit die Verlagerung der außenpolitischen Priorität von Washington auf Paris; und die Neuausrichtung der Sicherheitspolitik nach 1990, die aus der Bundeswehr eine Armee im Einsatz gemacht hat. Allerdings zeigte sich das Festhalten an der außenpolitischen Kontinuität im Verlauf der 1990er Jahre und nach der Jahrtausendwende aus mehreren Gründen als zunehmend problematisch: Zum ersten schmolzen unter den Belastungen der Vereinigung und dem Druck der Globalisierung die materiellen und ideellen wirtschaftlichen Erfolgsgrundlagen dieser Politik der Kontinuität zusammen. Zum zweiten erwiesen sich die alten Orientierungen angesichts eines fundamental veränderten außenpolitischen Umfeldes als immer weniger tragfähig, und zum dritten verlor diese Politik deshalb von etwa Mitte der 1990er Jahre an zunehmend an Kohärenz und Konsistenz. Diese Probleme der deutschen Kontinuitätspolitik traten während der rot-grünen Koalition von 1998 bis 2005 immer deutlicher hervor und trugen auch zur Bündnis-Doppelkrise des Jahres 2003 bei.

Begrenzt auf den Teilbereich der deutschen Europapolitik analysiert der Aufsatz von Peter Becker insbesondere die These von der „Normalisierung" und „Pragmatisierung" der deutschen Europapolitik ab der Zeitenwende 1989/90 mit Hilfe der Analysekategorien „nationale Interessen", „Entscheidungsstrukturen und Institutionen" sowie „Leitbilder und Identitäten". Trotz der nachdrücklichen Kontinuitätsrhetorik und der Betonung traditioneller Leitlinien, Orientierungen und Interessen der deutschen Europapolitik fallen einige graduelle Veränderungen und Anpassungen der deutschen Europapolitik auf: Die Europapolitik des vereinten Deutschland knüpfte zwar an die integrationspolitischen Leitbilder und Grundlagen vor der Zäsur 1989/90 an; dennoch ist insbesondere die europapolitische Alltags- und Routinepolitik nach 1989 durch einen Trend zur Pragmatisierung, Enttabuisierung und Normalisierung gekennzeichnet. Die zunehmende Europäisierung und die stärkere Durchdringung der bisherigen Innen- und Alltagspolitik durch europäische Vorgaben lässt die Anzahl der in die Formulierung der deutschen Europapolitik eingebundenen Entscheidungsträger und Institutionen ansteigen; die Notwendigkeit, deren Interessen zu beachten, wächst beträchtlich. Diese Differenzierung und Spezialisierung des europapolitischen Entscheidungssystems führt zwangsläufig zu einer Bürokratisierung der Europapolitik und der Entscheidungsverfahren. Umgekehrt werden umso häufiger bislang innenpolitische Interessenkonflikte auch in die europapolitische Debatte eingeführt. Nicht die fundamentalen Veränderungen des internationalen Systems nach 1989/90 sind für die Normalisierung und Pragmatisierung der deutschen Europapolitik bestimmend, sondern in viel stärkerem Maße die Fortschritte des europäischen Integrationsprozesses.

Das paradox anmutende Fazit, das Hartmut Jäckel wenige Jahre nach der deutschen Einheit bei der Herausgabe des früheren Bandes der Deutschen Gesellschaft für Politikwissenschaft zur „neuen Bundesrepublik" gezogen hat, mag auch wenige Jahre vor der zwanzigsten Wiederkehr der deutschen Einheit geeignet sein, das Koordinatensystem treffend zu kennzeichnen. „Die neue Bundesrepublik ist das Kontinuum der alten Bundesrepublik, und sie wird es bleiben, solange sie nicht aufhört, sich zu wandeln und zu erneuern."[20] Denn die Bundesrepublik Deutschland des Jahres 1989 hatte sich gegenüber der Bundesrepublik Deutschland des Jahres 1949 auch gewandelt und sich erneuert. In gewisser Weise war die „alte" Bundesrepublik 1989 eine „neue" geworden. Was einst neu war, wird schnell alt; und viele alte Elemente finden sich in den neuen Strukturen wieder. Die Zäsur der Jahre 1918/19, 1933 und 1945/49 gegenüber früher ist wohl größer als der Einschnitt von 1990 gegenüber 1949. Jedenfalls gilt das für die Bundesrepublik Deutschland. Eine Generation nach der Einheit, wenn sich die Deutsche Gesellschaft für Politikwissenschaft ein drittes Mal mit dem „neuen Deutschland" befasst, dürfte dieses Urteil weiterhin Bestand haben.

20 Hartmut Jäckel, Vorwort, in: Ders. (Anm. 5), S. 8; siehe auch Angelo Bolaffi, Die schrecklichen Deutschen. Eine merkwürdige Liebeserklärung, Berlin 1995, S. 10.

Veröstlichung oder: Vom Zäsur- zum Differenzbewusstsein

Claus Leggewie

„Unser Stolz sollte es sein, dass wir nicht *eine* Idee haben, sondern *viele* Ideen, gute und schlechte; dass wir nicht *einen* Glauben haben, nicht *eine* Religion, sondern viele, gute und schlechte. Es ist ein Zeichen der überragenden Kraft des Westens, dass wir uns das leisten können. Die Einigung des Westens auf *eine* Idee, auf *einen* Glauben, auf *eine* Religion, wäre das Ende des Westens, unsere Kapitulation, unsere bedingungslose Unterwerfung unter die totalitäre Idee."

(Karl Popper)

1. Einleitung

Verwestlichung scheint die alternativlose Tendenz der politischen Kultur der Bundesrepublik zu sein. Der lange Weg nach Westen gilt als Telos, die vorbehaltlose Westbindung als ihre politisch-kulturelle Leistung. Am 3. Oktober 1990 konnte Bundespräsident Richard von Weizsäcker feststellen: „Der Tag ist gekommen, an dem zum ersten Mal in der Geschichte das ganze Deutschland seinen dauerhaften Platz im Kreis der westlichen Demokratien findet." Dagegen richtet sich kaum noch maßgeblicher öffentlicher Widerspruch; die bis in die 1980er Jahre populäre Vorstellung, Deutschland könnte „Brücke" sein zwischen Ost und West und sich in den Kulturkonflikten der Gegenwart neutral verhalten, teilen jetzt nur wenige.

16 Jahre und damit bald eine Generation nach der Vereinigung der beiden deutschen Staaten, wird die deutsche Einheit jedoch mit einer sehr steilen Alternative assoziiert: Scheitern oder Vollendung? Derzeit besteht die Neigung, sie mit einer wachsenden sozialen Kluft zwischen Ost und West gleichzusetzen – vom „Glücksfall Deutsche Einheit" zum „Supergau". Viele Ostdeutsche empfinden sich als Bürger zweiter Klasse, ebenso Gleichgesinnte im Westen, die sich ausgebeutet fühlen. Generell wird der Einigungsprozess mit seiner Dauer negativer bewertet.[1] Was kann eine politische Soziologie der deutschen Wende dazu sagen? Die Frage des „Gelingens" lädt ihr eine überflüssige Beweislast auf, denn beides – die Einheit wie die Kriterien ihres Gelingens – sind unsauber definiert, eine Antwort ist also unmöglich oder beliebig. Eine realitätstaugliche Soziologie muss weitere sozialstrukturelle Entwicklungen

1 Uwe Müller, Supergau Deutsche Einheit, Berlin 2005; Hannes Bahrmann/Christoph Links (Hrsg.), Am Ziel vorbei. Die deutsche Einheit – eine Zwischenbilanz, Berlin 2005; Jens Bisky, Die deutsche Frage. Warum die Einheit unser Land gefährdet, Berlin 2005; Rainer Hufnagel/Titus Simon (Hrsg.), Problemfall Deutsche Einheit, Wiesbaden 2004.

im Auge haben, und hier vermitteln Sozialindikatoren und demoskopische Daten ein eher undramatisches Bild von der Lage zwischen Ost und West – was angesichts der medialen Diskurs- und Gedenklage die eigentliche Sensation ist.[2]

„Verwestlichung“ im Sinne einer Anpassung der neuen Länder an die Usancen der alten Bundesrepublik und einer Homogenisierung der politischen Kultur ist das aber nicht. Die Jahre seit 1989 lassen sich leitmotivisch weit besser mit dem Begriff der „Differenzierung“ als mit dem der Spaltung fassen. Und das heißt: Die Zunahme innerdeutscher Verschiedenheit in sozialer, kultureller und politischer Hinsicht verbindet Ost- und Westdeutschland in wachsendem Maße.

2. Zäsur 1989 oder lange Wellen der Konjunktur?

Kann man die seit 1990 eingetretene Entwicklung kausal auf den Zusammenbruch des „realexistierenden Sozialismus“ zurückführen, oder waren hier lange Wellen der Konjunktur, der Demografie oder des Wertewandels am Werke? Dem ereignis-bezogenen Pathos und ausgeprägten Zäsurbewusstsein der meisten Historiker steht die demonstrative Gelassenheit mancher Politologen entgegen, die mit Blick auf ihre Zahlenreihen eigentlich „nichts als Kontinuität“ (Max Kaase) erblicken können. Wenn man zwischen beiden Polen zu klären versucht, was in den vergangenen anderthalb Jahrzehnten „wirklich“ geschehen ist, kann man zunächst konstatieren, dass Deutschland als Gesamtheit ungleicher geworden ist und sich die politische Stimmung verschlechtert hat. Das hat Konsequenzen für das politische System der Bundesrepublik.

1. Der föderative Zusammenhalt der alten Bundesrepublik wird problematischer.
2. Das Parteiensystem öffnet sich, das Wahlverhalten wird unberechenbarer.
3. „Volksparteien“ und Koalitionsmuster verlieren an Verbindlichkeit.
4. Politische Zufriedenheit und Unterstützung der demokratischen Ordnung lassen nach.
5. Die sprichwörtliche Konsensorientierung lässt nach, die (mediale) Konfrontation wächst.

Deuten möchte ich diesen Prozess in der Weise, dass sich die Sozialstruktur „verwestlicht“ hat, während die politischen Strukturen „östlicher“ werden. Da dies leicht missverstanden werden kann, seien Fehldeutungen von vornherein ausgeschlossen: „Veröstlichung“ heißt natürlich nicht Restauration der DDR oder eines gewendeten Realsozialismus, sondern lediglich, dass man in der politisch-sozialen Entwicklung der

2 Vgl. Jan W. van Deth (Hrsg.), Deutschland in Europa: Ergebnisse des European Social Survey 2002-2003, Wiesbaden 2005; Statistisches Bundesamt/WZB/ZUMA (Hrsg.), Datenreport 2004. Zahlen und Fakten über die Bundesrepublik Deutschland, 2. Aufl., Bonn 2005; Rüdiger Schmitt-Beck/Martina Wasmer (Hrsg.), Sozialer und politischer Wandel in Deutschland, Wiesbaden 2004; Gunnar Winkler (Hrsg.) Sozialreport 2004, Daten und Fakten zur sozialen Lage in den neuen Bundesländern, Berlin 2004; ZUMA (Hrsg.), Informationsdienst Soziale Indikatoren, 33 und 34/2005.

neuen Länder eher das Bild der künftigen Entwicklung Gesamtdeutschlands vor Augen hat als in der üblichen Vision einer Anpassung in umgekehrter Richtung. Das beinhaltet die gesamt-deutsche Relativierung jener spezifischen politisch-kulturellen Westbindung, die die Bonner Republik auszeichnete.[3]

3. Demographische Zäsur der 60er Jahre

Eine nachhaltige Trendwende fand in Deutschland lange vor 1990 statt: Geburtenkontrolle und Scheidungsfreudigkeit haben das Bevölkerungsverhalten seit Ende der 1960er Jahre grundlegend verändert, indem die durchschnittliche Kinderzahl pro Frau auf 1,3 sank, also weit unter die Marke, die eine ausgeglichene Bevölkerungsbilanz erlaubt. Diese Stagnation war anfangs durch erhebliche Migrationsgewinne (in den 1970er und 1990er Jahren) zu kompensieren; heute befindet sich die Bevölkerung im raschen Schrumpfungsprozess, und Deutschland wird vom Einwanderungsland zum prospektiven Auswanderungsland. Selbst in der optimistischsten (unrealistischen) Variante ist bis 2050 ein Rückgang bis 15 Millionen zu erwarten, mit der Folge, dass dann 70 bis 80 Personen im Renten- und Pensionsalter auf 100 Personen im Erwerbsalter kämen.

Ein Wesenszug demografischer Tendenzen ist ihre Langfristigkeit und Irreversibilität, stets in Diskrepanz zur Reaktion der Öffentlichkeit. Bevölkerungsentwicklungen werden anfangs in der Regel heruntergespielt (Stichwort „Biologismus"), im Lauf der Zeit kippt die Indifferenz in panikartige Übertreibung um (Stichwort „Methusalem-Komplott"). Die Gegenwart steht unter dem Stern künftiger Zwangsentwicklungen, die wiederum Mitte der 60er Jahre eingeleitet worden sind, und die, wenn man heute gegensteuert, frühestens in ein bis zwei Generationen revidiert werden können. Der Mauerfall ist allenfalls insofern von Interesse, als sich das bis dahin unterschiedliche Reproduktionsverhalten in Ost und West angepasst hat, ohne ganz identisch zu werden. Die bewusste oder unbewusste „Kulturrevolution" der 60er Jahre hat die deutsche Gesellschaft deutlich verändert, indem zwar die Vater-Mutter-Kind-Familie weiter vorherrscht, aber andere Lebensformen nach vorn gedrängt sind: Single-Haushalte, Alleinerziehende, kinderlose Paare, die allmähliche Entwöhnung vom Kinderwunsch, und zwar relativ unabhängig von Transferleistungen und sozialen Dienstleistungen, oft auf deren angebliche Mangelhaftigkeit projiziert.

Anders als in Frankreich, den USA und Skandinavien (wo analoge Bevölkerungstrends zu verzeichnen sind) fand seit 1990 kein *echo baby boom* statt, sondern die Geburtenrate stagniert weiter. Die damaligen Wanderungsströme nährten die Illusion, Deutschland werde nun wirklich Einwanderungsland und könne hausgemachte Demografiedefizite ausgleichen. Während vor allem Spätaussiedler und Asylbewerber

3 Heinrich August Winkler, Der lange Weg nach Westen, 2 Bde., München 2002; Erich Weede, Ideen, Ideologie und politische Kultur des Westens, in: Zeitschrift für Politik 36 (1989), S. 27-43.

für eine hohe Nettoeinwanderung (auf US-Niveau und darüber!) sorgten, sieht die Nettobilanz heute ganz anders aus: Die Neigung, nach Deutschland einzuwandern, könnte mittelfristig gegen Null tendieren. Schlagzeilen machen derzeit vor allem die Fachkräfte, die aus Deutschland abwandern. Die rot-grüne Regierung hat mit der Änderung des Staatsangehörigkeitsrechts das überfällige Zeichen gesetzt, aber praktisch kam sie wenig voran. Dass erste Greencard-Bezieher dem Land den Rücken kehren, ist dafür nur ein Beispiel. Folgen dieser Tendenzwende sind sichtbar in Ostdeutschland, wo die Entvölkerung ganzer Landstriche sichtbar wird. Die deutsche Sozialstruktur dürfte sich somit am stärksten in ihrem Altersaufbau verändern.

Um auch hier Missverständnisse zu vermeiden und die „mittlere Linie" zu halten: Weder gibt diese Diagnose Anlass zu Panikattacken, wie sie im konservativen Milieu anzutreffen sind, noch sollte man soziodemografische Trends weiterhin herunterspielen oder ideologiekritisch beäugen, wie dies im linken Lager üblich war und ist. Es zeigt aber der Osten, wo Schulen, Kirchen und öffentliche Einrichtungen aller Art geschlossen werden, dem Westen ein Bild seiner Zukunft. Diese muss nicht so dramatisch ausfallen, wenn der veränderte Altersaufbau nüchtern zur Kenntnis genommen wird und Politik und Gesellschaft die notwendigen sozial- und bildungspolitischen Konsequenzen daraus ziehen.

4. Wachsende soziale Ungleichheit in ganz Deutschland

Jenseits davon muss eine politische Soziologie der deutschen Wende insbesondere die wachsende soziale Ungleichheit im europäischen und internationalen Vergleich beachten. Ein Kriterium ist das signifikant steigende Einkommen des oberen Quintils der Bevölkerung im Verhältnis zu den unteren zwanzig Prozent, ein anderes die wachsende Zahl der Haushalte unter der Armutsgrenze. Generell zeigt sich, dass Deutschland seine in den frühen 90er Jahren noch über dem EU-Durchschnitt liegende Gleichheit und Armutsprävention nicht halten konnte und deutlich hinter entsprechende Vergleichsfälle und mögliche Vorbilder zurückfällt. Obwohl die Einkommensungleichheit ausweichlich des Gini-Indexes seit 1991 (oder 1984) nicht massiv zugenommen hat und Deutschland noch deutlich unter dem EU-Durchschnitt liegt, von einer ausgeprägten Polarisierung also kann noch keine Rede sein kann, nähert sich die Bundesrepublik traditionell ungleicheren Gesellschaften wie USA und Großbritannien an.[4]

Zu beachten ist insbesondere, dass in West- *und* Ostdeutschland die Armutsquote derzeit auf Rekordwerte steigt, wobei schon seit 1990 vor allem die wachsende Ungleichheit auf dem Gebiet der ehemaligen DDR festzuhalten ist. Das ist eine dramatische Veränderung: Im unteren Segment der Einkommensverteilung sind ohne Ein-

---

4 Peter A. Berger, Deutsche Ungleichheiten – eine Skizze, in: Aus Politik und Zeitgeschichte, B 28-29/2005, S. 7-16; Rainer Geißler, Die Sozialstruktur Deutschlands: zur gesellschaftlichen Entwicklung mit einer Bilanz zur Vereinigung, 4. Aufl., Wiesbaden 2006.

künfte aus der Schattenwirtschaft und soziale Transferleistungen Ausweitungen des privaten Verbrauchs nicht mehr möglich. Dass verteilungspolitische Anstöße aus haushalts- wie tarifpolitischen Gründen kaum noch zu erwarten sind, unterstreicht, dass der deutsche Wohlfahrtsstaat einer Zunahme der um 1990 einsetzenden sozialen Ungleichheit wenig entgegensetzen will, kann und wird.

Auch der langjährige Trend abnehmender Konzentration der Vermögen in Deutschland ist zum Stillstand gekommen und dreht sich seit Mitte der 1990er Jahre um. Für die Beurteilung des hiesigen Sozialstaates gelten auch nicht mehr hausgemachte Gerechtigkeitskriterien, als Messlatte wird die Leistungsbilanz fernöstlicher und ostmitteleuropäischer Konkurrenten aufgelegt. Im Klartext heißt das: Exklusion wird resigniert oder affirmativ hingenommen, mit allen kumulativen Wirkungen, die langjährige Armut auf alle anderen Lebenschancen hat, hier vor allem im Bezug auf die Bildungsarmut und die Tatsache, dass nicht mehr Alte, sondern Kinder aus den Haushalten von Alleinerziehenden und Arbeitslosen heute die höchste Risikogruppe darstellen.[5]

Die Folgen dieser neuesten sozialen Frage sind dramatisch und jedem klar, der Augen und Ohren offen hält. Negative Effekte der sozialen Ungleichheit auf die politische Gleichheit und damit den Grundpfeiler demokratischer Herrschaft stehen zu befürchten. Die Öffnung der Schere ist durch die „Reformen“ des Steuersystems in den vergangenen Jahren nicht korrigiert, sondern eher noch unterstützt worden, und eine Trendumkehr durch die Große Koalition ist keineswegs in Sicht. Auf die Veröstlichungsthese bezogen, bedeutet dies, dass die Vereinigung „soziale Errungenschaften“ vor allem im Osten (in der allerdings notwendigen Transformation der bankrotten DDR-Wirtschaft) ermäßigt hat und diese nun auch im Westen zunehmend abgesenkt werden.

5. Standort-, Macht- und Einflussverluste

In der Wirtschaftspublizistik tobt seit langem ein Streit über den „Standort Deutschland“, den einige dramatisch zurückfallen sehen, andere gegen übertriebene Krisenrhetorik verteidigen. Das einstige Modell Deutschland krankt aber weniger an auf breiter Front nachlassender Produktivität, auch nicht an (zu) hohen Steuern für Unternehmen und Großverdiener, nicht einmal an zu hohen Lohnnebenkosten, sondern eher an alten und neuen Versäumnissen bei Bildung und Ausbildung, die hier zum Überhang unqualifizierter Arbeitskraft und dort zum dramatischen Fehlen von Fachkräften geführt haben. Die Probleme sind großenteils hausgemacht, denn Deutschland ist Hauptakteur und Nutznießer der wirtschaftlichen und finanziellen Globalisierung. Der Exportsektor boomt trotz ungünstiger Währungsverhältnisse, deutsche Unternehmen weisen so satte Gewinne wie lange nicht mehr auf. Selten hat eine Regierung derart viele Vorleistungen erbracht wie die rot-grüne, auf Kosten der im rheinischen Kapitalismus so bedeut-

5 Vgl. zum Überblick das Themenheft von Mittelweg 36, Heft 4/2004.

samen mittelständischen Wirtschaftsstruktur. Der Dank war die zu erwartende „Vaterlandslosigkeit" des Kapitals. Vernachlässigt wurde die Binnennachfrage, genau wie die Erschließung neuer Exportprodukte und Auslandsmärkte, die man in einer rot-grünen Ära vor allem im Umwelt- und Energie(spar)bereich erwartet hätte.

So blieb die Anfang der 80er Jahre eingeleitete Institutionalisierung der oppositionellen Ökologie- und Sozialbewegung Stückwerk; sie hätte aus der sterilen Entgegensetzung von Ökologie versus Ökonomie herausführen und sich mit Reparatur- und Modernisierungs-Technologien jenen Problemen stellen müssen, die angesichts unübersehbarer Folgen des Klimawandels nun weltweit Not tun. Stattdessen assoziiert man heute mit rheinischem Kapitalismus oder sozialer Marktwirtschaft nur noch die unbezahlbare Fortführung des vormundschaftlichen Staates, nicht mehr die einstige, so ingeniöse Kombination aus Ingenieurverstand, differenzierter Ausbildung, produktionsorientierten Unternehmern und flexiblen Kreditinstituten. „Neue soziale Marktwirtschaft" ist heute der Schlachtruf einer Rhetorik der Reaktion, die sich auf visionär gemeinte Bierdeckelrezepte versteift und den Reformbegriff jedes historischen Sinnes beraubt, während gleichzeitig erschreckende Anzeichen von Korruption und ein kaum faßbares Unternehmer- und Beraterversagen Schlagzeilen machen. Der erzieherische Effekt globalisierungsbezogener Rankings (bestes Beispiel war die PISA-Studie der OECD) wird damit verspielt; man bedient protektionistische Reflexe, wo eigentlich „mehr Globalisierung" (im weiteren und besten Sinne) geboten wäre.

Am rheinischen Kapitalismus[6] ist vor allem seine mentale Abschottung passé, die seit 2001 in Ressentiments gegen Amerika mündet und es doch weiter (Stichwort Eliteuniversitäten) zu imitieren sucht. Bezogen auf die politische Zäsur von 1990 zeigt sich, dass diese zu lange aus germano- oder eurozentrischer Perspektive betrachtet wurde. Die Gleichzeitigkeit der Maueröffnung (und der Durchdringung des ehemaligen Ostblocks) mit der zunehmenden Bedeutung globaler Finanzmärkte ist erst spät ins Bewusstsein der politischen Akteure gedrungen, die in der Außenwirtschaftspolitik bedingte Reflexe an den Tag legen und in der Außenpolitik der amerikanischen Imperialstrategie trotz deren rapiden Ansehensverlustes von europäischer Seite wenig entgegenzusetzen haben.

So ist nicht nur der Handlungsspielraum deutscher Weltunternehmen geschwunden, von denen viele als Übernahmekandidaten gehandelt werden, auch die Rolle des vereinten Deutschland in der Welt bleibt ambivalent: Die Beteiligung an humanitären und militärischen Interventionen markierte einen Einschnitt in der auf Kontinuität setzenden Außenpolitik, die sich von der alten „Kultur der Zurückhaltung" entfernt. Doch ist das meiste gescheitert, woran man diesen Machtanspruch formal dokumentieren wollte: Der von der letzten Regierung geforderte ständige Sitz im UN-Sicherheitsrat dürfte eine Illusion sein, die Verhandlungen mit dem Iran stecken in der Sackgasse, die Missionen auf dem Balkan und in Afghanistan stehen auf der Kippe, solche

6 Anke Hassel, Die Schwächen des deutschen Kapitalismus, in: Volker Berghahn/Sigurt Vitols (Hrsg.), Gibt es einen deutschen Kapitalismus? Die soziale Marktwirtschaft im Weltsystem, Frankfurt a.M. 2006.

in Afrika und im Nahen Osten sind kaum zu bewältigen. Will man sie erfüllen, dann nur um den Preis einer weiteren Verwandlung des Sozial- in den Sicherheitsstaat.

Die Machtlosigkeit der Mittelmacht Deutschland korrespondiert mit der Schwäche der EU: Bei der Befriedung des Mittleren Ostens spielt Europa weiterhin kaum eine Rolle, der türkische EU-Beitritt ist aus innenpolitischen Erwägungen aufs Spiel gesetzt worden. Gleichwohl trifft auch hier die Diagnose der Veröstlichung zu, denn der atlantische Graben zur westlichen Führungsmacht USA ist als paradoxe Folge des 11. September 2001 größer geworden und das westliche Bündnis politisch-militärisch, aber vor allem politisch kulturell erodiert.

6. Gleichheit in der Unzufriedenheit

Diese gravierenden Veränderungen zeitigen massive Auswirkungen auf die „Stimmung im Lande", und subjektive Befindlichkeiten und Stimmungsfaktoren beeinflussen ihrerseits das politische System. Auch hier ist abweichend von der Kommentarlage die allgemeine Lebenszufriedenheit in Deutschland weit besser, als es Schwarzseher wahrhaben wollen. In Deutschland gibt es gut 15 Jahre nach der Vereinigung, anders als in den 80er Jahren, eine allgemein hohe Lebenszufriedenheit, allerdings nicht in der Wahrnehmung wirtschaftlicher und ökologischer Faktoren (wie Haushaltseinkommen, Umweltzustand, soziale Sicherung). Dabei gab es eine generelle Liberalisierungstendenz: Merkmale und Verhaltensweisen, die früher mehrheitlich als „schlimm" empfunden wurden, stoßen durchgängig auf stärkere Tolerierung, was für Homosexualität und Haschischkonsum ebenso gilt wie für ärztliche Sterbehilfe, Schwarzfahren oder Steuerbetrug (nicht aber für Gewalt gegen Kinder und in der Ehe). Religiös geprägte Menschen haben am ehesten Reserven gegenüber dem generellen Laissez-faire; die allgemeine Rede von der „Rückkehr des Religiösen" im Umfeld der Reislamisierung und des „deutschen Papstes" hat die langfristige Säkularisierungstendenz bisher nicht aufgehalten.

Bemerkenswert ist allerdings, dass die allgemeine Lebenszufriedenheit, wie schon in der Zeit um 1990, seit der Jahrtausendwende wieder erheblich nachgelassen hat. Vor allem bei den ökonomischen Standards kam es zu einer negativen West-Ost-Angleichung: Zwar sind die Ostdeutschen im Großen und Ganzen zufriedener als früher, aber die Westdeutschen haben zu deren generell immer noch höherem Unzufriedenheitsgefühl aufgeschlossen, insofern sie eigene wirtschaftliche Lage und generelle Zukunftserwartungen schlechter einschätzen. Man kann dies als Ausdruck einer Polarisierung der Mentalitäten auf *beiden* Seiten interpretieren: Es gibt keinen generellen Pessimismus in Deutschland, aber wachsende Unzufriedenheit der Krisenverlierer – als subjektiver Niederschlag der sozialstrukturellen Polarisierung in Ost *und* West, nicht *zwischen* Ost und West.[7]

---

7 Oscar W. Gabriel u.a. (Hrsg.), Wächst zusammen, was zusammen gehört?, Baden-Baden 2005; Jürgen W. Falter u.a. (Hrsg.), Sind wir ein Volk? Ost- und Westdeutschland im Vergleich, München 2006.

7. Riskantere demokratische Perspektiven

Was kann man vor diesem Hintergrund über Zustand und Perspektiven der politischen Kultur des vereinten Deutschland sagen?[8] Die Deutschen sind seit dem Umschwung der „civic culture“ in den 60er Jahren zunehmend fester davon überzeugt, dass die Demokratie die „beste Staatsform“ sei, was auch im vereinten Deutschland und in den neuen Ländern breit akzeptiert wird. Kann man in der Linie der Transformationsprozesse von 1945 bis 1990 hier also von fortgesetzter Verwestlichung sprechen, ist gleichwohl bemerkenswert, wenn nicht alarmierend die abnehmende Zufriedenheit der Deutschen mit dem konkreten Funktionieren der Demokratie, vor allem in neuen Ländern. Wenn es beiderseitig noch oder wieder Sympathien für den Sozialismus gibt, in besonderem Maße unter den 18- bis 34jährigen, ist das kein Votum für den realexistierenden Sozialismus oder eine Matrix einer neuen Gesellschaftsutopie. Es spiegelt vielmehr hohe Erwartungen an den Sozialstaat – und die Enttäuschung über dessen so empfundenes Versagen. Kontinuierlich schwach bleibt demgegenüber die Idee politischer Freiheit, was beinhaltet, dass die Wähler Konzepten der Entstaatlichung und individuellen Verantwortung für Lebensrisiken weiterhin wenig abgewinnen können.

Es gibt keine generelle Demokratieverdrossenheit in Deutschland, doch lässt seit 1990 die Zufriedenheit mit Demokratie spürbar nach.[9] Eine erste Baisse trat 1997 ein, aufgefangen in der ersten Legislaturperiode von Rot-Grün; seit 2002 sinkt Demokratiezufriedenheit stärker als in den Nachbarländern und erreicht mittlerweile das immer schon niedrigere Niveau des EU-Durchschnitts. Diese Unzufriedenheit ist gesellschaftsweit und lagerübergreifend verbreitet und gekoppelt an die Bewertung der wirtschaftlichen Lage, so dass manche den Verdacht äußern, die Bundesrepublik sei doch nur die Schönwetterdemokratie, die ihre Zustimmung zur demokratischen Lebensform von der Effizienz von Markt und Staat abhängig macht. Ostdeutschland unterscheidet sich in diesem Punkt nicht mehr so stark von Westdeutschland, wobei erneut der Trend der Veröstlichung der Einstellungsmuster zu konstatieren ist. Generell ist in Ostdeutschland zwar der Anteil derjenigen beachtlich gestiegen, die bei der Bewertung des eigenen Anteils am kollektiven Lebensstandard Gerechtigkeit feststellen; das gilt vor allem für junge Menschen und Rentner, am wenigsten für ostdeutsche Arbeitslose und Geschiedene. Aber das Potenzial für wachsende Unzufriedenheit nicht nur mit den politischen Eliten und der Regierungspolitik, sondern mit dem Regimetyp Demokratie tritt klar zutage. In Ostdeutschland wächst die Zahl erklärter Nicht- und Anti-Demokraten, die als Nicht-Wähler, Protestwähler und Rechtsradikale auftreten. Klassischer Autoritarismus und Nationalismus finden hier neue Nahrung. Es bestehen also in der Tat Probleme, die Demokratie bundesdeutschen Typs zu internalisieren.[10]

---

8 Manfred G. Schmidt, Das politische System der Bundesrepublik Deutschland, München 2005.

9 Ulrich Eith/Beate Rosenzweig (Hrsg.), Die Deutsche Einheit. Dimensionen des Transformationsprozesses und Erfahrungen in der Politischen Bildung, Schwalbach 2003.

10 Raj Kollmorgen, Ostdeutschland. Beobachtung einer Übergangs- und Teilgesellschaft, Wiesbaden 2005.

Zusammenfassend kann man die behauptete neue Ost-West-Spaltung nur verneinen. Sicher existieren weiter erhebliche Unterschiede im Lebensniveau, es gibt auch althergebrachte und durch die lange Teilung unterstützte Mentalitätsdifferenzen. Vor allem aber besteht die demoskopisch genährte Suggestion, sozio-politische Differenzen im vereinten Deutschland auf solche zwischen Ost und West zu reduzieren und Ossis gegen Wessis aufzubringen. Kulturwissenschaftler nennen diese Ablenkung von sozialen Spaltungslinien „Ethnisierung“: Man stilisiert Ost- und Westdeutsche zu verfeindeten Stämmen, was bestehende Vorurteile und Projektionen nährt und in der medialen Stereotype zur selbsterfüllenden Prophezeiung wird.

Die tatsächliche Angleichung beider Landesteile – bei anhaltender Differenz und nicht zu verwechseln mit „gleichen Lebensverhältnissen“ – wird ignoriert, der jammernde Osten als permanentes Sorgenkind stigmatisiert. So wird eine auf Angleichung der Lebensverhältnisse fixierte Integrationspolitik der letzten anderthalb Jahrzehnte notwendiger Kritik entzogen, obwohl sie den Staatshaushalt in einer historisch ungeahnten Weise belastet – und im Effekt so wenig „gefühlte Einheit“ bewirkt hat. Hier liegen die Versäumnisse der innerdeutschen Integrationspolitik und die Notwendigkeiten eines Politikwandels, der Ungleichheiten besser toleriert, aber Ungerechtigkeiten stärker problematisiert und zu verringern trachtet. Nur so, in scheinbar paradoxer Anerkennung der Nicht-Identität, kann ein Wir-Gefühl wachsen.

8. Zukunft der „Veröstlichung“

Erst wenn eine allein auf Gleichstellung gerichtete Politik als falsch erkannt wird, kann man die These, dass die Zukunft des politischen Systems vor allem im Osten der Republik erkennbar wird, entdramatisieren und produktiuv machen. „Veröstlichung“ kommt für die meisten Beobachter einem Horrorszenario gleich, doch zeigt der genauere Blick auf Parteiensystem, Regulierungsweisen, Wahlverhalten und Regierungspraxis, dass die Bundesrepublik nicht länger in den alten Gleisen der Konsensdemokratie, des Neokorporatismus, der stabilen Parteiidentifikationen und der prästabilisierten Koalitionsherrschaft mit gelegentlichem Koalitionswechsel fährt. Allmählich, das heißt: ohne tief greifenden Regimewechsel und markantes Reformereignis, wechselt das vereinte Deutschland in einen Aggregatzustand, in dem

- die herkömmlichen Volks- oder Großparteien deutlich an Prägnanz verlieren und Parteineugründungen eine größere Chance haben werden,
- eine im Osten seit 1990 vorexerzierte Flatterhaftigkeit und Wechselbereitschaft der Wähler die westlichen Bundesländer erreicht[11],
- Einfluss, Mitgliederzahlen und Reputation der Parteien zurückgehen,

11 Jan W. van Deth (Hrsg.), Die Republik auf dem Weg zur Normalität? Wahlverhalten und politische Einstellungen nach acht Jahren Einheit, Opladen 2000.

- aus der industriellen Arbeitsgesellschaft überkommene Großorganisationen schrumpfen und
- Tarif- und Sozialpolitik sich dem Korsett einer flächendeckenden Regulierung entziehen.

Für das Regierungshandeln haben solche Prozesse, die im Medienbild von Parteien und Verbänden bisher kaum abgebildet werden, erhebliche Konsequenzen. Sie liegen vermutlich im weiteren Einflussverlust von Bundestag und Landtagen, was nicht notwendig mehr „Kanzlerdemokratie" bedeutet, da das sich unterdessen herauskristallisierende Fünf-Parteiensystem entsprechend mehr Kombinationen und Koalitionsmuster erlaubt. Die für die alte Bundesrepublik typische Stabilität der Koalitionsregierungen über eine und mehrere Legislaturperioden hinweg wird unwahrscheinlicher, die Flügel werden ausgeprägter. So gesehen ist die PDS/Linkspartei fürs erste der logische Profiteur des Wandels. Sie hat in ihrem Sinne alles richtig gemacht: marginalisierte ostdeutsche Interessen vertreten und ist zugleich als angehende Volkspartei der alten DDR entwachsen.[12]

In dem Maße, wie Sozialstruktur und Identitätsmuster der Bundesrepublik heterogener werden, müssen Repräsentation und Governance entweder pluralistischer und konfrontativer werden, oder sie werden an Glaubwürdigkeit verlieren. Anwandlungen einer entschlossen „durchregierenden" Exekutive dürften zusätzliche Vetospieler auf den Plan rufen, die weniger kalkulierbar sind als in dem für die alte Bundesrepublik typischen Schema. Mit einem Wort: Die Bundesrepublik wird schwerer regierbar. Die bewiesene Unfähigkeit, die chronische Arbeitsmarktkrise zu bewältigen oder auch nur noch medial zu managen, kann den weiteren Entzug politischer Unterstützung (vulgo: „Politikverdrossenheit") nach sich ziehen, und zukunftsweisend dürfte auch hier die in den neuen Bundesländern a priori geringere und seit Mitte der 90er Jahre nicht gewachsene Parteibindung sein. Eine generelle Entpolitisierung ist damit nicht notwendig verbunden, da das ehrenamtliche Engagement der Deutschen gewachsen ist und sich die unkonventionelle Beteiligung als „Subpolitik" jenseits von Parteien zunehmend habitualisiert.

Auch hat sich das Mitte der 90er Jahren gesunkene Interesse an Politik erholt, wobei vor allem die *nicht* Politik und Interessenvertretung gewidmeten Vereine attraktiv sind, während das Gefühl, durch solche Organisationen angemessen vertreten zu werden, bei Mitgliedern wie vor allem Nicht-Mitgliedern signifikant gesunken ist. Betroffen davon sind auch Nicht-Regierungs-Organisationen und soziale Bewegungen, die, anders als in den 1970er Jahren, offenbar kein Rekrutierungsreservoir mehr für ein politisches Revival darstellen. Ein demokratischer Phönix ist nicht in Sicht, wohl aber ein (National)Populismus, der in Deutschland bisher vergleichsweise wenig Chancen hatte.

12 Zur Linkspartei aber meine kritische Einschätzung, in: Neues Deutschland v. 9. Dezember 2005.

9. Schluss

Der Begriff der „Veröstlichung“ besagt nicht, Deutschland habe den „langen Weg nach Westen“ abgebrochen. Vielmehr ist dieser Weg ein Vorbild für Transformationsprozesse in aller Welt geworden, und einen politisch-generischen Oppositionsbegriff des „Ostens“ gibt es heute höchstens in Gestalt eines islamisch-fundamentalistischen Gegenentwurfs. Und im deutschen Osten ist ohnehin „mehr Westen“ enthalten, als es auf den ersten Blick scheint; denn die neuen Länder beschreiten nicht mehr den deutschen Sonderweg, den der westdeutsche Wohlfahrtsstaat in vieler Hinsicht gebahnt hat. Von Amerika aus sah dieses Modell Deutschland immer schon wie ein „Dritter Weg“ zwischen Ost und West aus, so dass in einem bestimmten Sinne „Veröstlichung“ sogar konsequente Verwestlichung bedeutet, indem nämlich im Osten Europas bestimmte Aspekte der Sozialstaatlichkeit von vornherein ausgeblendet und anglo-amerikanische Lebens- und Wirtschaftsformen als attraktiver angesehen wurden. In der Reaktion auf die unvermeidbaren Deformationen dieser „Amerikanisierung“ wird nun im Osten mehr als im Westen Sozialismus als eine im Prinzip gute Idee respektiert und die Fixierung auf den vormundschaftlichen Staat erneuert.

Deutschland ist damit mehr, als seine politisch-kulturelle Westbindung es bisher plausibel erscheinen ließen, Teil des noch ganz ungewissen ostmitteleuropäischen und eurasischen Wandlungsprozesses. Auf dem Boden der untergegangenen Imperien des 19. und 20. Jahrhunderts, deren Nachbeben noch spürbar ist, hat sich eine dem zentraleuropäischen Wohlfahrtsstaat fremde, zum Teil ethnisch-kollektivistische, zum Teil individualistische politische Kultur des Wettbewerbs ausgebreitet, die neue Regulierungsmuster sucht. Vor dieser neuen Herausforderung wird sich die politische Zukunft des geeinten Deutschland entscheiden.

Ost-West-Unterschiede haben sich in diesem Zusammenhang nicht abgebaut, sie werden auch nicht in der Generation der „Neunundachtziger“, die ihr politisches Leben bereits im vereinten Deutschland verbracht haben, verdampfen, sondern auf sie vererbt. Auch das ist weder neu für Deutschland, wo in vieler Hinsicht ein ebenso starkes sozio-ökonomisches und politisch-kulturelles Nord-Süd-Gefälle feststellbar ist, noch ungewöhnlich im westlichen Europa. Heterogenität wird als normal angesehen und ihre umgehende Beseitigung nicht einer Binnenintegrationspolitik der Angleichung aller Lebensverhältnisse aufgebürdet, an deren Unerfüllbarkeit sich der Geltungsanspruch politischer Eliten und die Performanz demokratischer Systeme nachhaltig verschleißen könnte. Dieses übereinstimmende Fazit sozialwissenschaftlicher Studien zur deutschen Einheit steht im krassen Widerspruch zur öffentlichen Rede von der „unvollendeten Einheit“ und sollte die unreflektierte Formel von der „Mauer in den Köpfen“ belehren. Sie leistet der Ethnisierung sozialer Konflikte Vorschub, während die soziologische Aufklärung auf die Beseitigung vermeidbarer Ungleichheit zielt und bei allem Differenzbewusstsein die Überwindung sozialer Ungerechtigkeit in Deutschland (und darüber hinaus) postuliert.

Politische Kultur und innere Einheit
Eine Bilanz der Wiedervereinigung

Werner J. Patzelt

1. Zielsetzung

Wer ein impressionistisches Gemälde betrachtet, tut gut daran, einen gewissen Abstand von ihm zu wahren. Andernfalls wird er nämlich zwar viele Farbpunkte, doch nicht die aus ihnen aufgebauten Strukturen erkennen. Nicht anders verhält es sich mit komplexeren sozialen Phänomenen. Beim Versuch, in Sachen politischer Kultur eine Bilanz der Wiedervereinigung zu ziehen, ist darum gewiss ein Panoramablick anzustreben. Ihn leiten drei Fragen: Was ist die Lage? Was verursacht sie? Und hin zu welcher Art von „innerer Einheit" geht wohl die Entwicklung?

Gut heranzuziehendes – auch europaweit vergleichendes – Datenmaterial für einen solchen Panoramablick findet sich in den unlängst erschienenen Studien von van Deth über „Deutschland in Europa" und von Gabriel, Falter und Rattinger mit dem Titel „Wächst zusammen, was zusammengehört?"[1] Neuere Entwicklungen, welche den bis zu diesen Arbeiten dokumentierten Werdegang von Deutschlands politischer Kultur verändert hätten, haben sich seither nicht abgezeichnet.[2] Darum werden die im Fol-

1 Jan W. van Deth, Deutschland in Europa. Ergebnisse des European Social Survey 2002-2003, Wiesbaden 2004; Oscar W. Gabriel/Jürgen Falter/Hans Rattinger (Hrsg.), Wächst zusammen, was zusammengehört? Stabilität und Wandel totalitärer Einstellungen im wiedervereinigten Deutschland Baden-Baden 2005. Bestandsaufnahmen der Entwicklung ostdeutscher politischer Kultur und deren Vergleich mit westdeutschen Mustern unter Berücksichtigung der vor jenen Studien verfügbaren Daten finden sich bei Werner J. Patzelt, Was wächst zusammen – und was nicht? Deutsche Demokratiekonzeptionen seit der Wiedervereinigung, in: Tilman Mayer/Reinhard C. Meier-Walser (Hrsg.), Der Kampf um die politische Mitte. Politische Kultur und Parteiensystem seit 1998. München 2002, S. 200-217; ders., Demokratievertrauen und Partizipationsbereitschaft. Einstellungen und Verhaltensmuster in den neuen Bundesländern, in: Ulrich Eith/Beate Rosenzweig (Hrsg.), Die Deutsche Einheit. Dimensionen des Transformationsprozesses und Erfahrungen in der politischen Bildung, Schwalbach/Ts. 2003, S. 15-49; ders., Demokratie in Deutschland – Folgerungen für die politische Bildung, in: Gerhard Himmelmann/ Dirk Lange (Hrsg.), Demokratie in Fachwissenschaft, Pädagogik und Didaktik des Politikunterrichts, Oldenburg 2004, S. 15-47.

2 Zur Entwicklung ostdeutscher politischer Kultur und Demokratie siehe insgesamt Horst Denzer (Hrsg.), Glanz der Infrastruktur – Elend der politischen Kultur? Zur Entwicklung der Demokratie in Ostdeutschland, München 2002; Ulrike Klinger, Probleme demokratischer Legitimität in Ostdeutschland. Zur Bedeutung wirtschafts- und sozialpolitischer Outputs für die Legitimierung politischer Systeme, Diplomarbeit Univ. Frankfurt a.M. 2004; Christine Lieberknecht (Hrsg.), Aufbau und Leistung des Parlamentarismus in den neuen Bundesländern, Rheinbreitbach 2001; Stephen Padgett, Organizing democracy in eastern Germany. Interest groups in postcommunist society, Cambridge 2000; Susanne Pickel, Politische Einheit – kultureller Zwie-

genden zu präsentierenden Befunde nicht über die in jenen Publikationen enthaltenen Daten hinaus fortgeschrieben.

Im Übrigen gibt es sicher konkurrierende Blickwinkel auf die Lage politischer Kultur im wiedervereinten Deutschland, weshalb selbst unumstrittene Daten einander widersprechende Deutungen erlauben, die ihrerseits zu umstrittenen Bewertungen und Ratschlägen führen. Der eine Betrachter mag etwa davon ausgehen, staatliche Einheit werde – und müsse ja auch – zu „innerer Einheit" führen, letztere ausgedrückt in bundesweit ähnlichen Lebensverhältnissen, Werthaltungen und Praxen. Falls dem auch nach weit über einem Jahrzehnt deutscher Wiedervereinigung nicht so wäre, dann müsse man Defizite feststellen, die für sie Verantwortlichen ausfindig machen und endlich effektivere Maßnahmen ergreifen. Ein anderer wird vielleicht betonen, „innere Einheit" sei im Grunde nur ein diffuses Gefühl, das Verbindendes suche, bei gutem Willen womöglich finde und dann zum gemeinsamen Bezugspunkt des Zusammenlebens ansonsten weiterhin höchst verschiedener Bevölkerungsgruppen mache. Diesem Beobachter liegt wohl auch die Überlegung nahe, vom materiell und ideell Trennenden werde durch Beschwören von „innerer Einheit" nur abgelenkt, indem man rein postulativ auf eine Art „nationales Gemeinschaftsgefühl" abhebe. Ein dritter mag wiederum anführen, dass „innere Einheit" – wie der Blick in die Geschichte lehre – ohnehin in Deutschland stets bloß „Einheit in Verschiedenheit" meinen könne, weswegen das Fortbestehen selbst wichtiger Unterschiede grundsätzlich nicht als sonderliches Problem zu behandeln sei. Selbst bei Konsens über die Faktenlage werden sich diese drei Beobachter wohl nur schwer auf eine gemeinsame Rezeptur zur Verbesserung der „inneren Einheit" einigen können. Sie werden aber dennoch an gemeinsam akzeptablen Erklärungen der Lage interessiert sein.

2. Grundlagen politisch-kultureller Differenzen

Differenzen erklären sich selten aus sich selbst – auch nicht solche in der politischen Kultur Ost- und Westdeutschlands. Also lohnt der Blick auf vermutliche Hintergrundfaktoren. Unter solchen werden meist vier betrachtet: unterschiedliche wirtschaftliche Lagen in den alten und neuen Bundesländern, unterschiedliche persönliche Lebenschancen, Unterschiede in der – aus alledem resultierenden – allgemeinen Lebenszufriedenheit, und unterschiedliche Sinnhorizonte, in die eingebettet wird, was immer man in seinem Alltagsleben erfährt und beurteilt. Zwar wurde bislang noch nicht empirisch-statistisch der genaue, gewiss um vielerlei überlagernde Störfaktoren zu bereinigende Zusammenhang zwischen einesteils den Indikatoren für solche Hintergrund-

spalt? Die Erklärung politischer und demokratischer Einstellungen in Ostdeutschland vor der Bundestagswahl 1998, Frankfurt a.M. u.a. 1998; Robert Rohrschneider, Learning democracy: Democratic and economic values in unified Germany, Oxford 1999. In international vergleichender Perspektive siehe ferner Ursula van Beek (Hrsg.), Democracy under construction: patterns from four continents, Bloomfield Hills u.a. 2005.

faktoren und andernteils den verfügbaren Daten zur politischen Kultur der beiden Teile Deutschlands dargelegt. Doch auch mit rein hermeneutischen Mitteln kommt man hier recht weit.

Grafik 1: Deutsches Bruttoinlandsprodukt pro Kopf

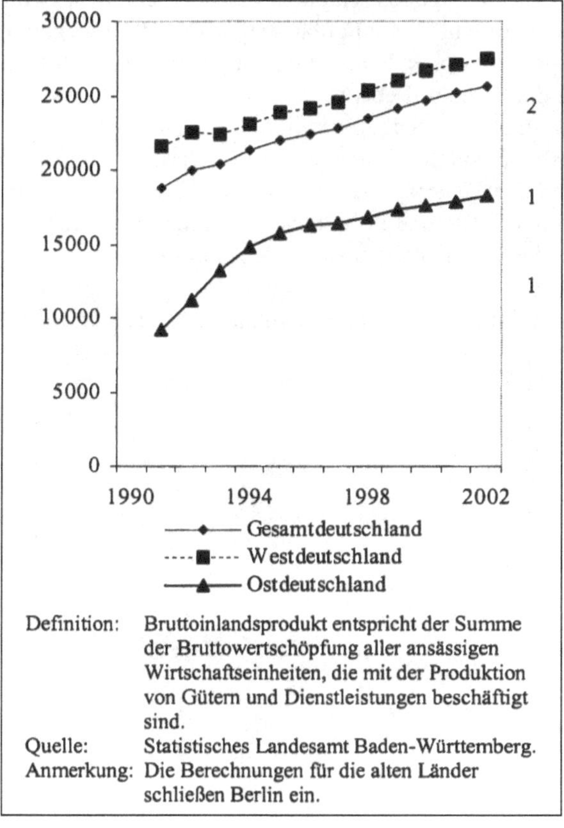

Definition: Bruttoinlandsprodukt entspricht der Summe der Bruttowertschöpfung aller ansässigen Wirtschaftseinheiten, die mit der Produktion von Gütern und Dienstleistungen beschäftigt sind.
Quelle: Statistisches Landesamt Baden-Württemberg.
Anmerkung: Die Berechnungen für die alten Länder schließen Berlin ein.

Die Grafik 1 zeigt die Entwicklung des Bruttoinlandsprodukts zwischen 1990 und 2002 in den alten und den neuen Bundesländern. Leicht erkennt man: Es gibt einen andauernden, sich kaum verändernden Unterschied in der so gemessenen wirtschaftlichen Leistungsfähigkeit der beiden Landesteile. Wer in den neuen Ländern lebt, weiß ebenso wie die Demoskopen, dass sich dieser Unterschied auch im Alltagsbewusstsein sehr vieler Ostdeutscher niederschlägt. Allgemein ist ferner bekannt, dass die in Grafik 1 sichtbare Differenz ebenfalls – und aus ganz plausiblen Gründen – mit einer durchschnittlichen Schlechterstellung der Ostdeutschen bei Arbeitslosigkeit und Arbeitslosengeld, bei Gehältern und Arbeitszeitregelungen sowie bei der tarifvertraglichen Sicherung der Beschäftigungsverhältnisse einhergeht. Das alles begleitet ostdeutsches Alltagsbewusstsein nicht nur wie ein ständiger, wenn auch oft ignorierter

Hintergrundschmerz, sondern ist auch mit keinerlei Hoffnung verbunden, derlei Unterschiede würden in absehbarer Zeit abgebaut. Ost- und Westdeutsche stellen sich dergestalt auf eine recht unterschiedliche und auch unterschiedlich wahrgenommene persönliche Zukunft ein. Dabei wissen viele Ostdeutsche durchaus um die wirtschaftliche Abhängigkeit ihres Landesteils von den alten Bundesländern. Die wenigsten Ostdeutschen revoltieren dagegen; vielmehr hat sich bei einem Großteil eine für ganz normal gehaltene Subventionsmentalität entwickelt. Ihretwegen wird, sobald von einem Rückbau innerdeutscher Transferleistungen die Rede ist, jeder solche Versuch als Anschlag auf die eigenen Lebenschancen aufgefasst. Der solle wohl vollenden, was mit dem – mutmaßlich so auch gewollten – „Plattmachen" der DDR-Wirtschaft einst begonnen habe. In solche Kontexte gerückt, werden unterschiedliche wirtschaftliche Lebenslagen zur Dauerquelle ostdeutschen Leidens am nunmehr etablierten Wirtschafts-, Gesellschafts- und Politiksystem. In den Befunden zur politischen Kultur der neuen Bundesländer spiegelt sich solches Leiden.

Grafik 2: Arbeitslosenquoten in Deutschland

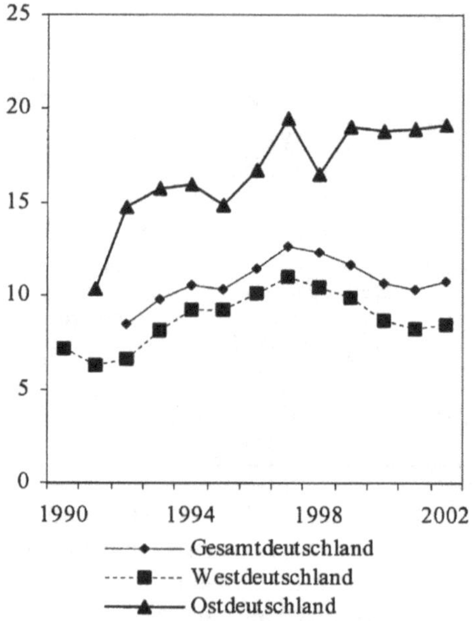

Gesamtdeutschland
Westdeutschland
Ostdeutschland

Definition: Anteil der registrierten Arbeitslosen an allen abhängigen Erwerbspersonen (in Prozent).

Quelle: Bundesanstalt für Arbeit.
Anmerkung: Ab 2002 Ostdeutschland einschließlich Gesamtberlin.

Nicht minder prägt ostdeutsches Alltagsbewusstsein und politische Kultur das Wissen um die Unterschiede zwischen Ost- und Westdeutschland bei der Arbeitslosenquote. Die Grafik 2 zeigt die zwischen 1990 und 2002 sich entwickelnden Fakten. Sie belegen eine stets deutlich höhere und nur lose der westdeutschen Entwicklung folgende Arbeitslosigkeit in den neuen Bundesländern. Nicht minder als diese Tatsache selbst beeinflusst auch das Wissen um sie die ostdeutschen Haltungen zur neuen Wirtschafts-, Gesellschafts- und Staatsordnung nachdrücklich. Zugleich verdecken sowohl diese Fakten als auch ihr Innewerden Wesentliches: Die Erwerbsquote – der Anteil der Erwerbspersonen an je 100 Männern oder Frauen – unterscheidet sich, laut den Befunden von Eurostat, zwischen Ost- und Westdeutschland kaum, und soweit sie das doch tut, unterscheidet sie sich gar zum leichten Nachteil der Altbundesländer. Dort (ohne Berlin) betrug nämlich im Jahr 2004 die Erwerbsquote 55,9 Prozent, in den neuen Bundesländern hingegen 58,6 Prozent. Tatsache ist also, dass in den neuen Bundesländern (einschließlich ganz Berlins) aufs Hundert der Bevölkerung sogar mehr Menschen – wenn auch oft zu schlechteren Bedingungen – Arbeit haben als in den alten Bundesländern. Das bringt der neuen Ordnung allerdings keine Pluspunkte. Erstens sind die Erwerbsquoten, ganz anders als die Arbeitslosenzahlen, der Öffentlichkeit kaum bekannt und liegen obendrein wohl deutlich unter denen der DDR, von wo aus Ostdeutsche gern die Fähigkeit des „neuen Systems" beurteilen, für Arbeitsplätze als Grundlagen gelingender Lebensführung zu sorgen. Zweitens sind die Ursachen der ostdeutschen Zahlen und die ihnen folgenden Anschlußemotionen von zentraler Bedeutung. Hinter der größeren Arbeitslosigkeit – bei zugleich nicht geringerer Erwerbsquote – in den neuen Bundesländern steht nämlich eine dort viel größere Erwerbsneigung der Frauen, unter denen denn auch die Arbeitslosigkeit viel größer ist als unter Männern. Das ist nun wiederum nicht einfach eine Form von Gender-Diskriminierung, sondern hat tiefreichende kulturelle Wurzeln: In der Arbeitskultur der DDR war Erwerbstätigkeit eine zentrale Quelle der Selbstachtung sowie ein Angelpunkt von Lebensentwürfen, und zwar – im auch ganz bewussten Gegensatz zum „Westen" – gerade für die Frauen. Folglich hat die größere (Frauen-)Arbeitslosigkeit in Ostdeutschland Folgen nicht nur für die materiellen Lebenschancen der von ihr Betroffenen, sondern zeitigt obendrein höchst dramatische Wirkungen auf die inneren Einstellungen zu jenem Gemeinwesen, das eine gesicherte Erwerbstätigkeit als wichtige Quelle von Selbstachtung anscheinend dauerhaft sowie ganz gleichgültig entzieht. Nun ist an den Lebensentwürfen ostdeutscher Frauen gewiss nichts auszusetzen und darum auch nichts zu ändern. Dann wird es allerdings bei einer im Osten viel größeren Nachfrage nach Arbeitsplätzen durch Frauen bleiben, die nur dank klar überproportionalem Wirtschaftswachstum befriedigt werden könnte. An solchem überproportionalen Wirtschaftswachstum in den neuen Bundesländern wird es aber auch in Zukunft höchstwahrscheinlich fehlen, was Politiker – nach langem und verständlichem Verhehlen dieser Wahrheit – inzwischen zuzugeben begonnen haben. Angesichts dessen gibt es für viele Ostdeutsche freilich keinen Grund, mit einem System zufrieden zu sein, das ihnen gerade in diesem so wichtigen Belang nicht helfen kann.

Grafik 3: Lebenszufriedenheit in West- und Ostdeutschland, 1978-2001

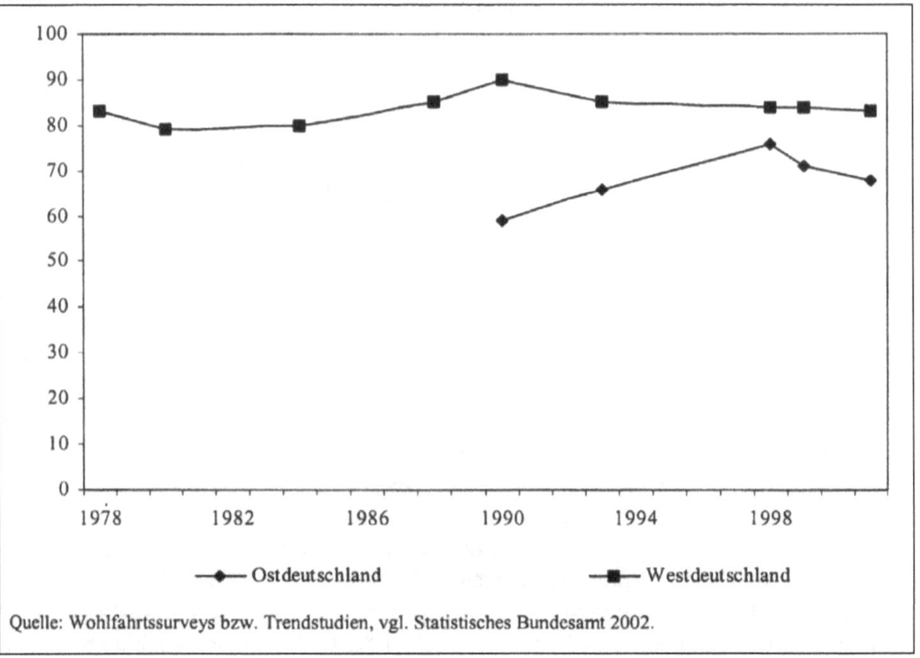

Quelle: Wohlfahrtssurveys bzw. Trendstudien, vgl. Statistisches Bundesamt 2002.

Wichtiges spiegelt sich auch in den Befunden zur allgemeinen Lebenszufriedenheit aus Grafik 3. Brisant sind sie nicht nur deshalb, weil die Anteile der Zufriedenen in den neuen Bundesländern sehr deutlich, und ohne alle Anzeichen für eine Veränderung dieses Befundes, unter denen der Altbundesländer liegen. Brisant sind sie vor allem, weil in Ostdeutschland aufgrund der Tradition des – nicht nur sozialistischen! – paternalistischen und umfassenden Daseinsvorsorgestaates vor allem vom Staat sowie dem ihn führenden Regierungsapparat erwartet wird, er solle den Bürgern aktiv zum Lebensglück verhelfen, nämlich durch die Schaffung günstiger, ja bestmöglicher Rahmenbedingungen. Geringe Zufriedenheit mit dem eigenen Leben münzt sich darum rasch in Unzufriedenheit mit den vermeintlich Schuldigen an solchen Defiziten um: nämlich in besondere Verdrossenheit über jene Politiker, Parteien und politischen Institutionen, die ihr Soll eben nicht bringen. Wenig verschlägt es da, dass die absoluten Werte gar nicht so schlecht sind und sich rund zwei Drittel auch der Ostdeutschen mit ihrem Leben zufrieden erklären. Wichtiger für sie ist der Eindruck, es gehe ihnen insgesamt „schlechter als den Wessis" – und dass daran ganz wesentlich „die Politik" schuld ist.

Grafik 4: Religiöse Selbsteinstufung in Deutschland und Europa

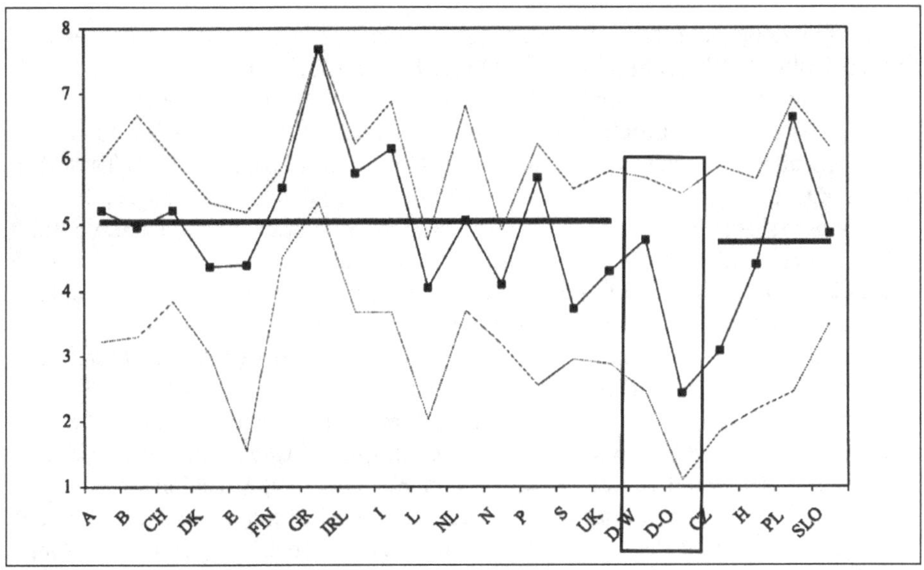

Angegeben sind Mittelwerte der Gesamtbevölkerung (Mitte) sowie der Kirchenzugehörigen (oben) und der Nichtkirchenzugehörigen (unten).
Quelle: van Deth, Deutschland in Europa, S. 80.

Nicht minder folgenreich ist, was die Grafik 4 im europaweiten Vergleich hinsichtlich einiger religiöser Kontexte politischer Kultur herausstellt. Persönliche Religiosität ist ja der umfassende Rahmen biographischer und materieller sowie immaterieller Wünsche bzw. Hinnahmebereitschaften. Als solcher übergreifender Kontext grundiert persönliche Religiosität ebenfalls die Vorstellungen von den Aufgaben bzw. Grenzen von Politik oder von politischer Ordnung und leitet obendrein vielerlei Urteile über die Leistungen beider an. Als Faustregel mag dabei gelten: Wer nicht alles Wünschenswerte von den doch nur wenigen Jahrzehnten seines Lebens erwarten muss, der wird sich viel leichter mit Beschränkungen seiner Möglichkeiten und mit Zurücksetzungen abfinden als jemand, für den sein Leben hier und jetzt alles ist, worauf er hoffen kann. Vor diesem Hintergrund ist es bestimmt nicht allein von religionssoziologischer Bedeutung, dass Religiosität in Deutschlands Ostteil selbst im europaweiten Vergleich extrem schwach ausgeprägt ist und wohl keine andere europäische Nation eine so große und regional so klar markierte Kluft in einer kulturell derart wichtigen Dimension auszuhalten hat. Denn wenn alle politischen Inaussichtstellungen und Leistungen bzw. Fehlleistungen mit so großen Unterschieden beim Maßstab des Urteils über deren Wichtigkeit wahrgenommen werden, dann kann es gar nicht anders kommen, als dass sich auf so verschieden akzentuierten Transzendenzgrundlagen gesellschaftlicher Ordnung auch zwei dauerhaft sehr unterschiedlich akzentuierte Ausformungen politischer Kultur erheben.

3. Elemente ost- und westdeutscher politischer Kultur im Vergleich

Worin nun unterscheiden sich die ost- und westdeutschen Varianten unserer politischen Kultur? Weitgehenden Aufschluß gibt die Tabelle 1. Schon ihr erster Abschnitt („Unterstützung der politischen Gemeinschaft") lässt ein markantes Profil erkennen: Ostdeutsche wünschen sich mehr Nationalbewußtsein als die Westdeutschen – und sie fühlen sich jenem Land, auf das sie doch in ganz besonderem Maß stolz sein wollen, klar weniger verbunden als ihre Landsleute aus den alten Bundesländern. So, wie das gemeinsame Deutschland geworden ist bzw. sich in seinem Ostteil anfühlt, gefällt es den Ostdeutschen klar weniger als den Westdeutschen.

Das hat wohl nicht nur mit den im letzten Abschnitt erörterten Gründen, sondern vermutlich auch mit andersartigen inneren Bindungen an die Gesellschafts- und Wirtschaftsordnung der DDR zu tun. Dass sich das wirklich so verhält, macht der dritte Abschnitt der Tabelle 1 („Bindung an die ehemalige DDR") plausibel. Vom Sozialismus („Eine gute Idee, die bloß schlecht ausgeführt wurde") halten nämlich die Westdeutschen im Durchschnitt wesentlich weniger als die Ostdeutschen.[3] Auch entdecken sie an der DDR – wohl gerade darum – ein klar schlechteres Verhältnis ihrer ‚guten' und ‚schlechten' Seiten, als das bis heute die Ostdeutschen tun[4] und somit genau jene Landsleute, die durch (Mit-)Tun, Dulden oder Lassen doch vor gar nicht so langer Zeit das Staats-, Wirtschafts- und Gesellschaftssystem der DDR zu Fall brachten. Offenbar bestehen in den neuen Bundesländern noch weithin wenigstens diffuse Bindungen an einen „richtigen" Sozialismus als einer mehr oder weniger unverzichtbaren Transzendenzgrundlage einer guten Ordnung. Eben diese fehlt nun aber dem politischen System der Bundesrepublik. Hingegen wäre die DDR, weil die so gute Idee des Sozialismus dort nur schlecht umgesetzt worden wäre, bloß ein Stück weit, doch immerhin dieses Stück weit, auf dem Weg zu einer wirklich guten Ordnung vorangekommen. Hier verbindet sich eine unterschiedliche Beurteilung des Sozialismus verständlicherweise auch mit einem anders akzentuierten Geschichtsbild, das für viele Ostdeutsche recht andere „Lehren aus der Geschichte" – zumal aus jener zwischen 1945 und 1989 – zu ziehen nahelegt, als sie in weiten Teilen der westdeutschen Bevölkerung für vernünftig gehalten werden. Damit aber beruht die politische Kultur Ostdeutschlands auf anders gearteten Fundamenten als die politische Kultur Westdeutschlands.

---

3 Bei seit 1991 nachgerade parallelem Kurvenverlauf im Auf und Ab halten konstant rund 27 Prozentpunkte weniger West- als Ostdeutsche den Sozialismus für eine gute Idee, die nur schlecht ausgeführt wurde; im Jahr 2000 waren das 30 Prozent Westdeutsche und 57 Prozent Ostdeutsche. Siehe auch hierzu Patzelt, Was wächst zusammen? (Anm. 1).

4 Seit 1994 meinen – bei geringen Schwankungen – immerhin knapp acht Prozent der Westdeutschen, dass die DDR mehr gute als schlechte Seiten hatte, während das unter den Ostdeutschen – bei einem Hoch solcher Ansichten 1996/97 und einem Tief im Jahr 2002 – nicht weniger als 38 Prozent sind. Siehe Gabriel/Falter/Rattinger (Anm. 1).

Tabelle 1: Politische Einstellungen in Ost- und Westdeutschland, 1994-2002

	ABL			NBL		
	1994	1998	2002	1994	1998	2002
Unterstützung pol. Gemeinschaft						
Nationalstolz	.25	.36	.32	.36	.43	.33
Mehr Mut zu Nationalbewusstsein	.07	.23	.19	.16	.25	.27
Verbundenheit mit Deutschland	n.e.	.39	.47	n.e.	.37	.35
Unterstützung der Demokratie						
Recht auf Meinungsfreiheit	.66	.71	.73	.73	.72	.68
Wichtigkeit der Opposition für Demokratie	.59	.66	.66	.71	.69	.54
Chancengleichheit für Parteien	n.e.	.45	.46	n.e.	.60	.49
Wahlbeteiligung als Bürgerpflicht	.60	.69	.69	.46	.55	.52
Bewertung d. Idee d. Demokratie	n.e.	.76	.68	n.e.	.53	.40
Ablehnung einer Diktatur	.59	.70	.77	.46	.39	.36
Demokratiezufriedenheit	.22	.24	.21	-.02	.01	-.08
Bindung an ehemalige DDR						
Sozialismus als gute Idee	-.22	-.23	-.30	.33	.33	.27
Gute Seiten der DDR	-.52	-.61	-.63	.04	.05	.03
Vertrauen zu Entscheidungs- und Implementationsinstitutionen						
Vertrauen zu Bundestag	.26	.21	.17	.21	.05	.06
... Bundesregierung	.10	.11	.07	.06	.01	.04
... Bundesverfassungsgericht	.45	.46	.45	.27	.29	.30
... Gerichten	.25	.22	.29	.13	.08	.19
... Polizei	.27	.37	.37	.15	.24	.24
Politische Involvierung						
Politisches Interesse	-.05	.02	.07	.02	-.02	-.04
Politik ist zu kompliziert	.02	.13	.17	.11	.03	.10
Kann pol. Fragen gut verstehen	.29	.35	.35	.37	.28	.25
Kein Einfluss auf die Regierung	-.39	-.31	-.31	-.45	-.47	-.42
Bürger haben kaum Einfl. auf Pol.	-.30	-.26	-.24	-.37	-.37	-.34
Kann aktive pol. Rolle spielen	-.02	-.09	-.11	-.17	-.27	-.23

Angegeben sind standardisierte Mittelwerte zwischen -1 und +1.
Quelle: Gabriel u.a., Wächst zusammen, S. 13.

Folglich braucht auch nicht zu wundern, was der zweite Abschnitt der Tabelle 1 („Unterstützung der Demokratie") zutage fördert. Er zeigt, dass wir mit der Etablierung und nachhaltigen Sicherung von Demokratie in den neuen Bundesländern wirklich ein Problem haben. Die absoluten Werte, überwiegend weit im positiven Bereich, täuschen zwar leicht über die Brüchigkeit dessen hinweg, was sie anzeigen. Dem näheren Blick entgeht aber nicht, dass in den neuen Bundesländern der Sinn für den Wert von Konkurrenz in einer Demokratie („Wichtigkeit von Opposition") zwischen 1995 und 2002 kenntlich gesunken ist und die Wertschätzung von konkreter politischer Beteiligung, hier bemessen an ihrer vergleichsweise unaufwendigsten Form, nämlich der nur alle paar Jahre anstehenden Teilnahme an Wahlen, viel geringer ausfällt als im Westen. Auch die innere Bindung an Demokratie (Bewertung der Idee der Demokratie, Ablehnung einer Diktatur) ist in den neuen Bundesländern deutlich schwächer ausgeprägt als in den alten und geht seit 1994 auch noch markant zurück.

Hintergrund dieses Befunds ist vermutlich, dass ja auch – großenteils wohl aus den oben erörterten Gründen – die Zufriedenheit mit Deutschlands bestehender und praktizierter Demokratie in Ostdeutschland viel geringer ist als in Westdeutschland. Sie mündet im Osten, ganz im Unterschied zum Westen, sogar in ein tendenziell negatives Urteil. Obendrein zeigen Zeitreihendaten zur Demokratiezufriedenheit seit der Wiedervereinigung, dass dieser Ost/West-Unterschied von Anfang an bestand und bislang ohne jede Wendung zum Besseren blieb: Bei allem parallelen Auf und Ab der Demokratiezufriedenheit in Ost- und Westdeutschland – mit Höhepunkten im Jahr 1990 sowie jeweils im Umfeld der Bundestagswahlen, mit markanten Tiefs in den Jahren 1993 und 2003 – bleibt die durchschnittliche Demokratiezufriedenheit im Osten so gut wie konstant um 20 Prozentpunkte hinter der durchschnittlichen Demokratiezufriedenheit im Westen zurück.[5] Damit liegt sie – wie die Grafik 5 zeigt – sogar noch unter dem Durchschnitt der Demokratiezufriedenheit in den anderen postsozialistischen Staaten, obwohl – nicht nur im europäischen Vergleich – Deutschlands Demokratie gut funktioniert und sich die Demokratiezufriedenheit der Westdeutschen ja auch im Durchschnitt der etablierten europäischen Demokratien bewegt.

Grafik 5: Zufriedenheit mit Demokratie und Regierung

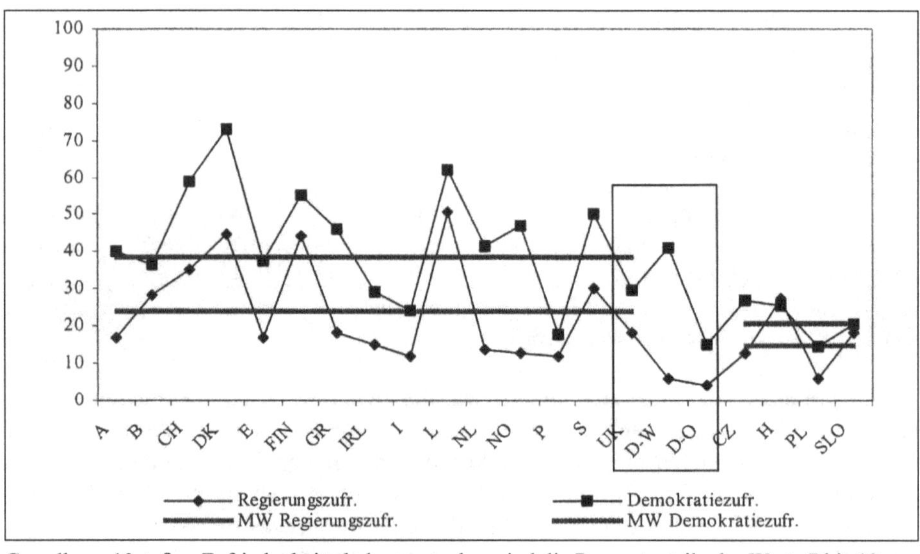

Grundlage: 10stufige Zufriedenheitsskala; angegeben sind die Prozentanteile der Werte 7 bis 10.
Quelle: van Deth, Deutschland in Europa, S. 37.

5 Siehe hierzu im einzelnen Patzelt, Was wächst zusammen? (Anm. 1); ders., Demokratie in Deutschland (Anm. 1).

Eine Ursache für die auch absolut recht geringe Demokratiezufriedenheit der Ostdeutschen scheint darin zu liegen, dass in Deutschlands Osten – anders als im Westen – die Zufriedenheit mit der Demokratie als realer Staatsform recht eng an die Zufriedenheit mit der Performanz der Regierung gekoppelt ist. Jedenfalls legt der Verlauf der einschlägigen zwei Kurven in der Grafik 5 diese Deutung recht nahe. Die für Verfassungsstaat und Demokratie so wichtige Trennung von „constitution" und „government", von politischer Ordnungsform und konkreter Regierung, scheint in den neuen Bundesländern noch nicht so recht verinnerlicht zu sein. Obendrein scheinen Ostdeutsche für ihr Urteil über die Leistungen der Regierung auch anders geeichte Maßstäbe zu verwenden als die Westdeutschen. Kern des Unterschieds ist die für angemessen erachtete Rolle des Staates, dem in den neuen Bundesländern eine viel größere Rolle zugewiesen wird als im Westen. Ein Indikator dafür findet sich in der Grafik 6: nämlich das Ausmaß, in dem Staatsinterventionismus abgelehnt wird.

Grafik 6: Weltanschaulicher und ökonomischer Liberalismus in Europa

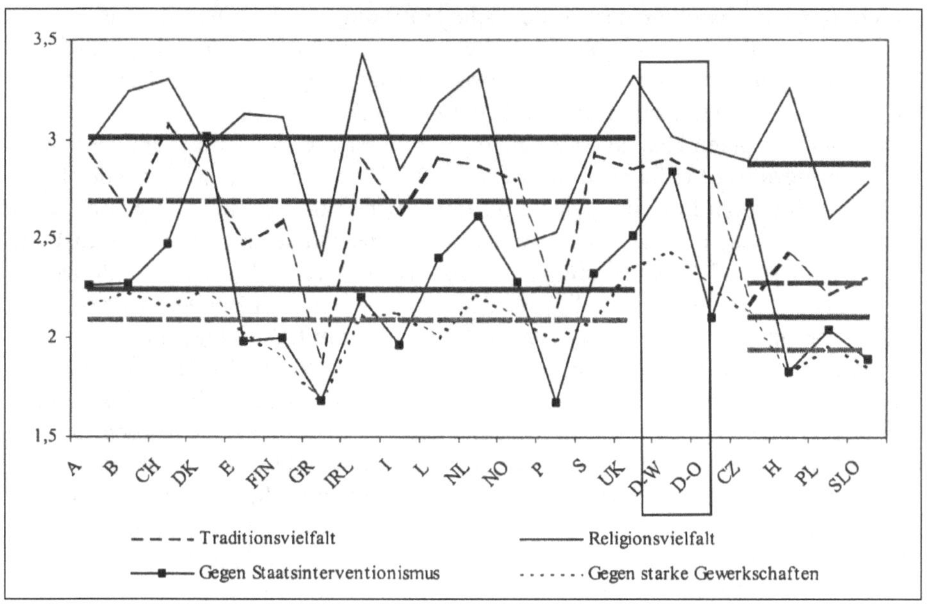

Angegeben sind arithmetische Mittel.
Quelle: van Deth, Deutschland in Europa, S. 109.

Im hier einschlägigen Befund zu Ostdeutschland wirken wohl ebenfalls Denk- und Sprechweisen aus DDR-Zeiten nach, ebenso Erfahrungen mit der politischen Abfederung des Wirtschafts- und Gesellschaftsumbruchs seit der Wiedervereinigung. Sie alle nähren die in den neuen Bundesländern besonders stark verbreitete Erwartung, der Staat – und somit gerade im parlamentarischen Regierungssystem: die jeweilige Regierung – habe problemlösend zu handeln. Das hat er ja auch; doch strittig ist, wie weit außerhalb von wirklichen Krisenzeiten seine inhaltliche Zuständigkeit für welche Probleme reicht. Der europäische Vergleich zeigt nun freilich, dass bei der Ablehnung von Staatsinterventionismus weniger die neuen Bundesländer als vielmehr die alten eine – ihrerseits noch erklärungsbedürftige – Ausnahme darstellen. Wo – wie dort – vom Staat, konkret also von der Regierung, weniger erwartet wird, dürfte auch Unzufriedenheit mit der jeweiligen Regierungsperformanz weniger stark auf das Urteil über das Gesamtsystem durchschlagen. Spiegelbildlich wird mit einer starken Rolle, die man normativ wie faktisch dem Staat zuschreibt, ein starker Zusammenhang des Urteils über die Leistungen der Regierung mit der Bewertung des Regierungssystems einhergehen. Stimmt dies, so wäre ein zusätzlicher Schlüssel zum Verständnis ostdeutscher Demokratieskepsis gefunden. Daher wird man die Chancen weiterer ostdeutscher Demokratiekonsolidierung besonders skeptisch einschätzen. Einesteils wird sich ja noch lange nicht jene materielle Angleichung von Lebensverhältnissen und Einkommen vollziehen, die im Osten wie selbstverständlich als eine von der Regierung zu bewerkstelligende *Staatsleistung* erwartet wird; und andernteils ist es sehr unwahrscheinlich, dass ostdeutsche Hoffnungen auf Staatsinterventionismus alsbald auf vergleichsweise ausnahmeartige Skepsis vieler Westdeutscher hinsichtlich der Segnungen von Staatsinterventionismus einschrumpfen werden. Folglich wird ostdeutsche Demokratiezufriedenheit lange Zeit prekär bleiben.

Mit dem geringen Niveau ostdeutscher Demokratiezufriedenheit geht vergleichsweise geringes Institutionenvertrauen einher. Das führt der vierte Abschnitt der Tabelle 1 („Vertrauen zu Entscheidungs- und Implementationsinstitutionen“) vor Augen. Schon ein flüchtiger Blick zeigt, dass die Vertrauenswerte aller abgefragten Institutionen (Bundestag, Bundesregierung, Bundesverfassungsgericht, Gerichte, Polizei) in den neuen Bundesländern deutlich unter denen aus den alten Bundesländern liegen. Am geringsten – wie im Westen – ist das Vertrauen zum Bundestag und gar zur Bundesregierung, also gleichsam zu den politisch „Schuldigen“ an der als so klar benachteiligend wahrgenommenen Lage in Ostdeutschland. Nennenswert groß ist im Grunde nur das Vertrauen zu den anscheinend „unpolitischen“ Institutionen, nämlich zum Gerichtswesen und zur Polizei, mit denen sich auch ein wohlmeinender Obrigkeitsstaat betreiben ließe. Tatsächlich leiden – wie andere Studien freilich deutlicher zeigen als die in Tabelle 1 zitierte von Gabriel u.a. – an politischem Vertrauensmangel in Deutschland genau jene Institutionen, in denen eine von konkurrierenden Parteien getragene Demokratie ihre konkrete Gestalt annimmt: zuvörderst die Parteien, sodann die – meist aus nationalen Parteiführern bestehende – Regierung, ferner das so klar parteipolitisch organisierte Parlament, und am unmittelbarsten jene Politiker, die in Parteien, Parlamenten und Regierungen agieren.[6] Dass es dabei in Ost- wie Westdeutschland das gleiche Profil einer solchen Bilanz politischen Vertrauens gibt, ist Zeichen einer durchaus gemeinsamen deutschen politischen Kultur. Doch dass dabei

6 Siehe hierzu van Deth (Anm. 1), S. 237 und 240 sowie Werner J. Patzelt, Warum verachten die Deutschen ihr Parlament und lieben ihr Verfassungsgericht? Ergebnisse einer vergleichenden demoskopischen Studie, in: Zeitschrift für Parlamentsfragen 36 (2005), S. 517-538.

jene so markanten Vertrauensunterschiede zwischen Ost- und Westdeutschen bestehen, führt vor Augen, um wie viel fragiler die neue, auch im Westen längst nicht rundweg akzeptierte parteienstaatliche Ordnung gerade im Osten noch ist.[7]

Viel weniger gefestigt ist sie dort auch deshalb, weil Ostdeutschlands Bürgerinnen und Bürger außerdem ihre ganz persönliche Rolle im doch auf ihre Partizipation hin angelegten politischen System klar weniger als wirkungsvoll einschätzen und sie auch in geringerem Umfang ausfüllen als ihre westdeutschen Landsleute. Den ersten Teil der Befunde präsentiert der Abschnitt 5 der Tabelle 1 („Politische Involvierung"). Er weist nicht nur ein im Vergleich mit den alten Bundesländern deutlich geringeres politisches Interesse in den neuen Bundesländern aus, sondern auch eine dort viel schwächere Überzeugung, politische Themen gut verstehen und politischen Einfluß haben zu können. Zudem gibt es unter den Ostdeutschen viel weniger Zuversicht, politische Beteiligung sei überhaupt sinnvoll.

Grafik 7: Zustimmung zu partizipatorischen Tugenden in Europa

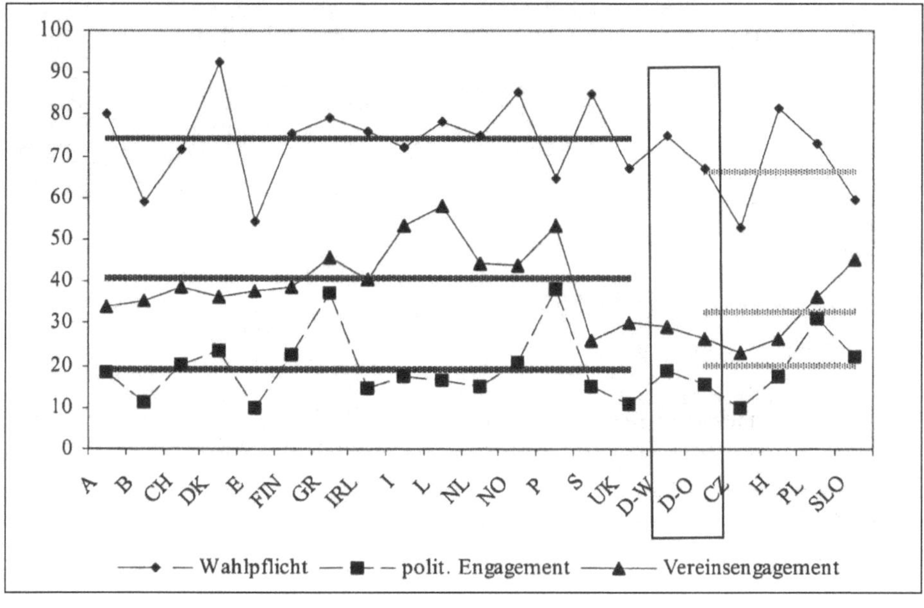

Grundlage: 10stufige Zufriedenheitsskala; angegeben sind die Prozentanteile der Werte 7 bis 10.
Quelle: van Deth, Deutschland in Europa, S. 183.

Das zeigt auch die Grafik 7: Ostdeutschlands Bürgerinnen und Bürger liegen bei der Zustimmung zu drei abgefragten partizipatorischen Tugenden – Wert der Beteiligung an Wahlen, Wert politischen Engagements, Wert von Aktivität in Vereinen – deutlich

7 Vgl. auch Werner J. Patzelt, Ein latenter Verfassungskonflikt? Die Deutschen und ihr parlamentarisches Regierungssystem, in: Politische Vierteljahresschrift 39 (1998), S. 725-757.

unter den Durchschnittswerten der Westdeutschen. Das Leitbild eines aktiven, partizipationsorientierten und gesellschaftlich engagierten Bürgers prägt die neuen Bundesländer viel weniger als die alten. Und nicht nur auf der Einstellungsebene gibt es diesen Unterschied, sondern ebenso, wie unten die Tabelle 2 zeigt, beim tatsächlichen Engagement. Ob es nämlich um Parteiarbeit oder um Tätigkeit in Interessengruppen geht, ob um Aktivitäten im Freizeitbereich oder bei sonstigen zivilgesellschaftlichen Gruppierungen, und gleich ob Mitgliedschaft, Teilnahme, finanzielle Unterstützung oder ehrenamtliche Betätigung das erfragte Verhaltensmuster ist: So gut wie überall steht das in Ostdeutschland praktizierte Engagement hinter dem zurück, das in Westdeutschland an den Tag gelegt wird. Offen bleibt freilich, ob solche Zurückhaltung der Ostdeutschen beim Nutzen der ihnen gebotenen Gelegenheiten gesellschaftlicher und politischer Partizipation eher ein Effekt mitunter schwierig zu nutzender Beteiligungsmöglichkeiten ist, ob eher eine Folge der in den neuen Bundesländern bis 1989 bestehenden deutschen Untertanenkultur, oder ob gar ein trotziger Reflex von Unzufriedenheit mit dem neuen politischen System.

Tabelle 2: Soziale Partizipation in West- und Ostdeutschland

	Formen der Aktivitäten							
	Mitglied		Teilgenommen		Geld gespendet		Ehrenamtlich	
	W-D	O-D	W-D	O-D	W-D	O-D	W-D	O-D
Sportverein oder ein Verein für Aktivitäten im Freien	36	22	23	14	7	5	13	7
Organisation für kulturelle oder Freizeitaktivitäten	18	12	16	10	7	4	9	5
Gewerkschaft	15	14	3	4	1	1	1	1
Wirtschafts-, Berufs- oder Bauernverband	10	5	4	2	1	0	2	1
Verbraucherschutzorganisation oder Automobilklub	29	26	1	1	1	0	0	0
Organisation für humanitäre Hilfe, Menschenrechte, Minderheiten oder Immigranten	7	4	3	2	18	12	3	1
Umweltschutz- oder Friedensorganisation, oder Tierschutzverein	7	3	4	3	11	6	2	1
Religiöse oder kirchliche Organisation	21	12	11	4	11	7	7	2
Politische Partei	4	2	4	2	2	1	2	2
Organisation zur Förderung von Wissenschaft oder Bildung oder Lehrer- oder Elternorganisation	7	4	5	3	4	1	3	2
Hobby- und Freizeitverein, Jugendklub, Seniorenverein, Frauenorganisation oder Serviceclub (z.B. Lions Club)	14	13	11	9	2	2	5	4
Anderer Verein, Verband oder Organisation	7	7	4	3	2	2	2	2
Soziale Beteiligung insgesamt	48	34	49	43	19	18	13	7

Angegeben sind Prozentanteile; n-west = 1737, n-ost = 1095.
Quelle: van Deth, Deutschland in Europa, S. 299.

In jeder Hinsicht hat also die neue freiheitliche demokratische Ordnung in den neuen Bundesländern weniger starke Wurzeln geschlagen als in den alten. Erstaunen mag das dann, wenn man sich an die Massenmobilisierung zwischen dem Herbst 1989 und dem Frühjahr 1990 erinnert: Warum wird nun nicht stärker praktiziert, was damals doch nicht ohne anfängliches Risiko erstritten wurde? Doch auch friedliche Revolutionen sind reine Ausnahmezeiten, von denen her sich keine Standards für Normalität ableiten lassen. Angemessener wird es darum sein, die gewachsenen Beteiligungsstrukturen und Partizipationspraxen Westdeutschlands zum Maßstab zu nehmen und dann in Anschlag zu bringen, dass in Normalzeiten die politische Beteiligung immer schon verlockender für jene war, die sich um die wirtschaftlichen Grundlagen ihrer Lebensführung nicht weiter sorgen mussten. In einer solchen Lage sind in den neuen Bundesländern immer noch viel weniger Menschen als in Westdeutschland. Obendrein erweist der in Tabelle 3 unternommene europaweite Vergleich, dass beim politischen und zivilgesellschaftlichen Engagement die Ostdeutschen den Bürgern der anderen postsozialistischen Staaten oft sogar klar voraus sind und sich hier den Westdeutschen und Westeuropäern als viel ähnlicher erweisen denn ihren Schicksalsgenossen bis 1989/90.

Tabelle 3: Verbreitung politischer Aktivitäten in Deutschland und Europa

	E-W	D-W	D-O	E-O
Wahlbeteiligung	75	80	78	70
Kontakt zu Politikern	17	13	14	15
Mitarbeit in Partei	5	4	4	3
Mitarbeit in Organisation	17	19	20	6
Plakette tragen	9	6	4	3
Petition unterzeichnen	27	30	34	10
Legale Demonstration	8	10	14	3
Boykott	17	29	19	6
Illegale Demonstration	1	1	1	1
Referendum	ne	16	23	Ne
Parteimitgliedschaft	6	4	2	3
N	28764	1737	1095	6674

Angegeben sind Prozentanteile; n-west = 1737, n-ost = 1095.
Quelle: van Deth, Deutschland in Europa, S. 299.

Ein solches Befundbild legt nahe, dass sich der Blick eben nicht allein auf die innerdeutschen Unterschiede richten darf, wenn deren Ausmaß und Charakter zutreffend eingeschätzt werden sollen. Hier wie beim Institutionenvertrauen scheinen Ost- wie Westdeutsche tatsächlich eine gemeinsame, wenn auch unterschiedlich akzentuierte, deutsche politische Kultur zu praktizieren: geformt sowohl von gemeinsamen Erfahrungen, die kein halbes Jahrhundert unterbrochen waren, als auch von seit 1990 wiederum gemeinsamen politischen und gesellschaftlichen Institutionen. Das zu bewältigende Problem besteht also nicht in einer grundlegend politisch-kulturellen Andersartigkeit der Ostdeutschen, sondern allein in klar anderen – und darin eben für den Bestand einer freiheitlichen Ordnung hinderlichen – Akzentuierungen umfangreicher Gemeinsamkeiten.

Grafik 8: Stellenwert von Politik für Europas Bevölkerungen

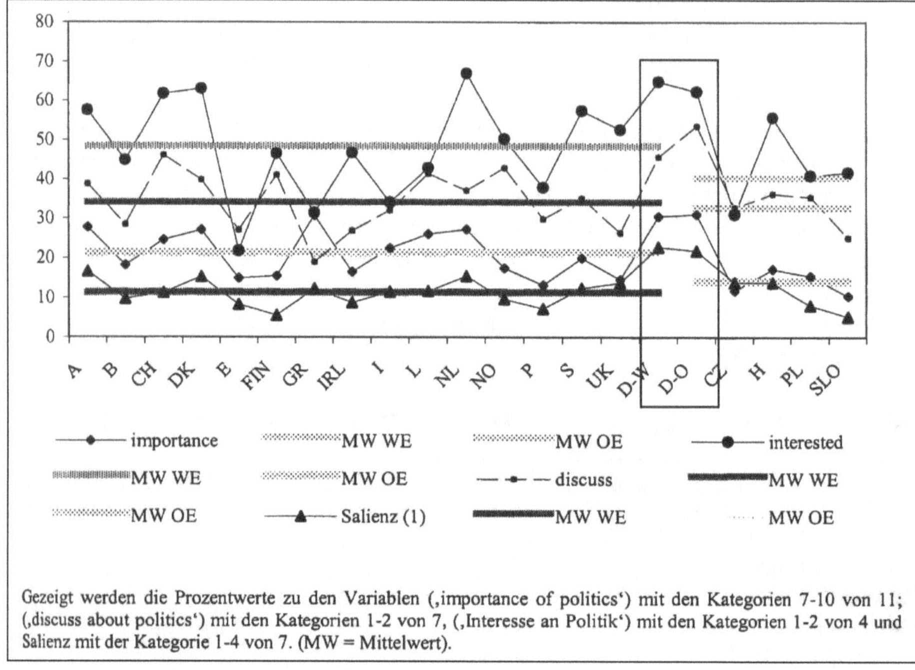

Gezeigt werden die Prozentwerte zu den Variablen (‚importance of politics') mit den Kategorien 7-10 von 11; (‚discuss about politics') mit den Kategorien 1-2 von 7, (‚Interesse an Politik') mit den Kategorien 1-2 von 4 und Salienz mit der Kategorie 1-4 von 7. (MW = Mittelwert).

Hinweis: ‚importance' = Bedeutung von Politik für das eigene Leben; ‚Salienz' = relative Bedeutung von Politik im Vergleich zu anderen Lebensbereichen.
Quelle: van Deth, Deutschland in Europa, S. 281.

Das geht im Grunde auch aus der Grafik 8 hervor. Sie zeigt, dass Politik den Bürgern der neuen Bundesländer keineswegs weniger wichtig ist als jenen der alten Bundesländer. Vielmehr ist das politische Interesse selbst der Ostdeutschen im europäischen Vergleich noch überdurchschnittlich, befindet sich die – im europäischen Vergleich ebenfalls überdurchschnittliche – Bereitschaft zur politischen Diskussion auf westdeutschem Niveau und gilt Politik im Vergleich zu anderen Lebensbereichen im Osten sogar als noch wichtiger denn im Westen. Letzteres muss nicht erstaunen: Nicht nur wünschen – wie gezeigt – die Ostdeutschen wesentlich stärker als die Westdeutschen eine gesellschaftsgestaltende Rolle des Staates, sondern sie erfuhren und erleben ja auch, dass ihre Lebensverhältnisse wirklich tief greifend von Staat und Politik geformt und gefährdet bzw. gesichert werden. Gerade dieser sehr große faktische Stellenwert von Politik für die Ostdeutschen muss dann aber zu einem beträchtlichen Problem werden, wenn das politische System nicht ordnungsgemäß zu funktionieren, die politische Klasse ihren Herausforderungen nicht gewachsen zu sein scheint. Eben davon sind, wie die Daten belegen, die Ostdeutschen in großem Ausmaß überzeugt.

Tabelle 4: Entwicklung der Einstellungen zur Demokratie in den alten und neuen Bundesländern, 1990-2002

	1990	1991	1992	1993	1994	1995	1996	1998	2000	2002	MW
Unterstützung der Idee der Demokratie											
ABL	.86		.73	.76		.68	.58	.74		.69	.72
NBL	.78		.64	.70		.52	.46	.53		.42	.58
Eta	$.15^{***}$		$.11^{***}$	$.09^{***}$		$.19^{***}$	$.12^{***}$	$.26^{***}$		$.32^{***}$	
Präferenz für eine Demokratie											
ABL					.61			.69	.75	.77	.71
NBL					.46			.39	.58	.37	.45
Eta					$.13^{***}$			$.25^{***}$	$.15^{***}$	$.37^{***}$	
Unterstützung der Meinungsfreiheit											
ABL	.62				.67	.61	.62	.72	.81	.74	.68
NBL	.62				.73	.70	.68	.73	.78	.68	.70
Eta	$.00^{n.s.}$				$.07^{***}$	$.12^{***}$	$.08^{***}$	$.02^{n.s.}$	$.03^{n.s.}$	$.07^{***}$	
Recht auf Opposition											
ABL	.67				.60	.63	.64	.65	.73	.67	.66
NBL	.72				.71	.74	.67	.68	.68	.56	.68
Eta	$.06^{**}$				$.12^{***}$	$.13^{***}$	$.03^{n.s.}$	$.03^{n.s.}$	$.06^{*}$	$.13^{***}$	
Alternierende Parteienregierung											
ABL	.61					.50	.56	.47	.50	.46	.52
NBL	.58					.66	.66	.61	.48	.50	.58
Eta	$.03^{n.s.}$					$.15^{***}$	$.11^{***}$	$.13^{***}$	$.02^{n.s.}$	$.03^{n.s.}$	
Demokratiezufriedenheit											
ABL	.45	.31	.27	.31	.21	.13	.10	.24	.15	.21	.24
NBL	-.04	.07	.09	-.07	-.02	.01	-.07	.01	-.03	-.07	.01
Eta	$.46^{***}$	$.24^{***}$	$.18^{***}$	$.36^{***}$	$.25^{***}$	$.11^{***}$	$.16^{***}$	$.23^{***}$	$.20^{***}$	$.27^{***}$	

Anmerkung: ABL = alte Bundesländer; NBL = neue Bundesländer; MW = Mittelwert; $^{*} = p \leq 0.05$; $^{**} = p \leq 0.01$; $^{***} = p \leq 0.001$; $^{n.s.}$ = nicht signifikant. Im Hinblick auf die Vergleichbarkeit der Angaben wurde auf eine sozio-demographische Gewichtung der Daten verzichtet.
Quelle: Comparative National Election Project 1990 (Idee der Demokratie; Demokratiezufriedenheit); Staat und Nation 1990 (Unterstützung der Meinungsfreiheit, Recht auf Opposition, alternierende Parteienregierung); Modelle des Wählerverhaltens 1991 und 1992 (Demokratiezufriedenheit); Politische Kulturen in Deutschland (Idee der Demokratie, 1992 und 1993; Demokratiezufriedenheit 1993); Politische Resonanz (KSPW) 1995 und 1996; Trafo-Querschnitt-Datensatz 1994, 1998, 2000 und 2002.

Angegeben sind standardisierte Mittelwerte zwischen -1 und +1.
Quelle: Gabriel u.a., Wächst zusammen, S. 254.

Das wiederum hat besorgniserregende Konsequenzen. Sie spiegeln sich aufs Deutlichste in der Tabelle 4. Diese stellt hinsichtlich der Unterstützung der Idee der Demokratie, der Präferenz für eine Demokratie und der konkreten Demokratiezufriedenheit, darüber hinaus auch der Unterstützung von Meinungsfreiheit, dem Recht auf Opposition sowie bei Alternieren von Parteienregierungen zusammen, wie viele ausgeprägte innerdeutsche Ost/West-Unterschiede es zwischen 1990 sowie 2002 gab und was aus ihnen wurde. Der Befund ist leicht zu deuten: Die vergleichsweise – doch nicht absolut – großen Eta-Werte[8] zeigen überall signifikante Unterschiede in den Einstellungen der Ost- und Westdeutschen zur Demokratie an; und im Osten hat – ausweislich der Mittelwerte – seit der Wiedervereinigung sowohl die Unterstützung der Idee der Demokratie als auch die Präferenz für eine Demokratie stark nachgelassen. Wir haben also nicht nur ein Problem mit der Etablierung und nachhaltigen Sicherung von Demokratie in den neuen Bundesländern, sondern dieses Problem wurde im Lauf der Jahre sogar noch größer.

Wie wenig vernachlässigbar es ist, führt recht anschaulich die Tabelle 5 vor Augen. Sie fasst die bislang ausgebreiteten Befunde zusammen und erstellt aus den Angaben zur konkreten Zufriedenheit mit der deutschen Demokratie sowie zur Präferenz für Demokratie als einer sinnvollen Regierungsform eine Typologie. Diese reiht die Deutschen auf zwischen „zufriedenen Demokraten", „kritischen Demokraten", „opportunistischen Demokraten" und „Nichtdemokraten". Zu den letzteren zählt, wer einesteils demokratische Ordnungsvorstellungen ablehnt bzw. ambivalent beurteilt und zugleich mit dem Funktionieren unserer Demokratie unzufrieden ist bzw. es ambivalent bewertet. Als „zufriedener Demokrat" wird hingegen verstanden, wer sowohl die Demokratie als Regierungsform befürwortet als auch mit der aktuellen Form unserer Demokratie zufrieden ist. „Kritische Demokraten" bejahen ebenfalls die Demokratie als Ordnungsmodell, stehen dem Zustand der deutschen Demokratie allerdings ambivalent oder negativ gegenüber. „Opportunistische Demokraten" schließlich sind zwar mit der in Deutschland bestehenden Demokratie zufrieden, bewerten die Demokratie als Staatsform aber ambivalent oder negativ.

Tabelle 5: Typologie zur Verankerung der Demokratie unter den Deutschen

	1994		1998		2002	
	ABL	NBL	ABL	NBL	ABL	NBL
Nichtdemokraten	13	28	12	30	8	33
Opportunistische Demokraten	11	6	8	8	4	7
Kritische Demokraten	37	46	35	39	42	45
Zufriedene Demokraten	39	19	46	22	47	16
N	1582	1892	2113	1002	2069	966

Angegeben sind Prozentwerte.
Quelle: Gabriel u.a., Wächst zusammen, S. 263.

8 Der eigentlich aussagekräftige Wert wäre eta². Er gibt an, wieviel Prozent der Varianz im jeweiligen Merkmal (z.B. Unterstützung der Idee der Demokratie oder konkrete Demokratiezufriedenheit) auf Unterschiede der Herkunft der Befragten aus Ost- bzw. Westdeutschland einhergehen.

Es zeigt sich erstens, dass zwar in Ost- wie Westdeutschland die zufriedenen und die kritischen Demokraten gemeinsam die Mehrheit darstellen, doch in den neuen Bundesländern bei weitem keine so große Mehrheit bilden wie in den alten Bundesländern: Rund 61 Prozent bzw. 89 Prozent recht verlässliche Unterstützer unserer freiheitlichen demokratischen Ordnung gibt es jeweils. Zweitens prägen unter den Demokraten in Ostdeutschland – anders als im Westen – seit jeher die „kritischen" das Bild, jene also, die zwar mit Demokratie als Staatsform einverstanden sind, doch von der deutschen Realisierung dieser Staatsform keine wirklich gute Meinung haben. Drittens gibt es immer schon in den neuen Bundesländern viel mehr Nichtdemokraten als in den alten Bundesländern. Und viertens ist seit 1994 die Zahl der Nichtdemokraten in Ostdeutschland auf nicht weniger als 33 Prozent angestiegen, während der Anteil der „zufriedenen Demokraten" auf gerade einmal 16 Prozent abgesunken ist, also auf die Hälfte des Anteils von Nichtdemokraten. Der Prozess ostdeutscher Demokratiegründung ist offenbar nur äußerlich vollendet, während sich bei den Urteilen über Deutschlands Demokratie und bei den Grundhaltungen zu ihr in den neuen Bundesländern sogar destabilisierende Entwicklungen feststellen lassen.

Vor diesem Hintergrund muss es nicht verwundern, dass die derzeit klarsten Herausforderungen unserer freiheitlichen Ordnung, nämlich die rechtsradikalen und rechtsextremistischen, seit einigen Jahren vor allem in den neuen Bundesländern viel Anklang finden. In Wahlergebnissen drückt sich das deshalb so klar aus, weil es im Osten viel geringere Bindungen an die ohne Wenn und Aber systemtragenden Parteien gibt als im Westen. Stattdessen wurden seit 1990 starke Neigungen zum grundsätzlichen oder konjunkturellen Protestwahlverhalten ausgelebt. Als seine Folge haben sich von Anfang an starke bzw. erstarkende Parteien an den Rändern des politischen Spektrums etabliert: zunächst die – inzwischen durch Tolerierungs- und Koalitionsbündnisse ziemlich systemadaptierte – PDS, seit einigen Jahren die DVU und, durchaus mit weiteren Erfolgschancen, mehr und mehr die NPD. Letztere hat es in weiten Teilen der neuen Bundesländer sogar geschafft, im vorpolitischen Raum wie eine „ganz normale Partei" eingeschätzt zu werden. Das alles vor Augen lässt sich keineswegs sagen, der Prozess nachhaltiger Demokratiegründung und der Herstellung einer auch politisch-kulturellen Einheit Deutschlands sei bereits gelungen. Er ist zwar gewiss nicht gescheitert, doch noch fern vom erhofften Ziel einer geeinten Nation, dass allenthalben Demokratie gemocht und praktiziert wird.

4. Ursachen dieser Bilanz

4.1. Politische Besonderheiten der Demokratiegründung in den neuen Bundesländern

Zu den Besonderheiten ostdeutscher Demokratiegründung hört gewiss jene zunehmende „Katerstimmung", die sich nach dem rund 15 Monate lang währenden Ausnahmezustand vor und nach der Friedlichen Revolution bei der Rückkehr zu neuer politischer Normalität ausbreitete. Seit dem Sommer 1989 war mehr und mehr als möglich erschienen und bislang Unvorstellbares auch möglich geworden: von einer vergleichsweise einfachen Flucht aus der DDR über den Sturz der SED-Diktatur bis hin zur Wiedervereinigung. Welche Begeisterungskraft konnte nach solch wundersamen Zeiten noch die Normalität selbst einer Demokratie entfalten?

Zudem breitete sich rasch Enttäuschung über die – nun freilich gerade am Anfang vor übermenschliche Herausforderungen gestellte – Leistungsfähigkeit des neuen Systems aus. Hervorgerufen wurden sie nicht minder von realen Funktionsproblemen der so rasch und zunächst provisorisch errichteten Institutionen als von Politikillusionen, die teils von den Ostdeutschen gerne selbst gehegt, teils von westdeutscher Seite gutgläubig oder wider besseres Wissen genährt wurden. Obendrein waren sehr viele Ostdeutsche davon enttäuscht, dass mit dem Eindringen westdeutscher Politiker in ihr Land auch westdeutsche ideologische Fixierungen und Frontstellungen einsickerten, die oft schlecht zu den sich auftürmenden Problemen passten und obendrein sich mehr und mehr an die Stelle jener „ingenieurhaften" Herangehensweise zu setzen begannen, die einem Großteil der neuen ostdeutschen Eliten von ihrer Ausbildung und ihrem Habitus her so nahe lag. Nicht zuletzt das brachte rasch Gift in die Beziehungen von West- und Ostdeutschen und prägte nachhaltig deren Wahrnehmung des neuen politischen Systems.

Zur negativen Wahrnehmung der neuen Ordnung trug ferner bei, dass die Wiedervereinigung und die so schwierige Anfangsphase des Prozesses ostdeutscher Demokratiegründung mit einer westdeutschen Hochphase von Politikverdrossenheit zusammenfiel. Ihretwegen wurde kein unumstrittenes, von den Westdeutschen selbst parteiübergreifend mit Stolz getragenes politisches System in die zusammengebrochene DDR exportiert. Vor allem aber gerieten alle Schwierigkeiten ostdeutscher Umgestaltung und Demokratiegründung ins Mahlwerk der 1990 unausweichlichen Wahlkampfrivalität von zunächst westdeutscher Union und SPD, sodann des gesamtdeutsch bürgerlichen Lagers mit der bundesweit sich neu aufstellenden politischen Linken. Und weil die CDU nicht nur die weichenstellende Bundestagswahl von 1990 gewann, sondern auch noch vier der fünf Gründungswahlen in den ostdeutschen Ländern, konnte es kaum ausbleiben, dass noch jahrelang die politische Reflexion des schwierigen Prozesses ostdeutscher Transformation und demokratischer Konsolidierung auf das Niveau rein taktischer – und im Hintergrund: weithin fundamentalideologischer – Auseinandersetzungen zwischen Union und FDP einerseits sowie SPD, Grünen und PDS andererseits herabgezogen wurde. Was damals an Wind einer fundamentaloppositionellen Kritik des Aufbaukurses der – fast ausschließlich – CDU-Regierungen gesät wurde, ließ sich alsbald als anhebender Sturm einer grundsätzlichen Entfremdung großer Teile der ostdeutschen Bevölkerung vom neuen politischen System ernten: zunächst von der PDS, seit kürzerer Zeit von der NPD. Die SPD brachte ihre systematische Kritik an der in Ostdeutschland praktizierten CDU-Politik zwar schrittweise an die 1990 nicht erlangte Regierungsmacht in allen ostdeutschen Ländern und seit 1998 auch im Bund, nicht aber auf die Position der in Ostdeutschland führenden Kraft links von der Union.

Freilich war es nicht oppositionelle Mißgunst allein, deren massenmediale Vermittlung den Ostdeutschen die bundesrepublikanische Demokratie in so großem Ausmaß verdrießlich machte. Es waren die ihren Aufgaben anfangs eher schlecht als recht gewachsenen neuen Institutionen, die Anlaß zu folgenreichem Unmut gaben. Da waren die im Auf- und Umbau befindlichen Verwaltungsstrukturen, die mit besonders schwierigen Steuerungsaufgaben zurechtkommen sollten und oft genug Personal beschäftigten, das der DDR nachtrauerte und die Defizite des neuen Systems mit klammheimlicher Freude beobachtete. Da waren die Schwächen der auch ihrerseits erst im Um- und Aufbau befindlichen Vermittlungsstrukturen des neuen politischen Systems: der Parteien, der Verbände, der Vorfeldorganisationen im vorpolitischen Raum, auch der – oft genug aus den Bezirkszeitungen von SED und Blockparteien hervorgegangenen – ostdeutschen Massenmedien, in denen die Pflicht zur kritischen Berichterstattung so manches Mal mit der Begleichung offener Rechnungen verbunden werden konnte. Abgerundet wurde das alles durch Verankerungs- und Führungsmängel des ostdeutschen Parlamentarismus während seiner Aufbaujahre. Zu den Folgen gehören weitverbreitete Unzufriedenheit mit dem neuen System, der davon profitierende Aufstieg der PDS als einer politischen Anklageinstitution sowie später, nach der Integration der PDS ins neue System, die Entwicklung eines rechtsradikalen und rechtsextremen Milieus all jener, die weiterhin erklärte Gegner der neuen Ordnung, doch eben nicht links sein wollen.

4.2. Wirtschaftliche Umstände der ostdeutschen Demokratiegründung

Dass demokratische Konsolidierung und gute wirtschaftliche Entwicklung Hand in Hand gehen, prägte Westdeutschland. Gleichsam das – im Wortsinn – Gegenstück sind die seit 1990 in Ostdeutschland gemachten Erfahrungen. Zwar ist die ostdeutsche Wirtschaft jetzt in einem besseren Zustand als zur Zeit der DDR. Doch sie durchlief eben eine „regulative Katastrophe“, die ihrerseits tiefe Spuren in Ostdeutschlands politischer Kultur hinterließ. Das tat sie um so mehr, als die meisten Ostdeutschen der Wiedervereinigung und umfassenden Neugestaltung ihres Landesteils mit folgendem Dreiklang von Erwartungen, gar von Überzeugungen entgegensahen: Politik wurde – vertrauten DDR-Mustern folgend – mit aktiver Wirtschaftsgestaltung, Demokratie mit der Gewährleistung sozialer Sicherheit zusammengedacht; der Anschluß an den wirtschaftlich höchst erfolgreichen westdeutschen Teilstaat würde, so die Hoffnung, auch Ostdeutschland wirtschaftlich erfolgreich machen und mit Wohlstand für alle erfüllen; und hierzu glaubte man selbst Wichtiges beitragen zu können, nämlich mit dem Real-, Human- und Sozialkapital einer doch im realsozialistischen Vergleich recht erfolgreichen Volkswirtschaft. Alle diese Erwartungen waren verständlich, aber großenteils nicht fundiert. Obendrein kam es 1990 zu Weichenstellungen, die zwar den Präferenzen der meisten Ostdeutschen entsprachen und darum politisch wohl unvermeidlich waren, doch in gewaltige Anschlußprobleme führten mussten. Zur zentralen Weichenstellung wurde Bundeskanzler Kohls von der DDR-Führung schwerlich auszuschlagendes Angebot einer Wirtschafts-, Währungs- und Sozialunion zwischen den beiden deutschen Staaten. Sie war, und zwar ganz absichtlich, das ausschlaggebende Instrument, die Wiedervereinigung herbeizuführen. Für die meisten Ostdeutschen kam nun eine andere Umstellung des größten Teils ihrer in Ostmark ausgewiesenen Bezüge, Anwartschaften und Guthaben in die neue Währung als im Verhältnis von 1:1 nicht in Frage, was aus darum unabweisbaren politischen Überlegungen, wenn auch wider ökonomischen Sachverstand, die westdeutsche Regierung bereitwillig akzeptierte. Zugleich ließen sich die Träger der Sozialversicherungssysteme, desgleichen – besonders aktiv – die Gewerkschaften und, wohl wider besseres Wissen, die Arbeitgeber auf einen Kurs der raschen Angleichung ostdeutscher Versicherungsbezüge und Gehälter an westdeutsche Einkommensstrukturen ein. Ein wirtschaftliches Fiasko war als Ergebnis all dessen nicht unwahrscheinlich. Obendrein brach das Wirtschaftsgefüge der ehedem realsozialistischen Wirtschaftswelt zusammen und fiel auch die Sowjetunion als zentraler Handelspartner Ostdeutschlands auseinander. Nun waren die schlimmen Folge jener Weichenstellungen nicht mehr zu umgehen: nämlich der Zusammenbruch der ostdeutschen Wirtschaft mit ihrem teils ererbten, teils selbstverschuldeten, teils nur erlittenen Mißverhältnis von Produktivität, Lohnkosten und Absatzmarktstabilität. Hinsichtlich national gestaltbarer regionaler Vermarktungsmöglichkeiten kam hinzu, dass Ostdeutsche gerade in der weichenstellenden Anfangsphase des neuen Wirtschaftssystems mit Vorliebe „Westwaren" kauften und so die Strategie der westlichen Großhandelsketten aufgehen ließen, die neuen ostdeutschen Märkte über ihre schon im Westen etablierten Einkaufsketten einfach mitzubedienen. Alsbald entstand aus allen diesen Gründen in Ostdeutschland Massenarbeitslosigkeit, die zwar sozialstaatlich abgemildert, dennoch höchst schmerzlich erlitten und von den meisten nicht entlang ihrer realen Verursachungsketten verstanden wurde, die vielfach doch gemäß kurzsichtigen eigenen Interessen geschmiedet worden waren. Einen „Schuldigen" aber musste es wohl geben, und man fand ihn rasch im neuen System und seinen Trägern.

Hinzu kamen weitere Kränkungen, die sich ebenfalls leicht der neuen Wirtschafts-, Gesellschafts- und Staatsordnung zuschreiben ließen. Da war die Privatisierung des sozialistischen Volkseigentums durch die zwar noch von der alten DDR-Regierung eingesetzte, sehr bald aber wie ein westdeutsches Kolonialministerium verstandene Treuhandgesellschaft. Diese erbrachte nicht die im Einigungsvertrag einvernehmlich erwarteten Überschüsse, für deren Verteilung unter die Ostdeutschen man schon mancherlei Regeln ersonnen hatte. Im Gegenteil produzierte sie neben etlichen Erfolgen nicht wenige Flops, etliche wirtschaftskriminellen Machenschaften, jede Menge an bösem Blut und obendrein einen riesigen Schuldenberg. Und war es schon eine große Kränkung für Ostdeutsche, ihr Volksvermögen als viel weniger wert und auch wertgeschätzt zu sehen, als sie sich das lange Zeit ausgemalt hatten, so verletzte sie erst recht die Diskrepanz zwischen der früheren und der nunmehr zutage tretenden Leistungsfähigkeit des Wirtschafts- und Staatssystems. Von der plötzlichen Verbesserung der Warenversorgung und der raschen Erneuerung von Gebäuden und Infrastruktur sahen sich Parteigänger des alten Systems regelrecht gedemütigt – und viele Unterstützer der Friedlichen Revolution davon, dass sie vom um sich herum einsetzenden wirtschaftlichen Neubeginn aufgrund sie unvermutet treffender Arbeitslosigkeit ausgegrenzt waren und eine Rolle als Almosenempfänger zugewiesen bekamen.

Natürlich wurden, und zwar gemäß der Funktionslogik des neuen Systems, solche Enttäuschungserlebnisse und Entfremdungserfahrungen auch recht unmittelbar in den politischen Streit und in die Konkurrenz der Parteien eingebracht, und zwar teils in nur regierungskritischer, teils in ganz systemkritischer Absicht. Wegen der Wahlergebnisse des Jahres 1990 kam es dabei obendrein zu einem Schulterschluss der demokratischen Linken mit den Wortführern klarer Systemfeindschaft von links: Mit Ausnahme von Brandenburg regierte auf Bundes- und ostdeutscher Landesebene nun einmal überall die CDU, bekam darum sämtliche Schuld an den nun wahrlich großen wirtschaftlichen und gesellschaftlichen Problemen zugeschrieben und einte dergestalt unter ihrer politischen Konkurrenz die Gegner der gerade regierenden Partei mit jenen der neuen Staats-, Wirtschafts- und Gesellschaftsordnung.

4.3. Besondere gesellschaftliche Voraussetzungen ostdeutscher Demokratiegründung

Umso wuchtiger wirkten diese (partei-) politischen und wirtschaftlichen Umstände ostdeutscher Demokratiegründung, als die zivilgesellschaftlichen Voraussetzungen für pluralistische Demokratie in den neuen Bundesländern vielfach nicht gegeben waren. Den – in der DDR schwerlich so zu bezeichnenden – „vorpolitischen Raum" hatten die SED und ihre Vorfeldorganisationen, mit Ausnahme von Inseln im kirchlichen Bereich, gründlich durchsetzt und dabei die Praxis selbstverantwortlicher Initiative weitgehend wegplaniert. Als die SED und ihre Transmissionsinstitutionen ab 1989/90 zusammenbrachen, hinterließen sie darum dort, wo eine selbstbewußte Zivilgesellschaft wünschenswert gewesen wäre, ein ruinendurchsetztes Brachland mit nur wenigen tauglichen Fundamenten für einen Neubau. Obendrein war der SED weitgehend die Entbürgerlichung der ostdeutschen Gesellschaft gelungen und somit die Erosion der Grundlagen einer freiheitlichen Ordnung. Verstaatlichungen und klassenorientierte Personalpolitik hatten über die Jahrzehnte hinweg einem selbstbewussten Bürgertum seine wirtschaftlichen Grundlagen weitgehend entzogen. Die Flucht bürgerlicher Elitenangehöriger in den Westen, solchermaßen nahegelegt und möglich bis zum Mauerbau, hatte außerdem im klein- und mittelstädtischen Bereich die demographische Basis einer bürgerlichen Gesellschaft sehr stark ausgedünnt. Umso leichter konnten darum die Bildungsvorstellungen des ostdeutschen Arbeiter- und Bauernstaates auf die Durchsetzung kleinbürgerlich-proletarischer Einstellungs- und Verhaltensmuster hinwirken und dabei eine weitgehende Egalisierung von Lebensstilen und gesellschaftlichen Normalitätsvorstellungen bewerkstelligen.

Das alles prägte die DDR-Bevölkerung dann über Jahrzehnte hinweg auf die Anforderungen ihres autoritären und paternalistischen Systems. Im Zuge dessen verschwand jene Rolle, auf welche allein sich ein freiheitliches Staats- und Gesellschaftswesen gründen kann: nämlich die eines selbstbewussten, sich nicht schwach und staatlicher Stützung bedürftig fühlenden Bürgers, der darum politische Teilhabe nicht vor allem als Fordern und Einfordern versteht, sondern in erster Linie dahingehend auffaßt, dass er bereitwillig eigene Fähigkeiten, Energie und Zeit in den Dienst anderer stellt. Auch die Friedliche Revolution konnte, wider manche Erwartungen, diese Rolle nicht rasch ins Leben zurückrufen: einesteils nicht, weil die Etablierung gesellschaftlicher Rollen nun einmal längerer Entwicklungsprozesse bedarf, und andernteils nicht, weil Revolutionszeiten reine Ausnahmezustände darstellen, die nur schlecht auf gewöhnliche Dauerbelastungen vorbereiten. Auch die folgenden Jahre der demokratischen Konsolidierung waren wenig geeignet, eine solche Bürgerrolle flächendeckend neu entstehen zu lassen. Arbeitslosigkeit grenzte von solchen persönlichen Entwicklungsprozessen nicht wenige von vornherein aus. Noch mehr gerieten in eine oft schockartig erfahrende Phase der Statusunsicherheit und mussten sich überhaupt eine neue Berufs- und Lebensrolle suchen. Also waren sie mehr mit sich selbst als mit dem von ihnen möglicherweise mitzugestaltenden Gemeinwesen beschäftigt. Ferner wurde die Anfangsphase ostdeutscher Demokratiegründung von der recht unerwarteten Erfahrung einer großen sozialen Spreizung geprägt. Einige erlebten sie als Aufstieg, nicht wenige als sozialen Abstieg und überaus viele als Quelle sozialer Ungerechtigkeit. Verbunden waren diese Prozesse mit einer höchst verständlichen Dominanz des Materiellen. Das alles legte es durchaus *nicht* nahe, sich außerhalb der – damals oft recht zufällig zugewachsenen – Rolle eines Berufspolitikers bar materieller Gratifikationen um den Aufbau einer ostdeutschen Zivilgesellschaft zu kümmern. Damit aber fehlten bald schon die Vorbilder für sich veralltäglichende Muster ehrenamtlichen politischen Engagements.

Im Übrigen braucht dauerhaftes, nicht auf materielle Gratifikationen ausgehendes zivilgesellschaftliches Engagement ein großes Maß an Selbstbewusstsein und an Stolz auf das persönlich bereits Erreichte. Beides war in den neuen Bundesländern nach dem Sturz der SED-Diktatur rar. Viele Leistungsträger waren durch ihre Rollen im alten System kompromittiert, während die neuen Eliten sich allenthalben mit Westdeutschen konfrontiert fanden, die teils wirklich besser als sie auf die anstehenden Aufgaben vorbereitet waren, oft aber auch nur in entsprechender Pose auftraten und dennoch an vielen Ostdeutschen sozial nach oben vorbeizogen. Das alles unterminierte ostdeutsches Selbstbewusstsein und setzte gar nicht selten einen Prozess kolonialartiger Hospitalisierung in Gang. Noch häufiger führten solche Erfahrungen zu Trotz und Rückzug. Hinzu kam, dass sich der Vergleichsmaßstab der ostdeutschen Bürgerschaft rasch verschob: weg vom Vergleich mit der Bevölkerung in anderen vormals realsozialistischen Staaten, hin zu westdeutschen oder allgemein westlichen Standards. Damit geriet man notwendigerweise von einer zu DDR-Zeiten im realsozialistischen Rahmen ganz selbstverständlich beanspruchten „top dog"-Position in die Rolle und in den Habitus eines „underdog". Damit war der „Jammer-Ossi" geboren. Mit dem konnte man schwerlich eine selbstbewusste Bürgergesellschaft schaffen. Und weil alle diese Verwerfungen und Verletzungen auch im politischen Diskurs vor Augen geführt, skandalisiert und zu Bezugspunkten ostdeutscher Selbstverständigung wurden, fand sich in kurzer Zeit eine Abwärtsspirale ins Werk gesetzt. Alsbald gehörte es sich für einen Ostdeutschen, sich als schwach, ausgenutzt, hintangestellt, arrogant behandelt und sozial verachtet anzusehen – und wenn schon nicht persönlich, dann immerhin als Teil einer wie zweitklassig behandelten Konkursmasse. Und natürlich konnte man dabei keine Zuneigung zu jenem System entwickeln, das solches offenbar verschuldet hatte: nämlich die Wirtschafts-, Gesellschafts- und Staatsordnung der Bundesrepublik Deutschland.

4.4. Unterschiedliche Pfade kultureller Entwicklung

Im Übrigen trug zu den so verschiedenen Akzentuierungen ost- und westdeutscher politischer Kultur bei, dass in der DDR die Tradition des deutschen Autoritarismus ungebrochen hatte weiterleben können: nämlich in Gestalt der SED-Diktatur. In Ostdeutschland fehlte jene Aussaat und Ernte von politischem und kulturellem Pluralismus, die zur prägenden Erfahrung der westdeutschen Nachkriegsentwicklung geworden war.

Ein sehr wichtiger Teil dieser so folgenreich verschiedenen Weiterformung der deutschen politischen Kultur im Osten und Westen des Landes war die unterschiedliche Aufarbeitung der gemeinsamen Zeit des Nationalsozialismus, nämlich seiner Vorgeschichte, seiner Ursachen, seiner Eigentümlichkeiten und jener Folgen, die aus seinen Verbrechen und seiner Katastrophe zu ziehen waren. Prägend für Ostdeutschland wurde, dass man – ablenkend in „Faschismus" umbenannt – den Nationalsozialismus zu einem Erbstück allein des westdeutschen Teilstaates erklärte. Und da man die rassistischen und kriegslüsternen Züge des Nationalsozialismus ausdrücklich ablehnte, konnte man im Realsozialismus dessen diktatorische Verhaltensformen und autoritären Einstellungsmuster leicht – in oftmals sogar recht ungebrochener Tradition – weiterpflegen.

Neben diese wichtige Weggabelung ost- und westdeutscher Ausprägungen politischer Kultur trat vor allem die ganz andere Bedeutung und Wirkung von „1968". Für Westdeutschland wurde dieses Jahr zu einer Chiffre und Ikone für einen teils übermütig vollzogenen, teils sorgenvoll erlittenen gesellschaftlichen Neuaufbruch. Neben anderen, durchaus nicht lobenswerten Wirkungen entzog er, darin aufs ganze konstruktiv, dem überkommenen kleinbürgerlichen Autoritarismus seine Selbstverständlichkeit. Auch machte er politisches Engagement attraktiv, wenn auch in alsbald revolutionsrhetorischer Engführung und unter Kultivierung jener Politikillusionen, auf deren Zusammenbruch später die weitverbreitete Politikverdrossenheit folgen sollte. Bei alledem ging diese kulturelle Massenbewegung eine zeitgeschichtlich wohl gar nicht zu vermeidende Allianz mit sozialistischen Ideologemen ein, führte zu einem „Marsch durch die Institutionen" derer, die so geprägt waren, und veränderte das Land tiefgreifend – zwar nicht nur, doch gewiss auch zum Besseren. Für Ostdeutschland hingegen war „1968" das Jahr des Scheiterns der Reformpolitik in der Tschechoslowakei, das Jahr der Desillusionierung über die Entwicklungspotentiale eines real existierenden Sozialismus sowie ein Startpunkt zunehmenden gesinnungspolitischen Drucks auf jene, die sich nicht vom zeitweise erfolgsverheißenden Kurs der Einheit von Wirtschafts- und Sozialpolitik für den SED-Staat einnehmen lassen wollten. Folge war einesteils die Entfremdung einer Minderheit vom sozialistischen System, andernteils dessen Akzeptanz als alternativlos seitens einer Mehrheit der DDR-Bürger. Als dann Friedliche Revolution und Wiedervereinigung eine Alternative zum ostdeutschen Realsozialismus verwirklichten, war für sie längst schon ein ganz anderer Boden bereitet als jener, auf dem seit langer Zeit die nunmehr übernommene westdeutsche Ordnung gewurzelt hatte. Auch darum wurde sie in den wenigen Jahren seit 1990 im Osten nur eingeschränkt heimisch.

5. Was ist zu erwarten, was ist zu tun?

Wie skizzenhaft und verkürzt auch immer sie dargestellt wurden: Die eben bedachten Zusammenhänge legen nahe, was für die neuen Bundesländer in der überschaubaren Zukunft politisch-kulturell zu erwarten ist. Wird es eine Angleichung ostdeutscher an westdeutsche Kulturmuster geben? Anfangs wurde das als gleichsam naturwüchsig erachtet. Doch eine solche Angleichung fand nicht statt und ist auf absehbare Zeit auch nicht zu erwarten. Einesteils wurden jene oben erörterten Ereignisketten ausgelöst, die einer raschen mentalen Angleichung nun den Weg versperrten. Andernteils erwies sich, dass beide Teilgesellschaften bis in tiefe Schichten ihrer politischen Kultur hinein sehr unterschiedlichen Formungsprozessen unterzogen wurden, die langfristig so nachwirken werden wie eine glückliche oder verkorkste Kindheit auf das Erwachsenenleben.

Wenn sich also nicht der Osten dem Westen angleicht: Mag es im Lauf der Jahrzehnte dann eine Angleichung westdeutscher Kulturmuster an die ostdeutschen geben? Immerhin könnte sich derlei folgender Zangenbewegung verdanken: einesteils von in der DDR bewahrten traditionellen, paternalistischen deutschen Kulturmustern her, andernteils aufgrund eines neuen, von der Globalisierung ausgelösten Veränderungsdrucks, welcher die neuen Bundesländer bereits gründlich umgestaltet hat, auf Westdeutschland aber noch zukommen wird. Unter Titeln wie „Die Ostdeutschen als Avantgarde“[9] wird diese These gerne und jenseits bloßer Pointenfreudigkeit auch substanziiert vertreten, insbesondere als durch Erfahrung belehrte Replik auf jene eigentlich demütigende Anfangserwartung, dass Ostdeutschland schnell auf westdeutsche Normalitäten einspuren werde. Von der Bereitschaft, sich auf sehr flexible Arbeitsstrukturen einzulassen, bis hin zur großen Volatilität des Wahl- und Protestverhaltens finden sich in den neuen Bundesländern tatsächlich vielerlei Anhaltspunkte dafür, dass manches an der gesamtdeutschen Zukunft eher dort als in den alten Bundesländern begonnen haben könnte. Ostdeutsches Abfärben auf Westdeutschland kann im übrigen auch die Form annehmen, dass in der DDR Bewährtes, vom Westen lange Verkanntes nun aufs neue aufgegriffen wird: von der Ganztagsbetreuung von Kindern

9 Wolfgang Engler, Die Ostdeutschen als Avantgarde, Berlin 2002.

über die – nunmehr “Ärztehäuser“ genannten – Polykliniken bis hin zur Verantwortung von Unternehmen für ein kinder- und familienkompatibles Arbeitsumfeld. Ostdeutsches Abfärben mag sich freilich auch dahingehend vollziehen, dass mit so manchem Leichengift der DDR nun die Altbundesländer infiziert werden. Von der mittlerweile am rechten Rand offenkundigen Demokratiefeindlichkeit reicht derlei bis zur weiteren Forcierung von Erwartungen an die sozialpolitische Leistungsfähigkeit des nunmehr doch insgesamt auf – behauptetermaßen überlegener – kapitalistischer Grundlage stehenden deutschen Staatswesens: Immerhin habe sich dieses über die Art. 1 und 20 des Grundgesetzes ans Prinzip sozialer Gerechtigkeit gebunden und möge nun, um einem Vertrauensverlust wie einst die SED zu entgehen, solche Versprechen endlich erfüllen.

Mancherlei dieser Art hat klar jetzt schon angefangen, auch Westdeutschlands Akzentuierungen politischer und gesellschaftlicher Kultur mitzubestimmen. Es wird aber unwahrscheinlich sein, dass sich drei Viertel der Deutschen zwar tradierten, doch nun ihrerseits unter Wandlungsdruck stehenden politisch-kulturellen Mustern nur eines Viertels ihrer Landsleute weitgehend anpassen werden. Dürften darum auf mittlere Frist die identifizierten Unterschiede politisch-kultureller Prägungen fortbestehen? Eben das ist zu erwarten. Wird es also im Grunde zwei deutsche politische Teilkulturen geben? Die Sache so zu sehen, hieße eine richtige Beobachtung für jenes Ganze zu halten, das sie gleichwohl nicht ist. Denn einesteils gibt es tiefe, geschichtlich lange schon sedimentierte Schichten deutscher politischer Kultur, die in den Jahrzehnten der deutschen Teilung nur verschieden überbaut, doch nicht beseitigt wurden. Zu ihnen gehört mehr als die – über Bismarcks Sozialreformen bis zum Ausbau des Fürstenstaates nach dem Dreißigjährigen Krieg zurückzuführende – Überzeugung der meisten Deutschen, in ihrem Land habe sich der Staat um das Wohl seiner Bürger zu kümmern und genau darum – modern formuliert – als Sozialstaat zu gerieren. Andernteils haben sich bereits jetzt wieder, im Zug der seit 1990 aufs Neue gemeinsamen Geschichte, über durchaus unterschiedlich bleibende Merkmale von Deutschlands „doppelter“ politischer Kultur fortan wiederum gemeinsame Schichten politischer Kultur gelagert. Zu ihnen gehört Deutschlands neues staatliches Selbstbewusstsein als „souveräne Friedensmacht“ ebenso wie die soziokulturelle Verfestigung einer „neuen Rechten“ oder die – noch im Gang befindliche – Ausprägung eines neuen deutschen Patriotismus.

Tatsächlich scheint die Entwicklung „innerer Einheit“ in der politischen Kultur unseres Landes vor allem darin zu bestehen, dass es – erstens – immer mehr neue, sich zu wiederum gemeinsamen Schichten politischer Kultur sedimentierende gesamtdeutsche politische Erfahrungen gibt und diese immer stärker den Diskurs der Deutschen über sich prägen. Zweitens wird die Entwicklung „innerer Einheit“ wohl so vonstatten gehen, dass man – im Verlauf der sich seit einiger Zeit beschleunigenden Historisierung des 20. Jahrhunderts – mehr und mehr eben jenes gemeinsamen Erbes gewahr wird, das doch vor der Teilung des Landes und der dann so unterschiedlichen Prägung seiner Teile deutscher Gemeinbesitz war. Von genau ihm her wird man dann angesichts aktueller Herausforderungen immer wieder zu klären versuchen, was für unser Land heilsame Veränderungen jenes Gemeinwesens wären, welches sich einst als westdeutsche Teilgesellschaft ausprägte und dessen institutionelle bzw. kulturelle Formen seit 1990 auf das Gebiet und die Gesellschaft der zusammengebrochenen DDR übertragen wurden. Drittens wird, was sich an der Ordnung jenes ehedem westdeutschen Gemeinwesens und an neu geschätzten Einrichtungen der DDR weiterhin bewährt, im Lauf der nächsten ein, zwei Generationenwechsel in den neuen wie in den alten Bundesländern in ziemlich angleichender Weise Einstellungen, Habitus und Praxen prägen.

Erlegt dieser Prozess uns Politikwissenschaftlern irgendwelche Pflichten auf? Rät er uns mancherlei zum Tun oder Lassen an? Als Wissenschaftler bleiben wir gewiss im Bereich der Forschung gefordert: Es gilt, dieses – uns alle auch persönlich betreffende – Großexperiment weiterhin zu verfolgen, die in seinem Verlauf institutionell herbeigeführten kulturellen Prägungen ausfindig zu machen und zu bewerten, auch Chancen und Gefährdungen der erreichten freiheitlichen demokratischen Ordnung zu entdecken sowie die Sedimentierungsschichten und Verwerfungszonen unserer politischen Kultur in ihrem zeitgenössischen Werden zu analysieren.

Als für Politik in besonderem Maße fachkundige *citoyens* sollten wir uns allerdings politisch Folgenreicheres vornehmen: nämlich kontinuierliches Einwirken auf jene öffentlichen Diskurse über unsere politische Kultur und ihre Entwicklungen, in deren Vollzug eben ihr Gegenstand mitgeformt wird. Hier sollten wir – erstens – das unsere dazu beitragen, dass Politiker wie Bürgerschaft künftig vom ritualisierten Beklagen und vom wechselseitigen Vorwerfen aller möglichen „Fehler und Versäumnisse“ bei der Wiedervereinigung Abstand nehmen. Das alles möge bald zu einer die Politik nicht länger belastenden Diskussion unter Zeithistorikern werden. Zweitens sollten wir den Gedanken popularisieren, dass staatliche oder nationale Einheit sich keineswegs in wirtschaftliche, gesellschaftliche oder gar kulturelle Einheitlichkeit ummünzen lassen muss – und dass solche Einheitlichkeit ohnehin nicht recht zur deutschen Tradition der Vielgestaltigkeit unseres Landes passte. Drittens sollten wir, eben der inneren Einheit und einer zukunftsfähigen politischen Kultur wegen, sehr wohl auch darauf hinwirken, dass möglichst bald ein reflektierter deutscher Patriotismus als verläßliches Integrationsmittel neu entsteht, und zwar nicht nur zum – ohnehin wenig problematischen – Zusammenhalt von Ost- und Westdeutschen, sondern vor allem auch zur Integration von lange schon ansässiger und zugewanderter sowie weiterhin zuwandernder Bevölkerung.[10] Und viertens sollten wir uns, wie einst die Gründergeneration unserer Disziplin, nach Kräften im Bereich der politischen Bildungsarbeit engagieren – gerade in den neuen Bundesländern mit ihrer nicht nachhaltig konsolidierten Demokratie.

10 Vgl. Werner J. Patzelt, Warum und welcher Patriotismus unverzichtbar ist, in: Matthias Rößler (Hrsg.), Einigkeit und Recht und Freiheit. Deutscher Patriotismus in Europa, Freiburg u.a. 2006, S. 53-77.

Wie im Westen, so im Osten? Einheitsbilanz und Demokratiebewertung 15 Jahre nach dem Ende der DDR

Michael Edinger/Andreas Hallermann

1. Einleitung: Neues Deutschland nach dem Systemwechsel?

Dass nach dem Fall der Mauer zusammenwachsen wird, was zusammengehört, daran haben während der Demokratisierung der DDR 1989/90 die wenigsten Zeitgenossen gezweifelt. Große Erwartungen bestanden seinerzeit nicht allein im Hinblick auf die staatliche Vereinigung und – allem voran – die schnelle Angleichung der Lebensverhältnisse, sondern ebenso sehr bei der Annäherung der gesellschaftlichen wie politischen Orientierungen und Verhaltensweisen. Ein derartiger Optimismus in Sachen gesamtdeutsche politische Kultur wurde von den politischen Eliten ebenso gepflegt wie von der deutlichen Mehrheit der (ost-)deutschen Bevölkerung – und fand auch in den Sozialwissenschaften eine gewisse Resonanz. Er ließ sich vor allem mit den durch das West-Fernsehen gewonnenen Eindrücken und Kenntnissen der DDR-Bürger über die bundesdeutsche Politik begründen, die auch die vom SED-Regime oktroyierte kulturelle Teilung nicht hatte unterbinden können (Jesse 1994: 104 f.).

In anderthalb Dekaden staatlicher Einheit hat der ursprüngliche Optimismus längst nüchterner Skepsis Platz gemacht. Denn so wenig wie sich flächendeckend die beinahe sprichwörtlich gewordenen blühenden Landschaften entwickelten, so deutlich fiel mitunter die Enttäuschung über fortbestehende Unterschiede in den politischen Einstellungen von Ost- und Westdeutschen aus. Die so genannte innere Einheit avancierte schon bald zu einem bevorzugten Topos im öffentlichen Diskurs, die „Mauer in den Köpfen" zu einer gängigen Wendung der Publizistik. Just im Vorfeld der 15. Jahrestage von Mauerfall und Vereinigung erweckten manche Medien den Eindruck einer mentalen Wiedervereinigungskrise oder doch zumindest nachhaltiger Legitimationsprobleme des politischen Systems zumal im Osten des Landes. Beispiel dafür ist etwa ein „Aufschrei Ost" betitelter Leitartikel in einem führenden Wochenmagazin vom Spätsommer 2005, in dem die politische Unstetigkeit und Unberechenbarkeit des Ostens konstatiert wird (Der Spiegel 34/2005: 29 f.). Knapp ein Jahr zuvor hatte die gleiche Zeitschrift ein Heft kurzerhand mit einem kollektiven Ressentiment gegen die Bürger der neuen Länder aufgemacht: „Jammertal Ost" (Der Spiegel 39/2004).

Während sich die Liste entsprechender publizistischer Darstellungen leicht fortsetzen ließe, vermeidet die fachwissenschaftliche Literatur in aller Regel derlei populistische Überzeichnungen. In Übereinstimmung mit der Publizistik wird aber auch hier die Gültigkeit des Brandtschens Diktums vom Zusammenwachsen des Zusammengehörigen für die politische Kultur im vereinigten Deutschland überwiegend bestritten.

Neueste Arbeiten zeichnen gar für Teilbereiche das Bild einer sich weiter öffnenden Schere, also eine wachsende Kluft zwischen Ost- und Westdeutschland (Gabriel/Falter/Rattinger 2005). Entsprechend wird an anderer Stelle der gesellschaftliche Wandel in den neuen Ländern als „Transformation ohne Integration“ charakterisiert (Gensicke 1998); die deutsch-deutschen Befindlichkeiten finden sich unter der Frage „Getrennt vereint?“ erörtert (Neller 2006). Zugleich widmet sich eine steigende Zahl von Untersuchungen dem Phänomen der DDR-Nostalgie bzw. Ostalgie mitsamt der Selbst- und Fremdkonstruktion einer ostdeutschen Identität (Ahbe 2004; Neller 2005).

Dieser kurze, kursorische Streifzug durch einige neuere Veröffentlichungen zum Gegenstand illustriert, dass sich die Auseinandersetzung mit politischen Einstellungen Ostdeutscher keineswegs erübrigt hat. Im Gegenteil: Wegen der als überraschend geltenden Persistenz von ostdeutschen Besonderheiten trifft sie gerade 15 Jahre oder eine halbe Generation nach dem Systemwechsel den Nerv der öffentlichen, politischen und nicht zuletzt auch der sozialwissenschaftlichen Debatten. Angesichts der Forschungsbefunde drängen sich weitere, stärker fokussierte Untersuchungen geradezu auf. Der vorliegende Beitrag möchte mit der Analyse von Einheitsbewertung und Demokratieunterstützung in einem ostdeutschen Bundesland vor allem zu einem besseren Verständnis der entsprechenden Orientierungen und ihres Zusammenhangs beitragen.

2. Deutsche Einheit als Zäsur für politische Kultur

Konzeptionell liegt der Beitrag an der Schnittstelle zweier Forschungsstränge, an die er gleichermaßen anknüpft: der politischen Kultur und der Transformationsforschung. Unter politischer Kultur werden hier im Sinne der amerikanischen Forschung der Nachkriegsjahre die Einstellungen (affektive, kognitive und evaluative) gegenüber dem politischen System, seinen Teilen und der eigenen Rolle im politischen Prozess verstanden.[1] Wie eng beide Forschungsstränge verknüpft sind, illustrieren gerade die frühen empirischen Arbeiten zur politischen Kultur (z.B. Almond/Verba 1963), denen es maßgeblich darum ging, die Voraussetzungen für das Gelingen des demokratischen Experiments in vormals totalitären Staaten wie Deutschland und Italien zu erkunden. Wesentlicher Ansatzpunkt dieser Forschungsrichtung wie der Systemtheorie Eastons (Easton 1965) ist die Kongruenz von politischer Kultur und politischem System. Damit ein politisches System Stabilität erlangen kann, muss – so die Grundüberlegung – die politische Kultur seinen Strukturmerkmalen entsprechen.

1 „The term political culture thus refers to the specifically political orientations – attitudes towards the political system and its various parts, and attitudes towards the role of the self in the system. [...] It is a set of orientations toward a special set of social objects and processes” (Almond/Verba 1963: 13). Dieses hier zugrunde gelegte Konzept der Kulturforschung bedeutet also eine Engführung etwa gegenüber dem umfassenderen Ansatz Karl Rohes (Rohe 1994).

Selbst wenn Zweifel an der empirischen Bestätigung der Kongruenzhypothese bestehen (Gabriel 2005), ist schwerlich zu bestreiten, dass zumal ein demokratisches System, will es dauerhaft bestehen, auf eine adäquate politische Kultur angewiesen ist. Nicht zuletzt die Erfahrungen der Weimarer Republik lehren, dass eine Demokratie ohne Demokraten über kurz oder lang gegen die Mobilisierung von systemfeindlichen Kräften nicht hinreichend gewappnet ist. Die moderne, auf die postkommunistischen Gesellschaften vornehmlich Europas bezogene Transformationsforschung – viel mehr als die ältere Transitionsforschung – hat die Relevanz politischer Orientierungen an ganz ähnlicher Stelle, nämlich bei der Suche nach den Kriterien demokratischer Konsolidierung, neu entdeckt.

Politische Kultur kommt hier in doppelter Weise ins Spiel: Zunächst kann die viel bemühte Pfadabhängigkeit in den Transformationsprozessen seit dem *annus mirabilis* 1989 in Traditionen politischer Kultur begründet liegen. Dem Realsozialismus vorausgehende demokratische Erfahrungen würden demnach die Stabilisierung der jungen Demokratien nach dem Systemwechsel 1989/90 begünstigen. Wichtiger noch und für die Untersuchung der politischen Orientierungen ostdeutscher Bürger relevanter ist die Bedeutung der gegenwärtigen politischen Kultur als Teil des demokratischen Konsolidierungsprozesses. Ganz im Sinne von Merkels Mehrebenenmodell gibt es neben der institutionellen, der repräsentativen und (der etwas missverständlich so bezeichneten) verhaltensmäßigen Konsolidierung eine vierte Ebene der Konsolidierung: eben die Reifung einer demokratischen politischen Kultur bzw. „Staatsbürgerkultur“ (Merkel 1999: 146 f., 164-169). Demnach kann eine Demokratie erst dann in einem umfassenden Sinne als konsolidiert gelten, wenn sie – vereinfacht formuliert – über den Kreis der Eliten hinaus auch in den Köpfen und Herzen der Bürger verankert ist.

In der Anwendung auf das vereinigte Deutschland bedeuten diese konzeptionellen Überlegungen, dass die demokratische Konsolidierung auf der Einstellungsebene insofern problematisch und problematisierungswürdig ist, als die deutsche Einheit eine Zäsur in der politischen Kulturentwicklung des Nachkriegsdeutschlands darstellt. Bis zum Mauerfall hatte sich in Westdeutschland in einem Jahrzehnte dauernden Prozess des Einstellungswandels und begünstigt durch eine längere Wachstumsphase eine stabile Staatsbürgerkultur entwickelt (Conradt 1980; Fuchs 1989). In der DDR konnte sich hingegen unter den Vorzeichen der parteilichen Kontrolle von Massenmedien und staatlicher Repression eine vergleichbare politische Kultur nicht einmal in Ansätzen herausbilden. Vor diesem Hintergrund bedeutete die deutsche Vereinigung trotz der hohen Attraktivität des westdeutschen Gesellschaftsmodells für die bisherigen DDR-Bürger eine gewaltige politisch-kulturelle Herausforderung. Dies gilt umso mehr, als der Transformationsprozess erstens durch eine fundamentale Asymmetrie in Gestalt einer Übertragung westlicher Strukturen in die neuen Länder und zweitens durch eine Kumulation von Unsicherheiten für die neuen Bundesbürger geprägt gewesen ist.

Das Kernproblem der Entwicklung der politischen Kultur liegt dabei nicht im Westen des vereinten Deutschlands, für dessen Bürger sich nach 1990 zunächst keine gewaltigen, das persönliche Leben maßgeblich beeinflussenden Veränderungen ergeben haben. *Cum grano salis* ist daher für die alten Länder mittelfristig die Kontinuitätshypothese plausibel gewesen. Für Ostdeutschland stellt sich hingegen die Frage, inwieweit die neue Staats- und Gesellschaftsordnung, ihre Verfahren und Akteure akzeptiert werden. Im Fall von Akzeptanzdefiziten in den neuen Ländern wären perspektivisch auch Rückwirkungen auf die politischen Orientierungen im Westen anzunehmen – mit der Konsequenz eines Wandels der politischen Kultur in ganz Deutschland. Auch wenn ein solcher Rückkopplungseffekt in diesem Beitrag nicht thematisiert wird, illustrieren diese Ausführungen doch die gesamtdeutsche Relevanz der Einstellungen der neuen Bundesbürger zur deutschen Einheit und zur Demokratie.

Die entsprechenden Befunde, die hier präsentiert werden, basieren weitestgehend auf Befragungen im Freistaat Thüringen. Ausgewertet wurden Primärdaten aus insgesamt fünf repräsentativen Telefonbefragungen Thüringer Wahlberechtigter in den Jahren 2001 bis 2005.[2] Damit liegen erstmalig Zeitreihen zu wichtigen Aspekten der politischen Kultur in einem ostdeutschen Bundesland für die Jahre seit dem Jahrhundertwechsel vor. Darüber hinaus bietet sich die Möglichkeit einer vertieften Auseinandersetzung mit den Einstellungen zum vereinten Deutschland, ihren Facetten und Determinanten, da der Schwerpunkt der Befragung 2005 auf der Bewertung der deutschen Einheit lag. Aus methodischen Gründen können die präsentierten Befunde nicht als repräsentativ für ganz Ostdeutschland gelten. Gleichwohl sprechen mit Blick auf die hier interessierenden politischen Einstellungen die strukturell ähnlichen Rahmenbedingungen des Transformationsprozesses wie die verfügbaren Vergleichsdaten aus bundesweiten Erhebungen dafür, dass sich die Thüringer nicht grundlegend von den Bürgern der übrigen ostdeutschen Länder unterscheiden. Dies dürfte im Besonderen für die strukturellen Zusammenhänge zwischen der Einheitsbewertung auf der einen und den demokratiebezogenen Orientierungen auf der anderen Seite gelten. Insoweit dürften die für den Freistaat ermittelten Befunde über die Thüringer Grenzen hinaus für Ostdeutschland relevant und aufschlussreich sein.

Im Zentrum dieses Beitrags stehen die Analyse der Einheitsbewertung und die Suche nach ihren Determinanten. Dabei werden zunächst die Urteile der Befragten über die deutsche Einheit und das vereinigte Deutschland in ihren unterschiedlichen Aspekten und internen Bezügen beleuchtet (Kap. 3). Das solchermaßen gezeichnete Bild der Akzeptanz oder Ablehnung des neuen Deutschlands insgesamt wird dann um die Analyse derjenigen Einstellungen ergänzt, die sich auf Idee, Verfassungskonzept und Praxis der Demokratie beziehen (Kap. 4). Dabei geht es ebenso sehr um die Facetten der Demokratieunterstützung wie um ihre Entwicklung im Zeitverlauf.

Diese kommt zusätzlich noch in anderer Funktion – als unabhängige Variable – bei der Erklärung der Einheitsbilanz ins Spiel. Denn neben sozialstrukturellen, wirtschaftlichen und gesellschaftlichen Einschätzungen gehört die Unterstützung der Demokra-

2 Die Konzeption der Fragebögen sowie Datenaufbereitung und -auswertung lagen in den Händen eines Forscherteams der Friedrich-Schiller-Universität Jena unter Beteiligung der Autoren. Auftraggeber war die Thüringer Staatskanzlei; die Feldarbeit erfolgte durch das Meinungsforschungsinstitut infratest dimap.

tie zu den möglichen Determinanten der Einheitsbewertung. Wie stark ihre Erklärungskraft im Vergleich zu den anderen mutmaßlichen Bestimmungsfaktoren ist, wird abschließend untersucht (Kap. 5).

3. Facetten der Einheitsbilanz

Die Bewertung der Einheit unterscheidet sich danach, wie die DDR im Rückblick bewertet wird und wie die „Befindlichkeiten" der Thüringer 15 Jahre nach der Wende sind. Der Blick auf das Vergangene scheint verklärt: Eine knappe Mehrheit der Befragten findet im Rückblick an der DDR mehr gute als schlechte Seiten.[3] Dieser Anteil ist in Thüringen seit 2001 in etwa konstant und liegt etwas über dem ostdeutschen Schnitt (vgl. Neller 2005: 352).[4] Beinahe exakt die gleiche Gruppe der Befragten äußert sich auch zufrieden mit dem Sozialismus, so wie er in der DDR bestanden hat. Hier ist die Zustimmung in der Bevölkerung mit 62 Prozent sogar noch größer. Vor allem die Älteren stimmen mit deutlicher Mehrheit zu, während bei den Jüngeren die Ablehnung überwiegt. Das überrascht nicht, denn je länger der Lebensabschnitt ist, der in der DDR verbracht wurde, umso schwerer fällt es, diese Zeit in der „summarischen Retrospektivbewertung" (Neller 2005: 345) negativ darzustellen.

Mehrheitlich haben die Interviewten bei diesen Fragen aber nicht an die politische Ordnung der DDR gedacht: Im Vergleich zur Vorwendezeit werden heute vor allem der gesellschaftliche Zusammenhalt, die soziale Sicherheit und der Schutz vor Verbrechen deutlich schlechter bewertet. Die Möglichkeiten politischer Einflussnahme und die wirtschaftliche Lage haben sich in den Augen der Mehrheit hingegen heute im Vergleich zur DDR verbessert. Beinahe alle Befragte bewerten das Bildungs- und das Gesundheitssystem der DDR positiv, ebenso die Entwicklungschancen für Kinder; bei der politischen Beteiligung und der Wirtschaft ist es jeweils nur ein Drittel.

Einen anderen Versuch der zusammenfassenden Rückschau auf die DDR kann man mithilfe einer Thermometer-Skala unternehmen, auf der zwischen sehr negativ (-5) und sehr positiv (+5) die heutige Einstellung zur ehemaligen DDR abgefragt wird. Die Einstufung der DDR ist zusammen mit der des vereinigten Deutschlands in Abbildung 1 abgetragen.

---

3 Wenn nicht anders angegeben, beruhen die Zahlenangaben auf der Erhebung vom Juli 2005.

4 Diese Abweichung dürfte aber zum Teil auf die in der Thüringer Befragung fehlende Mittelkategorie zurückzuführen sein, wodurch die Befragten zu einer Entscheidung für Zustimmung oder Ablehnung „gedrängt" werden.

Abb. 1: Einstellung zur Bundesrepublik und zur DDR auf einer Thermometer-Skala von -5 bis +5, gruppiert(in Prozent)

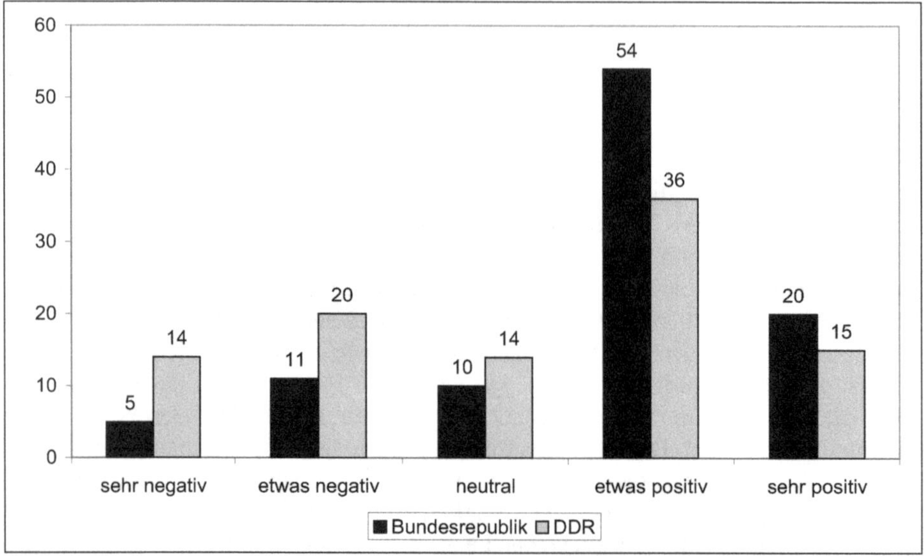

Sehr negativ: -5 u. -4; etwas negativ: -3 bis -1; neutral: 0; etwas positiv: 1 bis 3; sehr positiv: 4 u. 5

In der Tendenz findet sich hier das erwähnte, durchaus positive DDR-Bild wieder: Eine Mehrheit der Befragten ordnet sie im positiven Bereich der Skala ein. Diese positive Einschätzung relativiert sich aber, sobald man die Werte für die Bundesrepublik dagegenhält. Immerhin fast drei Viertel aller Befragten bewerten die Bundesrepublik positiv, nicht einmal jeder Sechste negativ. Von denjenigen, die an der DDR mehr gute als schlechte Seiten sehen, bewerten fast 60 Prozent die Bundesrepublik positiv. Dieser überraschend hohe Wert lässt die – angebliche – nachträgliche Verklärung der DDR in etwas anderem Licht erscheinen und ist ein weiterer Hinweis darauf, dass die DDR-Bewertung wenig von den damaligen *politischen* Verhältnissen beeinflusst ist.

Weitere Belege dafür findet man beim Blick auf die Einstellungen zum Sozialismus. Nicht einmal jeder Dritte hält den Sozialismus für die beste Staatsidee, gut jeder fünfte Thüringer möchte zur sozialistischen Ordnung zurückkehren. Zwei Drittel dieser Befragten halten den Sozialismus für die beste Staatsidee, möchten also aus ideologischen Gründen zurück; für das verbleibende Drittel geben andere Gründe den Ausschlag. Ebenso wenig attraktiv wie die Rückkehr zur sozialistischen Ordnung ist die Alternative einer eigenständigen DDR: Lediglich einer von sieben Thüringern zieht eine eigenständige DDR dem vereinigten Deutschland vor.

Über die angegebenen Aggregatdaten der Einstellungen zur Bundesrepublik und zur DDR hinaus bieten die Thermometer-Skalen die Möglichkeit, für jeden Einzelnen die Differenz zwischen beiden Einstellungen zu ermitteln. Im Ergebnis erhält man eine Skala, die alle möglichen Kombinationen von stark negativem Bundesrepublik-Bild und gleichzeitig stark positivem DDR-Bild (-10 auf der Skala) bis zum Gegenteil (+10) erfasst. Hier zeigt sich, dass eine knappe Mehrheit der Befragten die Bundesrepublik gegenüber der DDR besser bewertet; Dagegen bewertet sie gut ein Viertel schlechter (vgl. Abb. 2).

Abb. 2: Differenz der Einstellungen zur Bundesrepublik und zur DDR (in Prozent)

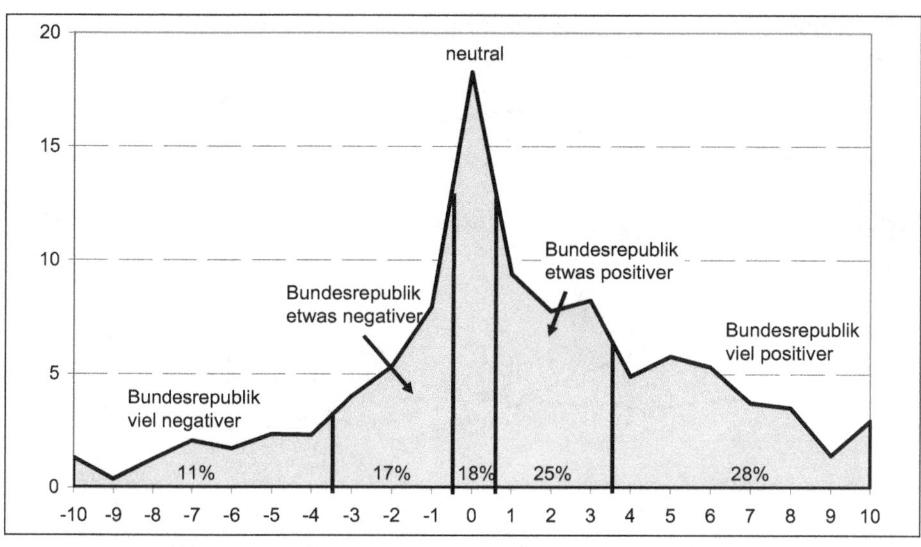

Lesehilfe: Bei etwa einem Prozent der Befragten beträgt die Differenz -10. Sie haben die Bundesrepublik mit -5 bewertet, die DDR hingegen mit +5.

Die Werte von Frauen, niedrig Gebildeten und mittleren Jahrgängen liegen deutlich unter denen von Männern, gut Gebildeten sowie Jungen und Alten. Selbst bei Zufriedenheit mit dem real existierenden Sozialismus in der DDR wird die Bundesrepublik überwiegend positiv gesehen. Wenn die Befragten aber von der Idee des Sozialismus überzeugt sind oder gar zur sozialistischen Ordnung zurückkehren wollen, überwiegt erwartungsgemäß die negative Einstellung zur Bundesrepublik klar.

Aus den Einstellungen zur DDR oder zum Sozialismus kann nicht ohne weiteres auf die Bilanz der Einheit geschlossen werden. Dies ist auch nicht notwendig, da zur Bewertung der Vereinigung einige andere Fragen zur Verfügung stehen. Von einer großen Mehrheit der Bevölkerung wird die Vereinigung für richtig gehalten, eine eigenständige DDR abgelehnt. Dennoch können über die Gestaltung der deutschen Einheit unterschiedliche Meinungen bestehen, sowohl über die bisherige wie über die zukünftige Entwicklung. Wie bewerten also die Thüringer die deutsche Einheit? Betrachten Sie die Entwicklung mit Freude oder Sorge, sehen Sie mehr Vorteile oder mehr Nachteile für sich?

Für sechs von zehn Befragte haben sich die Hoffnungen, die sie in die Einheit gesetzt haben, in wichtigen Bereichen erfüllt; fast alle von ihnen sehen mehr Vorteile als Nachteile durch die Einheit. Diese Frage nach der Bilanz der Einheit fällt 2005 insgesamt negativer aus als in den vergangenen fünf Jahren: Nur noch gut die Hälfte der Thüringer sieht für sich persönlich mehr Vor- als Nachteile, bei einem guten Viertel ist es umgekehrt (vgl. Abb. 3).

Abb. 3: Bewertung der deutschen Einheit 2000 bis 2005 (in Prozent)

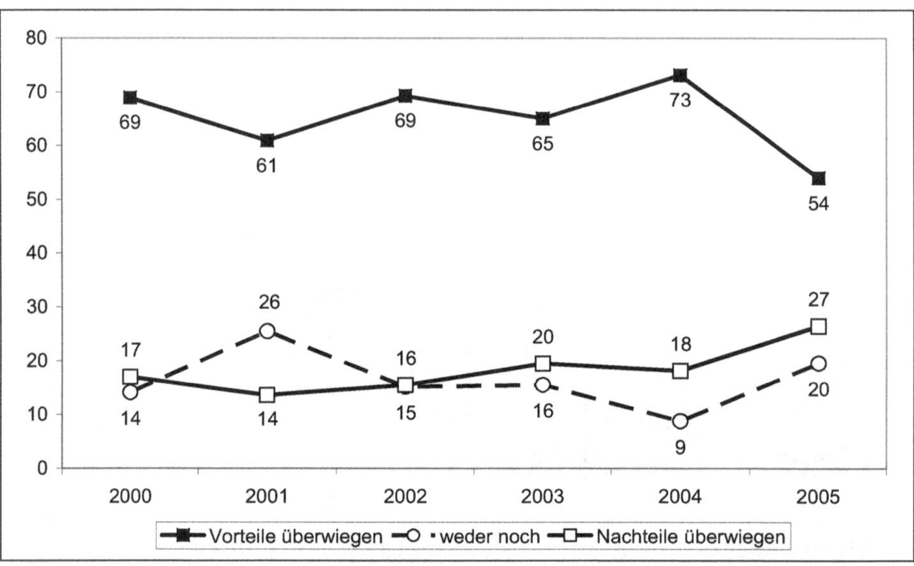

Diese Abwägung zwischen den Vor- bzw. Nachteilen der Einheit hängt sehr eng damit zusammen, ob bei den Befragten eher die Freude überwiegt, dass die Teilung überwunden ist, oder die Sorge über die Probleme, die mit der Wiedervereinigung verbunden sind. Beinahe unentschieden geht diese Frage im Aggregat aus. Wenn man beide Fragen kombiniert, sieht die relativ größte Gruppe der Thüringer mehr Vorteile und empfindet Freude über die Vereinigung: Ein gutes Drittel sind solche klaren „Einheitsbefürworter". Etwa jedem fünften Thüringer brachte die Einheit mehr Nachteile und die Sorgen überwiegen. Sie werden im Folgenden als „Einheitsgegner"[5] bezeichnet. Die drittgrößte Gruppe schließlich sieht für sich Vorteile, aber die Sorgen über die Probleme überwiegen gleichzeitig die Freude (vgl. Tab. 1). Anhand der Kombination dieser beiden Fragen, aus der sich die Extremgruppen der „Einheitsbefürworter" und „Einheitsgegner" ergeben, lässt sich später untersuchen, wer welche Bilanz der Einheit zieht und warum.

5 Streng genommen kann von einer Gegnerschaft nicht gesprochen werden, sondern es handelt sich eigentlich um Skepsis oder Zweifel gegenüber der Einheit.

Ein Blick auf die größte Gruppe der Einheitsbefürworter zeigt den erwarteten Zusammenhang mit den bereits erwähnten Einstellungen zur DDR. Fast alle (97 Prozent) ziehen die Vereinigung einer eigenständigen DDR vor, 95 Prozent wollen nicht zur sozialistischen Ordnung zurückkehren und nur 15 Prozent halten den Sozialismus für die beste Staatsidee. Eine deutliche Mehrheit von etwa 60 Prozent war mit dem Sozialismus der DDR nicht zufrieden. In der Gruppe der Einheitsgegner ist jeweils etwa die Hälfte der Befragten für eine eigenständige DDR, will zurück zur sozialistischen Ordnung und hält den Sozialismus für die beste Staatsidee. Fünf von sechs Einheitsgegnern waren mit dem Sozialismus, so wie er in der DDR bestanden hat, zufrieden.

Tab. 1: Bewertungen der deutschen Einheit(in Prozent)

	Freude	Beides	Sorge	Gesamt
Vorteile überwiegen	36,4	3,7	14,0	54,1
Weder – noch	7,1	3,8	8,7	19,7
Nachteile überwiegen	3,9	1,7	20,6	26,2
Gesamt	47,5	9,2	43,3	100

Nachdem begründete Zweifel daran bestehen, dass die summarische Retrospektivbewertung der DDR stark von der Bewertung des politischen Systems abhängt, stellt sich die Frage, wie das bei der Bewertung der deutschen Einheit ist. Steht und fällt sie mit der Unterstützung des demokratischen Systems, oder sind die Bewertungen von Wirtschafts- oder Gesellschaftssystem entscheidend? Bevor die Bedeutung demokratiebezogener Einstellungen für die Einheitsbewertung untersucht wird, sei zunächst die Demokratieunterstützung selbst in ihrem Ausmaß und ihren Bedingungsfaktoren analysiert.

4. Die Unterstützung des demokratischen Systems

Die Akzeptanz der Demokratie stellt in Ostdeutschland wie in anderen postkommunistischen Gesellschaften keine Selbstverständlichkeit dar. Befunde aus verschiedenen postkommunistischen Transformationsgesellschaften Osteuropas ergeben ein widersprüchliches Bild. So finden die demokratische Staatsform und auch einzelne demokratische Prinzipien breite Zustimmung, während die Zufriedenheit mit dem Funktionieren der Demokratie eher gering ausfällt (Jacobs 2004: 150-164).

Diese Umfrageergebnisse aus den jungen postkommunistischen Demokratien verweisen – wie schon die demoskopischen Befunde aus der alten Bundesrepublik – auf die Notwendigkeit, bei den demokratiebezogenen Orientierungen zwischen einzelnen Einstellungsobjekten zu differenzieren. Einen geeigneten analytischen Rahmen dafür bietet das von Dieter Fuchs konzipierte und weiterentwickelte Dreiebenenmodell der

System- bzw. Demokratieunterstützung (Fuchs 1997, 2002). Danach können sich die entsprechenden Einstellungen auf drei unterschiedliche Objekte beziehen: auf die normativen Prinzipien der Demokratie (Ebene der Kultur bzw. der Werte), auf die in einem politischen Gemeinwesen qua Verfassungsordnung implementierte Demokratie (Ebene des Regimes) oder auf ihre konkrete Ausgestaltung in der politischen Praxis (Ebene des Prozesses bzw. der Performanz). Mit den Einstellungen zur Performanz wird faktisch die spezifische Demokratieunterstützung im Sinne Eastons (Easton 1965) erfasst. Demgegenüber entspricht die Bewertung der normativen Idee weitgehend der diffusen, also nicht auf konkret vorfindbare Institutionen oder Akteure bezogenen Unterstützung. Die Einstellungen zur implementierten Struktur, also zum politischen Regime, befinden sich zwischen diesen beiden Polen. Es erscheint plausibel, sie näher bei der demokratischen Werteordnung als bei der Performanz der Demokratie zu orten, zumal damit der Sache nach die Regimeunterstützung Eastons differenziert wird. Diese Entkopplung von Werte- und Regimeebene erscheint insoweit plausibel, als die Unterstützung derjenigen demokratischen Normen, die einer Verfassungsordnung zugrunde liegen, nicht notwendig die Unterstützung eben dieser Verfassungsordnung bedeuten muss.

Alle drei Einstellungsobjekte sind im Rahmen der Thüringer Befragungen operationalisiert und anhand von zumeist mehreren Indikatoren gemessen worden. Für den gesamten fünfjährigen Untersuchungszeitraum liegen Daten zur Ebene der Performanz und zur Werteebene vor. Letztere sind durchgängig mittels der Einschätzung der Demokratie als beste Staatsidee und der Ablehnung einer Diktatur erhoben worden. Problematischer gestaltet sich die Erhebung der Regimeunterstützung. Einschlägig ist dafür die Frage nach dem in der Verfassung festgelegten politischen System, die jedoch erstmalig 2004 gestellt wurde.[6] Ein weiterer Kandidat könnte das Vertrauen in Institutionen des Verfassungsstaates sein, jedenfalls insofern es sich um rechtsstaatliche Institutionen mit großer Distanz zur Tagespolitik (z.B. die Gerichte) handelt.[7] Die auch im Rahmen des Thüringen-Monitors erhobene Zufriedenheit mit der demokratischen Praxis (Demokratiezufriedenheit) wird hingegen in der Literatur der demokratischen Performanz zugerechnet. Zu ihrer Messung stehen darüber hinaus generalisierende Bewertungen von Politik und Parteien sowie das Vertrauen in politischen, d.h. parteienstaatlich geprägten Institutionen (Landes- und Bundesregierung) als Zeitreihen zur Verfügung.

Im Einklang mit früheren Untersuchungen (Pollack/Pickel 2000: 128; Völkl 2005: 254) zeigen sich markante Unterschiede in der Zustimmung zu den einzelnen Einstellungsobjekten (vgl. Abb. 4). Breite Unterstützung erfährt die Demokratie als Werteordnung, wohingegen der demokratische Prozess und die politischen Akteure ausgesprochen skeptisch eingeschätzt werden. Vereinfacht lässt sich demnach konstatieren,

6 Ein anderer oftmals verwendeter Indikator, die Frage, ob das demokratische Regime im eigenen Land die beste Staatsform ist, wurde nicht erhoben.

7 Zur Diskussion über die Einordnung des Vertrauens in rechtsstaatliche Institutionen nach dem Ebenenmodell von Fuchs vgl. Edinger/Hallermann 2004: 85 f.

dass Idee und Realität der bundesdeutschen Demokratie in der Wahrnehmung der Bürger auseinanderklaffen bzw. die diffuse Demokratieunterstützung stärker ist als die spezifische.

Im Einzelnen sind mit Blick auf die *Werteebene* acht von zehn Befragten davon überzeugt, dass die Demokratie die beste Staatsform darstellt (vgl. Abb. 4). Noch eine Spur deutlicher fällt die Ablehnung einer Diktatur aus. Diese von einer breiten Mehrheit getragenen pro-demokratischen Orientierungen zeichnen sich zudem anscheinend durch große Stabilität aus. Die offenkundige Präferenz für die Demokratie als Werteordnung erstreckt sich ausweislich einzelner Befunde aus dem Jahr 2003 auch auf zentrale Prinzipien der Demokratie. So sprachen sich 87 Prozent der Interviewten für die Geltung der Mehrheitsregel aus, solange elementare Rechte von Minderheiten gewahrt würden.

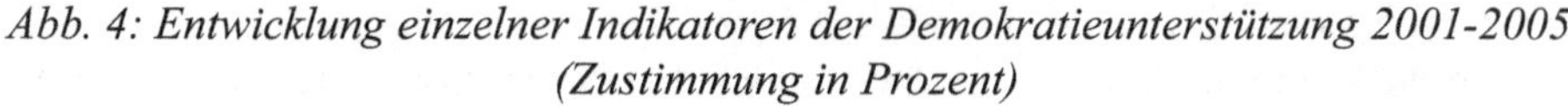

Abb. 4: Entwicklung einzelner Indikatoren der Demokratieunterstützung 2001-2005 (Zustimmung in Prozent)

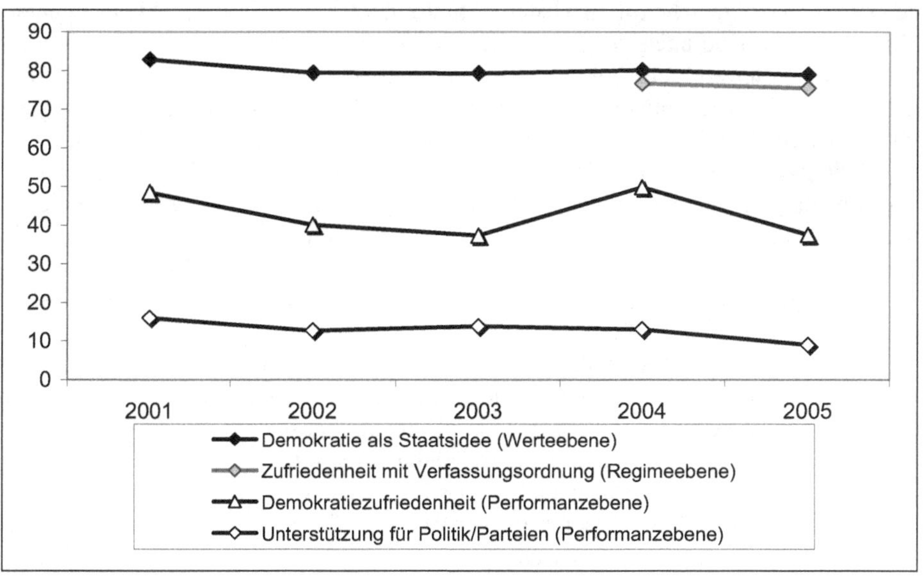

Weit geringeren Zuspruch erfährt die in Deutschland praktizierte Demokratie, so dass sich auf der Performanzebene geradezu ein Kontrastbild zur Unterstützung der demokratischen Idee ergibt. Zu keinem einzigen Befragungszeitpunkt zeigte sich eine Mehrheit der Befragten mit der Demokratie in der Praxis zufrieden.[8] Noch kritischer fallen die Urteile über Politik und Parteien aus. Mehr als drei Viertel der Thüringer

8 Aus darstellungstechnischen Gründen werden hier lediglich die Zustimmungsraten berichtet. Die Befunde bleiben aber auch dann dieselben, wenn man stattdessen die statistisch aussagefähigeren Mittelwerte zugrunde legt.

meinen, in der Politik gehe es nicht um die Sache, sondern ausschließlich um die Macht, und sie unterstellen den Parteien fehlendes Interesse an den Anliegen der Wähler. Ein differenziertes Bild ergibt sich für das Institutionenvertrauen: So ist das Vertrauen in die parteienstaatlichen Institutionen (Landesregierung und Bundesregierung) eher gering ausgeprägt; die rechtsstaatlichen Institutionen (Gerichte und Polizei) schneiden deutlich besser ab.[9] Dieses Muster entspricht den Ergebnissen bundesweiter Befragungen vor wie nach der Vereinigung und kann insoweit als eine Konstante in der politischen Kultur der Bundesrepublik Deutschland gelten (Niedermayer 2005: 67-74; Pickel/Walz 1995: 147, 153; Walter-Rogg 2005: 145). Eine Thüringer Besonderheit scheint jedoch das weitere Auseinanderdriften der Vertrauenswerte zu sein: Vor allem die Gerichte haben seit dem Jahr 2001 gewaltig an Vertrauen hinzugewonnen.

Die Einstellungen zur Performanz der Demokratie sind jedoch nicht nur erheblich negativer als die zur Demokratie auf der Werteebene, sie zeichnen sich auch durch eine größere Veränderlichkeit aus.[10] Besonders bei der Demokratiezufriedenheit haben sich von einem Jahr zum nächsten mitunter deutliche Pendelausschläge ergeben. Veränderungen sind auch beim Vertrauen in die parteienstaatlichen Institutionen zu beobachten; allerdings zeichnet sich hier ein deutlicher Trend ab: Seit dem Jahr 2001 haben diese einen kontinuierlichen Vertrauensverlust hinnehmen müssen. Demgegenüber weist die demokratische Werteordnung im Zeitverlauf ausgesprochen stabile Unterstützungswerte auf. Auch die Zustimmung zum politischen Regime ist in den beiden Erhebungsjahren etwa gleich geblieben. Die größere Stabilität der Demokratieunterstützung auf der normativen Ebene ist insoweit plausibel, als hier grundlegende Wertorientierungen erfasst werden, deren Wandel eher auf längere Sicht zu erwarten ist. Im Vergleich dazu reagieren Bewertungen der real existierenden Demokratie stärker auf aktuelle (tages-)politische Entwicklungen.

Nimmt man das Ebenenmodell von Fuchs ernst, dann ist über die Varianz der Stabilität hinaus zu erwarten, dass sich die Einstellungen gegenüber den Objekten der einzelnen Ebenen unterschiedlich erklären. Demnach müssten für die Bewertung demokratischer Werte (teils) andere Faktoren maßgeblich sein als für die Demokratieunterstützung auf der Regimeebene und dafür wiederum andere als für die Einschätzung der Performanz. Um diese Hypothese zu prüfen, sind für die Kernindikatoren der drei Ebenen der Demokratieunterstützung getrennte Regressionsanalysen durchgeführt worden (vgl. Tab. 2). Als unabhängige Variablen haben dabei, lässt man die demokra-

9 Die zur Differenzierung der Institutionen verwandten Begrifflichkeiten sind in der Literatur sehr uneinheitlich (zusammenfassend Walter-Rogg 2005: 139). Für die Zwecke dieses Beitrags wird das Begriffspaar parteienstaatlich-rechtsstaatlich gebraucht.

10 Dies gilt jedenfalls auf der Aggregatebene; Aussagen über individuelle Veränderungen sind nicht möglich, da es sich nicht um eine Paneluntersuchung handelt. Eine bundesweite Panelbefragung mit drei Erhebungswellen ist zuletzt für Ostdeutschland zu dem überraschenden Ergebnis gekommen, dass Gleiches auf der Individualebene nicht gilt. Vielmehr war die Präferenz für eine Demokratie (Werteebene) in den neuen Ländern instabiler als die Demokratiezufriedenheit (Völkl 2005: 258).

tiebezogenen Einstellungen der jeweils anderen Ebenen unbeachtet, jeweils vier Gruppen von Faktoren Eingang gefunden: sozialstrukturelle, sozioökonomische, allgemeine Wertorientierungen sowie die Einstellungen zur DDR.[11] Die Beta-Koeffizienten in Tabelle 2 geben an, wie stark die einzelnen Variablen zur Erklärung der Demokratieunterstützung auf den Ebenen beitragen.

Tab. 2: Erklärungsgrößen der Demokratieunterstützung nach Ebenen (Betakoeffizienten)

Ebene	Werte	Regime	Performanz
Explananda (abhängige Variablen) / Erklärungsgrößen (unabhängige Variablen)	Unterstützung der Demokratie als Staatsidee	Vertrauen in die Verfassungsordnung	Demokratiezufriedenheit
Sozialstruktur			
Alter	+.17***	+.11**	+.09**
Bildung	+.06	+.00	-.01
Geschlecht (0=männlich, 1=weiblich)	-.18**	-.09**	+.01
Ökonomische Lage			
Allg. wirtschaftliche Lage	+.01	+.06	+.15***
Eigene finanzielle Lage	-.02	-.06	+.14***
Gerechtigkeitsempfinden			
Gerechter Anteil	+.11**	-.17***	+.14***
Gerechte Gesellschaft	+.11**	+.13***	+.27***
Wertorientierungen			
Materialismus	+.08*	+.05	+.04
Autoritarismus	-.11**	-.08*	-.01
Prosozialität (Index prosoz. Einstellungen)	+.12***	+.09**	-.03
DDR-bezogene Einstellungen			
Affinität zur DDR	-.36***	-.12**	-.06
Idee des Sozialismus	+.12***	-.09*	-.09*
Erklärte Varianz (in %)	29,0	16,3	26,5

Signifikanzniveau: * $p < 0.05$, ** $p < 0.01$, *** $p < 0.001$

Lesehilfe (für schattierte Zellen): Die Affinität zur DDR hat unter allen unabhängigen Variablen die stärkste Erklärungskraft (Beta: -.36) für die Unterstützung der Demokratie als Staatsidee. Die eigene finanzielle Lage leistet hingegen keinerlei Beitrag zur Erklärung (Beta: -.02).

11 Es muss an dieser Stelle auf eine Herleitung der Faktorenbündel verzichtet werden; es sei jedoch darauf verwiesen, dass sie sich durchweg herkömmlichen Erklärungsansätzen (Deprivationsansatz, modernisierungstheoretischer Zugang, etc.) zuordnen lassen. Allerdings sind auch andere Gruppierungen denkbar. Man könnte etwa die Bildung und die eigene finanzielle Situation zu einem Faktor Ressourcenausstattung zusammenfassen.

Unmittelbar ersichtlich ist, dass sich Demokratiezufriedenheit, Verfassungsvertrauen und die Zustimmung zur Demokratie als Staatsidee aus teils verschiedenen Quellen speisen. Besonders unterschiedlich fallen die Erklärungsmodelle für die Werte- und Performanzebene aus. Die *Zufriedenheit mit der Demokratie in der Praxis* hängt ganz entscheidend von der ökonomischen Lage der Befragten und ihren Gerechtigkeitsperzeptionen ab. Die stärksten Wirkungen gehen dabei von der Wahrnehmung der Gesellschaft sowie von der Einschätzung der eigenen finanziellen Lage und der wirtschaftlichen Situation in Thüringen aus.

Ein ganz anderes Bild ergibt sich für die *Unterstützung der Demokratie als Staatsidee*, für die insgesamt eine etwas höhere Varianzaufklärung von knapp 30 Prozent erreicht wird. Der stärkste einzelne Bestimmungsfaktor der Einstellungen zu demokratischen Werten ist die (fehlende) Affinität zur DDR, die anhand der retrospektiven Bewertung der DDR und des Wunsches nach Rückkehr zur sozialistischen Ordnung erhoben worden ist. Relevant für die Erklärung sind darüber hinaus aber auch persönlichkeitsnahe Variablen wie pro-soziale Einstellungen und der Autoritarismus. Unter den sozialstrukturellen Faktoren erweist sich neben dem Alter das Geschlecht als erklärungsstark. Die ökonomische Lage, die zusammen mit den Gerechtigkeitswahrnehmungen die Demokratiezufriedenheit am stärksten determiniert, leistet zur Erklärung demokratischer Wertorientierungen keinen nennenswerten Beitrag.

Ebenso wenig relevant sind die ökonomischen Faktoren für die Erklärung des *Vertrauens in die grundgesetzliche Ordnung*, für das insgesamt mit Abstand die niedrigste Varianzaufklärung erreicht wird. Die relativ stärkste Erklärungskraft haben ähnlich wie bei der Demokratiezufriedenheit die Gerechtigkeitswahrnehmungen, aber auch die Affinität zur DDR und prosoziale Einstellungen sind relevant. Gerade die Bedeutungslosigkeit ökonomischer Variablen unterscheidet die Unterstützung der Demokratie auf der Regimeebene von der Demokratiezufriedenheit. Damit befindet sich diese Ebene der Demokratieunterstützung einmal mehr in einer besonderen Position zwischen den beiden anderen Ebenen. Diese mittlere Stellung mag ein Grund für die geringe Varianzaufklärung sein. Allerdings lässt sich diese durch die Einbeziehung der übrigen demokratiebezogenen Einstellungen in das Erklärungsmodell deutlich steigern. Darin kommt zum Ausdruck, wie sehr die Regimeunterstützung von der Unterstützung auf den anderen beiden Ebenen abhängig ist.

Summa summarum bestätigt die Regressionsanalyse, wie wichtig es ist, zwischen den Einstellungsobjekten der Demokratieunterstützung zu unterscheiden. Offenkundig nehmen die neuen Bundesbürger die demokratische Ordnung im vereinigten Deutschland sehr differenziert wahr. Dabei werden ihre Urteile über die demokratische Performanz vor allem durch situative Faktoren geprägt und unterliegen somit einem stärkeren Wandel als die Bewertungen der Demokratie als Staatsidee. Letztere sind eher in der Sozialisation und grundlegenden Wertorientierungen begründet – und entsprechend stabiler. Zugespitzt gilt demnach, dass die Bewertung der demokratischen Praxis aus Umweltfaktoren erklärt werden kann. Den sozialen, wirtschaftlichen und politischen Entwicklungen in der ostdeutschen Transformationsgesellschaft kommt daher großes Gewicht zu. Im Kontrast dazu gehen die Einstellungen zur demokratischen Idee auf persönlichkeitsnahe Faktoren zurück, die der deutschen Einheit logisch und für die meisten Altersgruppen auch zeitlich vorausgehen.

Diese Befunde sind insoweit plausibel, als die Demokratie als Werteordnung – bildlich gesprochen – die Wurzeln der Demokratieunterstützung erfasst und als solche auf grundlegenden Überzeugungen (basalen Einstellungen oder Werten) beruhen sollte. Die demokratische Performanz entspricht in diesem Bild den Ästen eines Baumes und wäre entsprechend stärker den konkreten Umweltbedingungen ausgesetzt. Auch in anderer Hinsicht können die Analysen der Demokratieunterstützung ein hohes Maß an Plausibilität beanspruchen: Sie liegen im Wesentlichen auf einer Linie mit den Ergebnissen der bisherigen Einstellungsforschung zu den neuen Ländern – trotz einiger Unterschiede im Untersuchungsdesign und bei der Indikatorenwahl. So ist die hohe Erklärungskraft der sozioökonomischen Lage und von Deprivationsgefühlen für die Demokratiezufriedenheit in Ostdeutschland auch in anderen Studien belegt worden (Pollack 2002; Gabriel/Neller 2000: 85). Gleichermaßen bestätigt findet sich die Bedeutung der DDR-Affinität und längerfristiger Prägungen für die Unterstützung der Demokratie als Werteordnung (Gabriel 1999; Völkl 2005: 271-274).

Die erkennbaren Unterschiede zwischen der Demokratiezufriedenheit und der Bewertung der Demokratie als Staatsidee – bei gleichzeitig deutlich positiver Korrelation – legen es nahe, diese beiden Items für eine Typenbildung demokratiebezogener Einstellungen zu nutzen. Dabei lassen sich vier Haupttypen unterscheiden: zufriedene und unzufriedene Demokraten, Nichtdemokraten und Antidemokraten. Die Befürworter der demokratischen Idee teilen sich auf der Basis der Urteile über die Praxis in zufriedene und unzufriedene Demokraten. Die Kontrastgruppe der „Demokratieablehner" kann anhand ihrer Haltung zu einer Diktatur gleichfalls in zwei Subgruppen unterteilt werden: Während sich Nichtdemokraten grundsätzlich gegen eine Diktatur aussprechen, wird sie unter bestimmten Umständen von den Antidemokraten befürwortet, die solchermaßen ihre dezidierte Demokratiefeindschaft bekunden.[12] Hinsichtlich welcher Merkmale und Orientierungen unterscheiden sich nun die auf diesem Weg gebildeten vier Typen? Wie groß sind die jeweiligen Gruppen, und wie haben sich die „Kräftverhältnisse" zwischen ihnen im Zeitverlauf entwickelt?

Wie aus Tabelle 3 hervorgeht, stellen zufriedene und unzufriedene Demokraten die mit Abstand größten Gruppen. Sie sind im Mittel der fünf Befragungen fast exakt gleich groß. Bei dieser Betrachtung bleiben allerdings die deutlichen Pendelausschläge zwischen den einzelnen Jahren ausgeblendet. Faktisch stellten die zufriedenen Demokraten bei zwei Befragungen, 2001 und 2004, eine deutliche relative Mehrheit, während sie in den übrigen Jahren in der Minderheit waren. Die Veränderungen in den Größenverhältnissen zwischen beiden Gruppen fielen oftmals deutlich aus und gingen zuletzt auf Kosten der zufriedenen Demokraten. Der gestiegene Anteil unzufriedener Demokraten im Jahr 2005 lag überwiegend in einer Verschlechterung der

12 Ähnlich angelegte Typologien finden sich in der einschlägigen Literatur (Klingemann 1999; Norris 1999); allerdings weichen sie in der konkreten Typenbildung von der hier präsentierten Variante ab; vgl. zuletzt etwa Niedermayer 2005: 107-109; Völkl 2005: 261-266.

finanziellen Lage der Befragten begründet, die sie dann auch das Funktionieren der Demokratie in der Praxis skeptischer bewerten ließ. Über die Jahre weitgehend stabil geblieben ist der Anteil der Nichtdemokraten, der lediglich zwischen 11 und 14 Prozent schwankt. Hingegen ist im Zeitverlauf eine deutliche Zunahme von Antidemokraten auf allerdings eher niedrigem Niveau zu verzeichnen: Von vier Prozent anno 2001 hat sich ihr Anteil im Laufe der Jahre auf zuletzt knapp neun Prozent mehr als verdoppelt.

Neben diesen einander ausschließenden Haupttypen lassen sich aus der Kombination der Antworten auf die drei Fragen nach der Demokratie als Staatsidee, der Demokratiezufriedenheit und der Diktatur zwei weitere Typen bilden (vgl. Tab. 3). Von diesen sind vertiefte Erkenntnisse über die Verankerung der Demokratie im Bewusstsein der neuen Bundesbürger zu erwarten. So ist aufschlussreich, ob und wie konsistent die Demokratieunterstützung auf der Werteebene ist, inwiefern also die Unterstützung demokratischer Werte auch konsequent mit der Ablehnung einer Diktatur einhergeht. In der Literatur ist dabei auf eine im Vergleich zu den alten Bundesländern geringe Konsistenz der Einstellungen in Ostdeutschland hingewiesen und diese sind als Mangel an demokratischer Konsolidierung ausgelegt worden (Gabriel 2002: 85-89).

Für Thüringen lässt sich dieser Befund abgeschwächt bestätigen, akzeptiert doch jeder siebte bis achte Demokrat unter bestimmten Umständen eine Diktatur. Der Anteil *konsistenter Demokraten* liegt daher mit kontinuierlich etwa 70 Prozent um zehn Punkte niedriger als der der Befürworter der demokratischen Staatsidee. Bezieht man die Intensität der pro-demokratischen Einstellungen ein, verbleiben lediglich etwa 20 Prozent *entschiedene Demokraten* (vgl. Tab. 3). Mithin spricht sich nur jeder fünfte

Tab. 3: Typen demokratiebezogener Einstellungen (in Prozent)

	für demokrat. Idee	**Ablehnung Diktatur**	**Demokratie-zufriedenheit**	**Anteil 2005**	**Durchschnitt 2001-2005**
Zufriedene Demokraten	Ja	---	Ja	36	40
Unzufriedene Demokraten	Ja	---	Nein	44	41
Nicht-demokraten	Nein	Ja	---	11	12
Anti-demokraten	Nein	Nein	---	9	7
Haupttypen insgesamt				100	100
Entschiedene Demokraten	Ja (stark)	Ja (stark)	---	18	20
Konsistente Demokraten	Ja	Ja	---	70	70

Befragte ohne jegliche Vorbehalte für die Demokratie als Staatsidee aus und lehnt zugleich eine Diktatur völlig ab.

Bei der Zusammensetzung der nach den vier Haupttypen demokratiebezogener Einstellungen gebildeten Gruppen ergeben sich erwartungsgemäß deutliche Unterschiede bei der Sozialstruktur und dem sozioökonomischen Status. Nicht- und vor allem Antidemokraten verfügen über ein deutlich niedrigeres Bildungsniveau als zufriedene wie unzufriedene Demokraten, und sie beurteilen ihre finanzielle Lage sehr viel schlechter. In beiden Gruppen sind Frauen, vor allem aber Arbeitslose überrepräsentiert. Die Zusammenhänge mit politischen Präferenzen sind insgesamt eher gering. Nicht- und Antidemokraten stufen sich eher rechts der politischen Mitte ein als der Durchschnitt der Befragten, aber auch auf dem äußersten linken Punkt der Links-Rechts-Skala sind sie überproportional vertreten.

Für die in diesem Beitrag verfolgte Fragestellung wie für das Verständnis der politischen Kultur in Ostdeutschland überhaupt ist die Komposition der einzelnen Gruppen jedoch weniger bedeutsam als der Einfluss, der von der Demokratieunterstützung auf die Bilanzierung der deutschen Einheit ausgeht. Im Rahmen einer Auseinandersetzung mit den Determinanten der Einheitsbewertung geht es daher zunächst um die bivariaten Zusammenhänge zwischen demokratiebezogenen Einstellungen – und anderen Faktoren – auf die Beurteilung der Einheit. Schließlich ist zu klären, welche Stellung der Demokratieunterstützung in einer multivariaten Analyse zukommt.

5. Determinanten der Einheitsbewertung

Aufbauend auf den vorausgegangenen Analysen lassen sich zur Erklärung der Einheitsbewertung neben den demokratiebezogenen Einstellungen drei weitere Variablenbündel heranziehen: sozialstrukturelle Merkmale, wirtschaftliche Faktoren und Gerechtigkeitswahrnehmungen.[13] Untersucht man zunächst den Einfluss sozialstruktureller Faktoren auf die Bewertung der Einheit, zeigt sich, dass sie von höher Gebildeten und von Männern besonders positiv eingeschätzt wird. Außerdem sehen Junge und Alte die Einheit positiver als die mittleren Jahrgänge, Konfessionsangehörige positiver als Konfessionslose und Berufstätige positiver als Arbeitslose. Viele dieser sozialstrukturellen Merkmale sind „Platzhalter“ für Chancen und Erfolge im Zuge der Einheit, vor allem bei der wirtschaftlichen Entwicklung.

Die eigene finanzielle Situation wird etwa je von der Hälfte der Befragten als gut oder sehr gut bzw. weniger gut oder schlecht eingeschätzt. Männer, gut Gebildete, Berufstätige und Ältere bewerten sie überdurchschnittlich positiv. Analoge Zusammenhänge zeigen sich auch mit der allgemeinen wirtschaftlichen Lage. Die Unterschiede zwischen den Gruppen sind hier aber geringer, und die Bewertung an sich ist deutlich schlechter. Drei Viertel der Befragten halten die allgemeine wirtschaftliche Lage für weniger gut oder schlecht. Die deutlichen Zusammenhänge lassen keinen Zweifel dar-

13 Vgl. zur Gruppierung der Variablen Anm. 11.

an, wie sich die Beurteilung der wirtschaftlichen Lage auf die Bilanz der deutschen Einheit niederschlagen wird. Bei guter eigener Finanzlage und positiver Beurteilung der allgemeinen wirtschaftlichen Lage wird auch die Einheit besser bewertet; in diesen Gruppen sind die Einheitsbefürworter deutlich überrepräsentiert (vgl. Abb. 5).

Abb. 5: Überzeugte Einheitsbefürworter nach Bewertung der wirtschaftlichen Lage und der Gerechtigkeit der Gesellschaft (in Prozent)

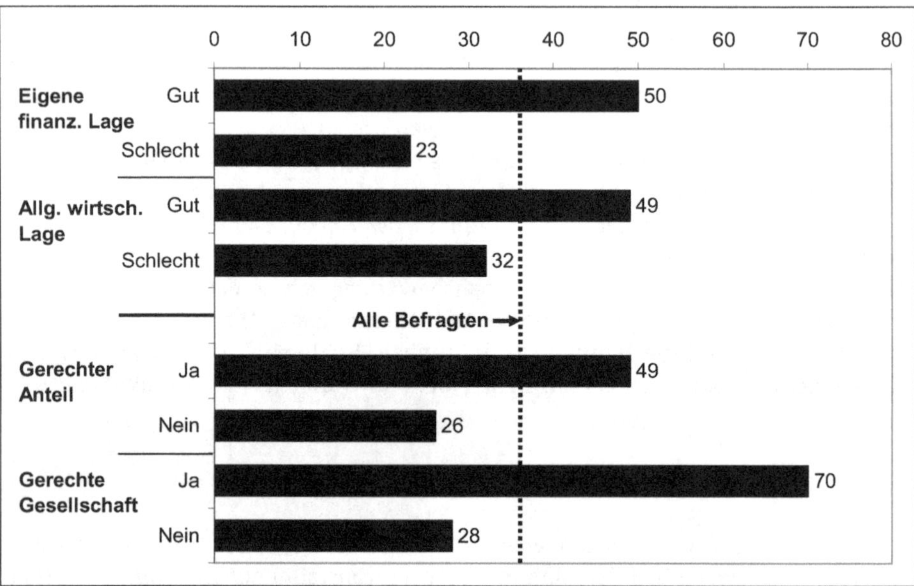

Ein sehr ähnliches Bild ergibt sich bei der Untersuchung der Gerechtigkeitswahrnehmungen. Drei Viertel der Thüringer meinen, dass die Gesellschaft eher ungerecht ist. Knapp über die Hälfte der Befragten glaubt, weniger als den gerechten Anteil zum Leben zu erhalten. Der Zusammenhang mit der Bilanz der deutschen Einheit liegt auf der Hand: Diejenigen, die die Gesellschaft für gerecht halten und diejenigen, die sich gerecht behandelt meinen, sind unter den Einheitsbefürwortern deutlich überrepräsentiert (vgl. Abb. 5). Bei diesen Fragen sind es wiederum die Männer, die Berufstätigen, die gut Gebildeten und die jüngeren und älteren Jahrgänge, die eher von der Gerechtigkeit überzeugt sind. Da diese Gruppen wiederum überdurchschnittlich oft auch wirtschaftlich gut Situierte sind, halten auch die gut Situierten die Gesellschaft häufiger für gerecht und glauben öfter, einen gerechten Anteil zu erhalten. In der Gruppe der Befragten, die die Gesellschaft *und* ihren Anteil für gerecht halten, steigt der Anteil an Einheitsbefürwortern auf 76 Prozent an. In der Gruppe, die die eigene *und* die allgemeine wirtschaftliche Lage für gut halten, liegt er bei 56 Prozent. Treffen alle vier Bedingungen zu, so steigt der Anteil der Einheitsbefürworter in der Gruppe auf 87 Prozent.

Einheitsbefürworter unterscheiden sich also von den Einheitsgegnern im Wesentlichen dadurch, dass sie über mehr „Kapitalien“ wie Bildung und wirtschaftliche Leistungskraft verfügen und demnach besser gerüstet sind, etwaige Verwerfungen im Zuge der Vereinigung zu kompensieren. Sowohl die soziodemografischen Merkmale als auch die Einschätzung der wirtschaftlichen Lage und der Gerechtigkeit in der Gesellschaft beeinflussen also die individuelle Bilanz der deutschen Einheit. In der Kombination der einzelnen Merkmale verstärken sie ihren Einfluss gegenseitig.

Welche Zusammenhänge ergeben sich nun mit den demokratiebezogenen Einstellungen? Legt man die oben entwickelte Typologie von zufriedenen und unzufriedenen Demokraten, Nicht- und Antidemokratien zugrunde, zeigen sich zwischen diesen deutliche Unterschiede bei der Einheitsbewertung (vgl. Abb. 6). So sind sechs von zehn zufriedenen Demokraten überzeugte Einheitsbefürworter, während zwei Drittel der Antidemokraten zu den Einheitsgegnern rechnen. Unzufriedene Demokraten und Nichtdemokraten befinden sich jeweils zur Hälfte in der Mittelgruppe, wobei unter den Nichtdemokraten die Einheitsgegner mehr als doppelt so stark vertreten sind wie die Einheitsbefürworter, während unter den unzufriedenen Demokraten letztere überwiegen. Von allen vier Gruppen sind sich die Nichtdemokraten und die unzufriedenen Demokraten in ihrem Urteil über die deutsche Einheit am ähnlichsten.

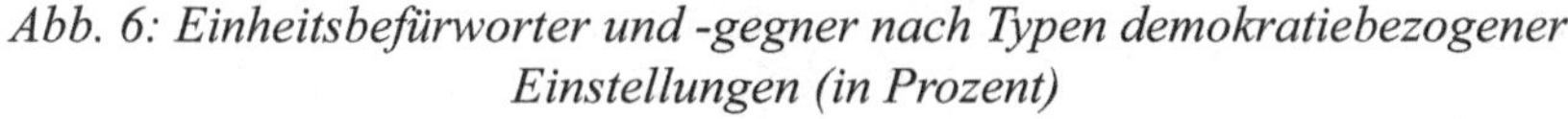

Abb. 6: Einheitsbefürworter und -gegner nach Typen demokratiebezogener Einstellungen (in Prozent)

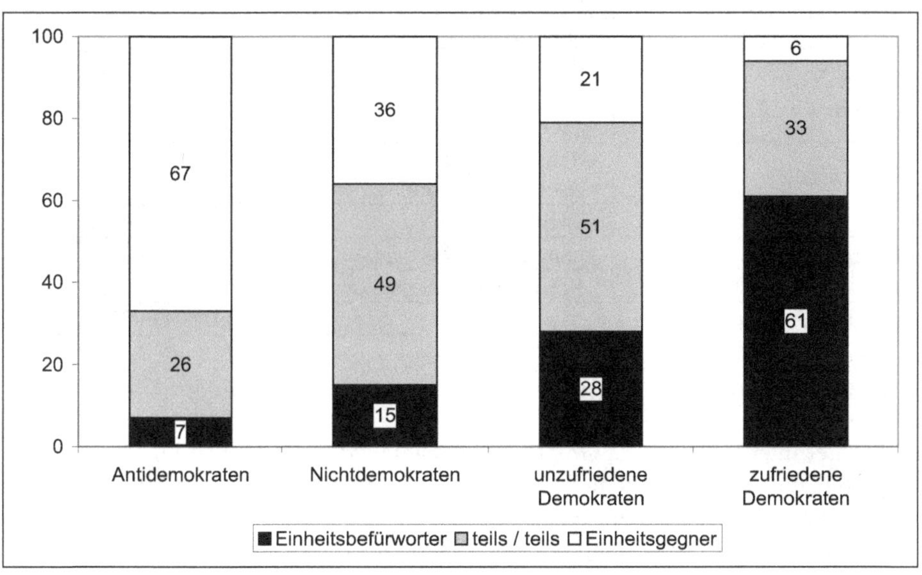

Insgesamt zeigen sich die erwarteten starken Zusammenhänge zwischen den demokratiebezogenen Einstellungen und der Einheitsbewertung. Dieser Befund lässt sich weiter untermauern, wenn statt der Typenbildung der Einfluss der beiden zugrunde liegenden Items untersucht wird. Sowohl für die Demokratiezufriedenheit als auch für die Unterstützung der Demokratie als Staatsidee ergibt sich ein hochsignifikanter, stark positiver Zusammenhang mit der Befürwortung der deutschen Einheit (Pearson's r=.40 bzw .36). Zu fragen ist jedoch, ob der Einfluss der Demokratieunterstützung auch dann noch erhalten bleibt, wenn in einer multivariaten Regressionsanalyse die anderen mutmaßlichen Bestimmungsfaktoren der Einheitsbewertung einbezogen werden.

Zu diesen weiteren Erklärungsfaktoren gehören die soziodemografischen Variablen Geschlecht und Bildung sowie die bereits erläuterten Beurteilungen der allgemeinen und der individuellen wirtschaftlichen Lage. Dazu kommen die Bewertungen der Gesellschaft und des eigenen Anteils als gerecht. Zusammen mit den beiden demokratiebezogenen Einstellungen sind diese Faktoren insgesamt recht gut geeignet, die Bilanz der deutschen Einheit zu erklären; die Varianzerklärung liegt insgesamt bei 38 Prozent (vgl. Tab. 4). Obwohl diese Erklärungsfaktoren untereinander zusammenhängen, tragen sie dennoch jeweils einzeln signifikant zur Erklärung der Bilanz bei, auch dann, wenn alle anderen Variablen bereits berücksichtigt sind.

Tab. 4: Determinanten der Bilanz der deutschen Einheit I (Betakoeffizienten der multiplen Regressionsanalyse)

Unabhängige Variable		Betakoeffizient
Soziodemografie	Geschlecht*	-.07
	Bildung	.11
Beurteilung der Wirtschaft	Allgemeine wirtschaftliche Lage	.09
	Eigene finanzielle Lage	.22
Beurteilung der Gesellschaft	Gerechtigkeit der Gesellschaftsordnung	.10
	Gerechter Anteil	.11
Beurteilung des politischen Systems	Demokratiezufriedenheit	.16
	Demokratie als Staatsidee	.19
Erklärte Varianz (in %)		37,5

Alle Koeffizienten sind auf dem Niveau p<0.01 signifikant.
* Variable Geschlecht dichotomisiert mit 0=männlich und 1=weiblich.

Betrachtet man zunächst die Gruppen der unabhängigen Variablen im Vergleich, so zeigt sich, dass die Beurteilung des politischen Systems den stärksten Einfluss auf die Bilanz der deutschen Einheit hat, dicht gefolgt von der Bewertung der wirtschaftlichen Lage.[14] Die Beurteilung der Gerechtigkeit in der Gesellschaft trägt deutlich weniger zur Varianzerklärung bei, während die soziodemografischen Variablen relativ den geringsten Beitrag leisten. Die erklärungsstärkste Einzelvariable ist die Einschät-

14 Der Maßstab ist hier das minimale Varianzerklärungspotential der jeweiligen Variablengruppe.

zung der eigenen finanziellen Lage. Das deutet darauf hin, dass sich die Bilanz der Einheit durch einen wirtschaftlichen Aufschwung vor allem dann verbessern lässt, wenn er sich auch im Geldbeutel der Bürger niederschlägt. Die starke Stellung der Beurteilung des politischen Systems, deren Einzelvariablen des zweit- bzw. drittstärksten Einfluss insgesamt haben, zeigt, dass es damit allein nicht getan ist. Vielmehr dürfte erst dann eine überwältigende Mehrheit der Thüringer mit der Einheit wirklich zufrieden sein, wenn sie auch vom politischen System überzeugt ist.

Das Anliegen der bisherigen Ausführungen war, den relativen Einfluss der soziodemografischen Merkmalen und der Bewertungen von Wirtschaft, Gesellschaft und Politik auf die Einheitsbilanz zu prüfen. Wollte man die Varianzaufklärung des Modells maximieren, so könnten einige weitere Faktoren einbezogen werden. Führt man etwa die Bewertung des Sozialismus als weitere unabhängige Variable ein, so steigt das Varianzaufklärungspotential des Modells über 46 Prozent, wobei lediglich das Geschlecht und die Bewertung der Gesellschaftsordnung als gerecht an signifikantem Einfluss verlieren. Das Modell erklärt gar über 50 Prozent der Varianz der Einheitsbilanz, wenn die retrospektive Bewertung der DDR einbezogen wird. Dieser Perspektive, die Einstellungen zur Einheit ex negativo aus der Ablehnung der DDR abzuleiten, soll hier aber nicht gefolgt werden. Vielmehr steht die relative Erklärungskraft einzelner Gruppen von positiven Bestimmungsfaktoren der Einheit im Mittelpunkt.

Bisher wurde davon ausgegangen, dass alle Faktoren ausschließlich einen direkten Einfluss auf die Bilanz der deutschen Einheit haben. Es ist aber plausibel anzunehmen, dass sie zusätzlichen Einfluss vermittelt über die anderen Faktoren ausüben. Diese Annahme kann mit einer Pfadanalyse überprüft werden. Die Berechnung der Pfadanalyse, die in diesem einfachen Fall einer Reihe von hintereinander geschalteten Regressionsanalysen entspricht, kann Aufschluss über direkte, indirekte und totale Einflüsse (Effekte) einzelner Variablen geben. Bei den totalen Effekten wird zu dem direkten Effekt der Variablen noch der indirekte, über andere Variablen vermittelte Einfluss hinzuaddiert. Die totalen Effekte geben damit Aufschluss über die insgesamt erklärungsstärksten Variablen im Modell, was ebenfalls von der Stellung der Variablen im Modell abhängt.

In einem solchen Pfadmodell dürfen Bildung und Geschlecht wohl ohne weiteres als exogene Variablen behandelt werden, die also andere Variablen erklären, selbst aber nicht erklärt werden. Über die Stellung der anderen Variablen im Modell liefert die bisherige Forschung einige Hinweise: Die Perzeptionen der allgemeinen und individuellen wirtschaftlichen Lage können die politischen Einstellungen, auch jenseits der Wahlentscheidung, beeinflussen (vgl. etwa Downs 1968; Rattinger/Juhász 1990; Trüdinger 2005). Vermittelt über die Frage der Verteilung können Sie ebenfalls dazu beitragen, die Gesellschaft bzw. den eigenen Anteil für gerecht oder ungerecht zu halten. Dieser Zusammenhang hat sich nach der Wende in West- und Ostdeutschland gezeigt, ist aber in neueren Untersuchungen nicht mehr festgestellt worden (vgl. Abold/Wenzel 2005). Die Empfindung der Gerechtigkeit der Gesellschaft und eines gerechten Anteils sollte zur Unterstützung des politischen Systems beitragen (Gabriel/Neller 2000: 85).

Aus diesen Vermutungen über die internen Zusammenhänge lässt sich für die Analyse ein Pfadmodell konstruieren (vgl. Abb. 7). Da hierbei die Beziehungen der Variablen untereinander berücksichtigt werden, zeigt sich, dass man ohne großen Informationsverlust auf zwei Erklärungsfaktoren verzichten kann: die Bewertung der Gesellschaft als gerecht oder ungerecht ebenso wie die Einschätzung der allgemeinen wirtschaftlichen Lage. Die Erklärung der Bilanz der Einheit leidet darunter kaum, während das Modell aber deutlich ökonomischer und überschaubarer wird. Das Varianzerklärungspotential liegt mit 34 Prozent etwas unter dem der multivariaten Regressionsanalyse.

Abb. 7: Determinanten der Bilanz der deutschen Einheit II (standardisierte Regressionskoeffizienten: direkte Effekte)

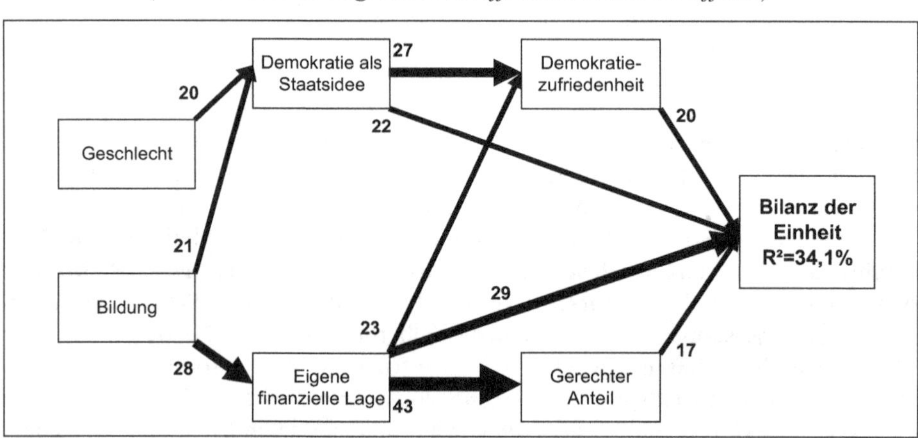

Anmerkung: Angegeben sind nur die signifikanten ($p<0.01$) und relevanten (> 0.15) Koeffizienten.

An den im Modell eingezeichneten direkten Effekten sieht man die Parallelität zur vorherigen Analyse: Die eigene finanzielle Lage hat auch in diesem Modell den stärksten direkten Einfluss auf die Bilanz der deutschen Einheit. Ihr folgt, wie in der multiplen Regressionsanalyse, die Demokratie als Staatsidee als zweitstärkste Variable. Die Zufriedenheit mit der Demokratie in der Praxis und die Bewertung des gerechten Anteils haben ebenfalls nennenswerten direkten Einfluss, während die soziodemografischen Variablen ihren Einfluss zumindest nicht direkt geltend machen.

Aus der Summe der eingezeichneten direkten und der indirekten, über andere Variablen vermittelten Effekte lassen sich totale Effekte errechnen. Sie geben Aufschluss darüber, welche Variablen insgesamt den stärksten Einfluss auf die Bilanz der Einheit haben. Hierbei zeigen sich die großen Auswirkungen der formalen Bildung, die auf die eigene finanzielle Lage und die Demokratie als Staatsidee an dritter Stelle folgt.[15]

15 Totale Effekte: Eigene finanzielle Lage (.38), Demokratie als Staatsidee (.27), Bildung (.24), Demokratiezufriedenheit (.20), Geschlecht (.17), Gerechter Anteil (.17).

Ihre Erklärungskraft kommt aber kaum auf direktem Wege, sondern indirekt über die Bewertung des politischen Systems wie über die Wahrnehmung des gerechten Anteils zum Tragen.

Die Bilanz der deutschen Einheit wird im Wesentlichen von zwei Faktoren beeinflusst. Erstens müssen die individuellen Ressourcen stimmen, die im Vergleich mit anderen bewertet wird. Eine solide, im Vergleich als gerecht empfundene materielle Basis ist der erste Grundstein für eine positive Bilanz der Einheit. Zweitens muss die Unterstützung des politischen Systems vorhanden sein. Die Zufriedenheit mit der Demokratie in der Praxis wird u.a. auch von der materiellen Lage abhängig gemacht. Wichtiger ist die Überzeugung, dass die Demokratie die beste Staatsidee ist. Je stärker diese Überzeugung ist, desto eher wird die Einheit auch als Wert an sich gesehen. Beide Faktoren – die Ressourcenausstattung und die Demokratieunterstützung – hängen miteinander zusammen.

6. Fazit: Gemischte Einheitsbilanz und ein nicht ganz so neues Deutschland

Entgegen dem in Teilen der deutschen Medienlandschaft betriebenen Alarmismus zeigen die Analysen, dass die Mehrheit der Thüringer und mutmaßlich auch der Ostdeutschen durchaus im vereinigten Deutschland angekommen ist, d.h. die neue Gesellschaftsordnung insgesamt akzeptiert. Die Gesamtbilanz der deutschen Einheit fällt überwiegend positiv aus, und das neue Deutschland wird weit besser bewertet als die DDR. In diese freundliche Gesamtbilanz mischen sich allerdings vielfach auch Sorgen über die Entwicklungen seit der Vereinigung – ein angesichts der prekären wirtschaftlichen, demografischen und sozialen Situation in weiten Teilen der neuen Länder kaum verwunderlicher Sachverhalt. In bestimmten Segmenten der ostdeutschen Gesellschaft freilich haben die als solche wahrgenommenen Verwerfungen des Transformationsprozesses eine retrospektive Aufwertung der DDR mit sich gebracht.

Darin artikuliert sich jedoch weniger der genuine Wunsch nach dem Wiederaufleben des SED-Regimes als vielmehr die Unzufriedenheit mit als unbefriedigend empfundenen persönlichen und gesellschaftlichen Lebensverhältnissen. Damit ist zugleich ein wesentlicher Bestimmungsfaktor der Einheitsbilanz genannt: die eigene finanzielle Lage der Befragten. Wie gezeigt werden konnte, betrachten die Thüringer Bürger das vereinigte Deutschland auch und gerade mit Blick auf den eigenen Geldbeutel. Daraus lässt sich allerdings nicht ableiten, dass eine bloße Verbesserung der wirtschaftlichen Lage in den neuen Ländern als Erfolgsrezept zur Bekämpfung von Einheitsskepsis taugt. Gegen eine derart naive Annahme spricht vor allem der enge Zusammenhang von Demokratieunterstützung und Einheitsbewertung. Letztere hängt eben auch davon ab, ob das politische System der Idee und insbesondere der Praxis nach die (nicht mehr ganz so) neuen Bundesbürger zu überzeugen vermag.

Während finanzielle Lage und Demokratiebewertung als mit dem Transformationsprozess verknüpfte Faktoren eher den Situationsansatz zur Erklärung der politischen Kultur in Ostdeutschland zu bestätigen scheinen, verweisen die DDR-bezogenen Einstellungen als dritte Quelle der Einheitsbewertung auf die Relevanz des Sozialisationsansatzes. Die Einheitsbilanz wird demnach nicht allein durch situative Faktoren bestimmt, sondern ebenso durch die Positionen zu Idee und Praxis des Sozialismus sowie die DDR-Bewertung. Prägungen, die in die Zeiten des „Sozialismus in den Farben der DDR“ zurückreichen, und damit verknüpfte weltanschauliche Positionen müssen in Rechnung gestellt werden, will man die unterschiedlichen Einheitsbewertungen in der ostdeutschen Transformationsgesellschaft erklären. Situative und sozialisationsbedingte Faktoren sind vor diesem Hintergrund eher komplementär denn alternativ zu verstehen.

Betrachtet man die Unterstützung der deutschen Einheit als eine Art diffuser Systemakzeptanz, die sich auf das neue Deutschland als Gesamtes bezieht, so erlauben die hier resümierten Befunde zugleich erste Rückschlüsse auf Stand und Struktur demokratischer Konsolidierung (auf der Einstellungsdimenion) in Thüringen bzw. den neuen Bundesländern. So kann die mehrheitliche Unterstützung für das neue Gesellschaftssystem als Anhaltspunkt für eine relativ fortgeschrittene Konsolidierung betrachtet werden. Nach dem durchgreifenden Wandel der Umbruchsjahre zeichnen sich die politischen Einstellungen seit Jahren durch relativ hohe Kontinuität aus. Es zeigt sich aber auch ein stetiger Anstieg derjenigen, die die deutsche Einheit negativ bewerten, wenngleich auf niedrigem Niveau. Diese Entwicklung wird man zumindest im Auge behalten müssen, wiewohl die Befunde zur Demokratiebewertung keine grundsätzliche Gefährdung für die politische Ordnung signalisieren. Allerdings verlangen die Befunde zur Demokratieunterstützung mit Blick auf das Fuchssche Ebenenmodell nach einer differenzierten Auseinandersetzung mit den demokratiebezogenen Einstellungen.

Demokratische Werte finden in Thüringen eine seit Jahren stabile, breite Akzeptanz. Fast ebenso deutlich fällt die Zustimmung zum politischen System aus, so wie es in der Verfassung verankert ist. Demnach kann die demokratische Verfassungsordnung der Bundesrepublik in Thüringen bzw. den neuen Ländern tatsächlich als weitgehend konsolidiert gelten. Diese Aussage ist zutreffend, obgleich hier ausweislich bundesweiter Repräsentativbefragungen nicht das gleiche Niveau der Werte- und Regimeakzeptanz erreicht wird wie in den alten Bundesländern (Gabriel 2005: 389-392). Ein solches West-Ost-Gefälle im Zustimmungsgrad mag als ein Problem der inneren Einheit gelten, es ändert jedoch nichts an der Tatsache einer konsolidierten pro-demokratischen Orientierung in Ostdeutschland. Der bemerkenswerte Grad der Demokratieunterstützung auf der Werte- und Regimeebene erschließt sich insbesondere im Vergleich zu anderen postsozialistischen Gesellschaften: Lediglich für Tschechien fanden sich bei vergleichenden Untersuchungen ähnlich starke systemunterstützende Einstellungen wie in Ostdeutschland (Jacobs 2004: 175-198; ähnliche Daten bei Klingemann 1999). Aber auch im historischen Vergleich mit dem Westdeutschland der Nachkriegszeit bzw. der Gründerjahre, dessen Bürger noch bis in die 60er Jahre hinein teils ausgeprägt demokratieskeptische Orientierungen aufwiesen (Almond/Verba 1963; Fuchs 1989: 92-117), scheint das demokratische Wurzelwerk in den neuen Ländern eher stärker.

Dieses insgesamt positive Bild einer fortgeschrittenen Konsolidierung der Demokratie in den neuen Ländern auf der Einstellungsdimension wird allerdings in mehrfacher Hinsicht getrübt. Zunächst ist die Zufriedenheit mit der real existierenden Demokratie schwach ausgeprägt, und das Vertrauen in parteienstaatliche Institutionen ist ausgesprochen gering bei weiter sinkender Tendenz. Damit korrespondiert eine skeptische Wahrnehmung des politischen Prozesses und der politischen Akteure, insbesondere der Parteien. Diese geringe Akzeptanz der Demokratie auf der Ebene der Performanz steht zwar in keinem Zusammenhang mit der Unterstützung demokratischer Werte, so dass eine Erosion der Zustimmung zur Idee der Demokratie mittelfristig nicht zu erwarten ist. Allerdings wirkt sich die Skepsis gegenüber der praktizierten Demokratie auf das Vertrauen in die demokratische Verfassungsordnung aus. Hier besteht die Gefahr eines allmählichen Vertrauensschwundes, sollte die Demokratiezufriedenheit weiter zurückgehen.

Die massiven Vorbehalte der Thüringer gegenüber der demokratischen Praxis im vereinten Deutschland treffen darüber hinaus auf ein teilweise problematisches – hier von der empirischen Analyse aus Platzgründen ausgeklammertes – Demokratieverständnis, das durch eine deutliche Distanz zu einem liberalen Modell bestimmt und an anderer Stelle als egalitär gekennzeichnet worden ist (Holtmann 2000; ähnlich Fuchs 1997). Charakteristisch dafür sind eine starke Outputorientierung und hohe wohlfahrtsstaatliche Ansprüche, eine Wertschätzung von Homogenität und Konsens sowie eine begrenzte Unterstützung rechtsstaatlicher Standards (Edinger/Hallermann 2004: 75-83).

Ein solchermaßen geprägtes Verständnis von Demokratie weckt Zweifel, ob die starke Demokratieunterstützung auf der Werte- und Kulturebene auch dann noch Bestand hat, wenn die Leistungen der Demokratie im sozialen und wirtschaftlichen Bereich dauerhaft hinter den Erwartungen der Bürger zurückbleiben. Denn im Schatten der generell breiten Akzeptanz demokratischer Werte und der grundgesetzlichen Ordnung besteht ein kritisches Potenzial von Einheits- und Demokratieskeptikern. Diese Gruppe ist vor allem dem demokratiefeindlichen Gedankengut am rechten politischen Rand gegenüber aufgeschlossen: Beinahe jeder zweite Einheitsgegner kann als empfänglich für rechtsextreme Parolen gelten, aber nur jeder zwölfte Einheitsbefürworter. Dementsprechend sind Einheitsgegner auch eher zur illegalen politischen Partizipation bereit. Der sehr geringe Unterschied bei den legalen Partizipationsformen zeigt aber auch, dass es sich nicht um grundverschiedene Gruppen handelt.

Insgesamt lassen sich auf Basis der Daten des THÜRINGEN-MONITORS – bei einer grundsätzlich weit fortgeschrittenen Konsolidierung demokratiefreundlicher Einstellungen –die skizzierten Besonderheiten der politischen Kultur im Osten Deutschlands aufweisen. Die Ergebnisse bundesweiter Erhebungen, die etwa eine sinkende Demokratiezufriedenheit und ein abnehmendes Vertrauen in parteienstaatliche Institutionen in den alten Bundesländern dokumentieren (Völkl 2005: 254; Walter-Rogg 2005: 143-148), deuten darauf hin, dass diese Besonderheiten in den neuen Ländern womöglich die Richtung vorgeben, in die sich die politische Kultur Gesamtdeutschlands in den kommenden Jahren entwickeln wird. Diese Entwicklung wäre charakterisiert durch geringes Vertrauen in die politische Akteure und Institutionen, eine Bewertung des politischen Systems an seinen Leistungen – und womöglich ein nur begrenztes und eher sporadisches eigenes politisches Engagement.

Dafür, dass sich eine derartige „Veröstlichung" vollziehen wird, spricht eine ganze Reihe unterschiedlicher Beobachtungen jenseits der Einstellungsforschung. Dazu zählen beispielsweise die abnehmende Parteiidentifikation in Westdeutschland – faktisch eine Annäherung an die niedrigen Werte in den neuen Ländern –, der Mitgliederschwund bei den einstigen Volksparteien, die sinkende Bindungskraft intermediärer Institutionen von den Gewerkschaften bis hin zu den Kirchen und die rückläufige Beteiligung an Wahlen auf der Landes- und der kommunalen Ebene. Entgegen dem bislang für den Prozess der deutschen Einigung charakteristischen Trend eines West-Ost-Transfers – in den Facetten des Institutionen-, Eliten- und Kapitaltransfers – würde sich bei der politischen Kultur eher der Westen dem Osten angleichen.

Während das neue Deutschland 15 Jahre nach der Vereinigung in vielem (noch) die Wesenszüge der alten Bundesrepublik trägt – und die Konsolidierung der Demokratie in den neuen Ländern überwiegend westdeutschen Mustern gefolgt ist –, dürfte das zukünftige Deutschland in seiner politisch-kulturellen Verfasstheit stärker ostdeutsche Züge tragen. Dass ein solches Szenarium realistisch erscheint, hängt nicht zuletzt mit dem Transformationsprozess der vergangenen anderthalb Jahrzehnte zusammen. So offenkundig eine deutliche Mehrheit die Einheit befürwortet, so unbestreitbar sind durch die negativen Begleiterscheinungen des Transformationsprozesses Erwartungen enttäuscht worden. Deswegen gilt: Die Einheitsbilanz fällt uneinheitlich aus.

Literatur

Abold, Roland/Eva Wenzel, 2005: Die Größe des Kuchens und seine Verteilung – Einschätzung der Wirtschaftslage und der sozialen Gerechtigkeit 1994-2002, in: Oscar W. Gabriel/Jürgen W. Falter/Hans Rattinger (Hrsg.), Wächst zusammen, was zusammen gehört? Stabilität und Wandel politischer Einstellungen im wiedervereinigten Deutschland. Baden-Baden, S. 221-246.

Ahbe, Thomas, 2004: Die Konstruktion der Ostdeutschen. Diskursive Spannungen, Stereotype und Identitäten seit 1989, in: Aus Politik und Zeitgeschichte, B 41-42, S. 12-22.

Almond, Gabriel A./Sidney Verba, 1963: The Civic Culture. Political Attitudes and Democracy in five Nations, Princeton.

Conradt, David P., 1980: Changing German Political Culture, in: Gabriel A. Almond/Sidney Verba (Hrsg.), The Civic Culture Revisited, London u.a., S. 212-272.

Downs, Anthony, 1968: Ökonomische Theorie der Demokratie, hrsg. von R. Wildenmann, Tübingen.

Easton, David, 1965: A Systems Analysis of Political Life, Chicago/London.

Edinger, Michael/Andreas Hallermann, 2004: Politische Kultur in Ostdeutschland. Die Unterstützung des politischen Systems am Beispiel Thüringens Frankfurt a. M.

Fuchs, Dieter, 1989: Die Unterstützung des politischen Systems der Bundesrepublik Deutschland, Opladen.

Fuchs, Dieter, 1997: Welche Demokratie wollen die Deutschen? Einstellungen zur Demokratie im vereinigten Deutschland, in: Oscar W. Gabriel (Hrsg.), Politische Orientierungen und Verhaltensweisen im vereinigten Deutschland, Opladen, S. 81-113.

Fuchs, Dieter, 2002: Das Konzept der politischen Kultur: Die Fortsetzung einer Kontroverse in konstruktiver Absicht, in: Dieter Fuchs/Edeltraud Roller/Bernhard Weßels (Hrsg.), Bürger und Demokratie. Studien zur politischen Kultur und zum politischen Prozess, Wiesbaden, S. 27-49.

Gabriel, Oscar W., 1999: Demokratie in der Vereinigungskrise? Struktur, Entwicklung und Bestimmungsfaktoren der Einstellungen zur Demokratie im vereinigten Deutschland, in: Zeitschrift für Politikwissenschaft 9, S. 827-861.

Gabriel, Oscar W., 2002: Ein demokratischer Konsens in Ost und West? Demokratie und Extremismus im Spiegel von Umfragen, in: Hans-Georg Wehling (Hrsg.), Deutschland Ost – Deutschland West. Eine Bilanz, Opladen, S. 70-104.

Gabriel, Oscar W., 2005: Wächst zusammen, was zusammengehört? in: Ders./Jürgen W. Falter/ Hans Rattinger (Hrsg.), Wächst zusammen, was zusammen gehört? Stabilität und Wandel politischer Einstellungen im wiedervereinigten Deutschland, Baden-Baden, S. 385-423.

Gabriel, Oscar W./Jürgen W. Falter/Hans Rattinger (Hrsg.), 2005: Wächst zusammen, was zusammen gehört? Stabilität und Wandel politischer Einstellungen im wiedervereinigten Deutschland, Baden-Baden.

Gabriel, Oscar W./Katja Neller, 2000: Stabilität und Wandel politischer Unterstützung im vereinigten Deutschland, in: Hartmut Esser (Hrsg.): Der Wandel nach der Wende. Gesellschaft, Wirtschaft, Politik in Ostdeutschland, Wiesbaden, S. 67-89.

Holtmann, Everhard, 2000: Das Demokratieverständnis in seinen unterschiedlichen Dimensionen. Eine vergleichende Betrachtung ostdeutscher und westdeutscher Einstellungen, in: Gegenwartskunde 49, S. 61-70.

Jacobs, Jörg, 2004: Tücken der Demokratie. Antisystemeinstellungen und ihre Determinanten in sieben post-kommunistischen Transformationsländern, Wiesbaden.

Jesse, Eckhard, 1994: Zwei verschiedene politische Kulturen in Deutschland, in: Hartmut Jäckel (Hrsg.), Die neue Bundesrepublik, Baden-Baden, S. 97-125.

Klingemann, Hans-Dieter, 1999: Mapping Political Support in the 1990s: A Global Analysis, in: Pippa Norris (Hrsg.), Critical Citizens. Global Support for Democratic Government, Oxford, S. 31-56

Merkel, Wolfgang, 1999: Systemtransformation. Eine Einführung in die Theorie und Empirie der Transformationsforschung, Opladen.

Neller, Katja, 2005: „Auferstanden aus Ruinen?“ Das Phänomen „DDR-Nostalgie“, in: Oscar W. Gabriel/Jürgen W. Falter/Hans Rattinger (Hrsg.), Wächst zusammen, was zusammen gehört? Stabilität und Wandel politischer Einstellungen im wiedervereinigten Deutschland. Baden-Baden, S. 339-381.

Neller, Katja, 2006: „Getrennt vereint?“ Ost-West-Identitäten, Stereotypen und Fremdheitsgefühle nach 15 Jahren deutscher Einheit“, in: Jürgen W. Falter/Oscar W. Gabriel/Hans Rattinger/Harald Schoen (Hrsg.), Sind wir ein Volk? Ost- und Westdeutschland im Vergleich. München, S. 13-36.

Niedermayer, Oskar, 2005: Bürger und Politik. Politische Orientierungen und Verhaltensweisen der Deutschen, Wiesbaden, 2., akt. und erw. Aufl.

Norris, Pippa, 1999: Introduction: The Growth of Critical Citizens? in: Dies. (Hrsg.), Critical Citizens. Global Support for Democratic Government, Oxford, S. 1-27.

Pickel, Gert/Dieter Walz, 1995: Politisches Institutionenvertrauen in der Bundesrepublik Deutschland in zeitlicher Perspektive, in: Journal für Sozialforschung 35, S. 145-155.

Pollack, Detlef, 2002: Entwicklung der Demokratie in Ostdeutschland: Fakten und Umfrageergebnisse, in: Horst Denzer (Hrsg.), Glanz der Infrastruktur – Elend der politischen Kultur? Zur Entwicklung der Demokratie in Ostdeutschland, München, S. 15-34.

Pollack, Detlef/Gert Pickel, 2000: Besonderheiten der politischen Kultur in Ostdeutschland als Erklärungsfaktoren der Bundestagswahl 1998 und die Rückwirkungen der Bundestagswahlen auf die politische Kultur Ostdeutschlands, in: Jan van Deth/Hans Rattinger/Edeltraud Roller (Hrsg.), Die Republik auf dem Weg zur Normalität? Wahlverhalten und politische Einstellungen nach acht Jahren Einheit, Opladen, S. 117-142.

Rattinger, Hans/Zoltan Juhasz, 1990: Wirtschaftslage und Zufriedenheit mit dem politischen System in der Bundesrepublik Deutschland 1972 bis 1987, in: Karl Schmitt (Hrsg.), Wahlen, Parteieliten, politische Einstellungen. Frankfurt a.M., S. 275-315.

Rohe, Karl, 1994: Politische Kultur: Zum Verständnis eines theoretischen Konzepts, in: Niedermayer, Oskar/Beyme, Klaus von (Hrsg.), Politische Kultur in Ost- und Westdeutschland, Berlin, S. 1-21.

Trüdinger, Eva-Maria, 2005: Rechtfertigung durch Leistung? Performanzbasierte politische Orientierungen in Deutschland, in: Oscar W. Gabriel/Jürgen W. Falter/Hans Rattinger (Hrsg.), Wächst zusammen, was zusammen gehört? Stabilität und Wandel politischer Einstellungen im wiedervereinigten Deutschland. Baden-Baden, S. 189-219.

Völkl, Kerstin, 2005: Fest verankert oder ohne Halt? Die Unterstützung der Demokratie im vereinigten Deutschland, in: Oscar W. Gabriel/Jürgen W. Falter/Hans Rattinger (Hrsg.), Wächst zusammen, was zusammen gehört? Stabilität und Wandel politischer Einstellungen im wiedervereinigten Deutschland, Baden-Baden, S. 249-284.

Walter-Rogg, Melanie, 2005: Politisches Vertrauen ist gut – Misstrauen ist besser? Ausmaß und Ausstrahlungseffekte des Politiker- und Institutionenvertrauens im vereinigten Deutschland, in: Oscar W. Gabriel/Jürgen W. Falter/Hans Rattinger (Hrsg.), Wächst zusammen, was zusammen gehört? Stabilität und Wandel politischer Einstellungen im wiedervereinigten Deutschland, Baden-Baden, S. 129-186.

Zwischen Unitarisierung und föderaler Vielfalt Parteienwettbewerb im Bundesstaat seit der deutschen Einheit

Julia von Blumenthal

1. Einleitung

Die Beschreibung des Föderalismus in der Bundesrepublik konzentrierte sich lange Zeit auf dessen unitarische Züge. Bezeichnungen wie der „unitarische Bundesstaat" (Hesse 1962) oder der „verkappte Einheitsstaat" (Abromeit 1992), aber auch die von Lehmbruch analysierten, historisch begründeten unitarischen Züge und daraus resultierenden Pfadabhängigkeiten sind deutlicher Ausdruck dieser Interpretationslinie (Lehmbruch 2002). Diese Wahrnehmung erstreckte sich auch auf den Parteienwettbewerb: Dieser galt als zentripetal ausgerichtet, eine Territorialisierung des Parteiensystems im Sinne einer Abbildung von territorial gebundenen Konfliktdimensionen, sei es ökonomischer, sei es sozio-kultureller, sei es politisch-kultureller Art, war spätestens seit den 60er Jahren kaum mehr zu beobachten (Schultze/Zinterer 2002: 258, 261). In der Bonner Republik konkurrierten bundesweit einheitliche Parteien miteinander auf Bundes- und Landesebene. Koalitionen auf beiden Ebenen folgten dem Bonner Muster, taten sie das nicht, so konnte dies als ein Vorzeichen für einen bald zu erwartenden Regierungswechsel auf Bundesebene interpretiert werden. Lehmbruchs These, dass bundesweiter Parteienwettbewerb und föderales Prinzip in einer Spannung zueinander stehen, die bei gegenläufigen Mehrheiten zur Dominanz des parteipolitischen Faktors im Bundesrat und damit tendenziell zur Blockade führt, unterstützte dieses Bild (Lehmbruch 1976: 176 f.). Auch Benz konstatierte im Jahr 2003 noch rückblickend: „Die Überformung des Föderalismus durch eine kompetitive Parteipolitik verhinderte in der Vergangenheit auch eine autonome Landespolitik und den Politikwettbewerb zwischen den Ländern, der grundsätzlich in wichtigen Politikfeldern möglich ist" (Benz 2003: 34).

Seit der deutschen Einheit gewinnt eine andere Interpretationsrichtung an Gewicht, die die föderalen Unterschiede in den Vordergrund stellt: Frank Sinatras „I did it my way" ist für einige Beobachter zur neuen Melodie des bundesrepublikanischen Föderalismus geworden (Jeffery 1999a). Als wesentlicher Auslöser einer Föderalisierung der Bundesrepublik, d.h. einer Verringerung der unitarischen Züge des deutschen Bundesstaates, werden die im Zuge der deutschen Einheit gewachsene Heterogenität der Bundesländer und die verschärften ökonomischen Interessengegensätze angesehen, wobei erste Ansätze dazu bereits in den 80er Jahren zwischen den Ländern der alten Bundesrepublik zu beobachten waren (Jeffery 2002: 178; Sturm 1999: 201; Renzsch 2002: 191). Diese Interessenausdifferenzierung führe zu einer verstärkten

„Regionalisierung“ der Parteien im Inneren und befördere auch eine „Auflösung des vertikal integrierten Parteiensystem“ (Benz 2003: 35 f.). Landesregierungen und das Wahlverhalten auf Landesebene müssten sich demnach stärker an Unterschieden und Konflikten ausrichten, die territorial zugeordnet werden können. Sichtbares Zeichen für eine regionale Ausdifferenzierung des Parteiensystems sind die Schwäche von FDP und Grünen in den neuen Ländern sowie der bis vor kurzem unbestrittene Charakter der PDS als ostdeutsche Regionalpartei. Das Aufkommen regionaler Parteien und ihre allerdings meist nur kurze Zeit dauernde Regierungsbeteiligung sind weitere Indizien, die dafür sprechen, dass die unitarische Prägung des deutschen Parteiensystems Risse bekommen hat.

Im Folgenden werde ich die These von einer Abschwächung der bundespolitischen Ausrichtung des Parteienwettbewerbs zugunsten größerer landespolitischer Eigenarten untersuchen. Lässt sich eine Territorialisierung des Parteiensystems feststellen, werden also territorial gebundene Konflikte im Parteiensystem abgebildet? Dazu werde ich in einem ersten Schritt die Landesebene näher betrachten: Inwiefern lässt sich anhand der Landtagswahlen eine größere Unabhängigkeit des Parteienwettbewerbs auf Landesebene vom bundespolitischen Parteienwettbewerb feststellen? In einem zweiten Schritt werde ich dann die Entscheidungsprozesse im Bundesrat seit der deutschen Einheit näher betrachten. Wenn die führenden Akteure (Landesregierungen) sich stärker an landespolitischen Interessen und Gegebenheiten orientierten, müsste dies auch hier sichtbar werden.

Als theoretische Grundlage dienen Überlegungen des Hagener Governance-Ansatzes. Demnach handelt es sich beim bundesweiten Parteienwettbewerb und beim föderalen Prinzip um zwei Governance-Mechanismen, die in der institutionellen Struktur angelegt sind. Diese stehen in einem gewissen Spannungsverhältnis, da sie mit „unterschiedlichen Modi der Koordination zwischen individuellen und kollektiven Akteuren“ (Benz 2005: 99) einhergehen. Für die föderale Ebene steht das Prinzip der Verhandlung im Vordergrund, während für den Parteienwettbewerb das Prinzip der Konkurrenz vorherrschend ist. Die Reichweite jedes dieser Prinzipien hängt dabei nicht nur von der langfristigen institutionellen Struktur, sondern auch von der konkreten Akteurskonstellation und den Handlungsorientierungen der Akteure ab. Die Handlungsorientierungen der Akteure lassen sich einerseits kennzeichnen durch langfristige, institutionell verankerte Orientierungen und andererseits durch einen situativen Anteil, der weitgehend als rationales Verhalten interpretiert werden kann. Das Interessenkalkül der Akteure wird dabei sowohl durch Motive des policy-seeking als auch des Positionsgewinns im inner- und zwischenparteilichen Wettbewerb bestimmt (Bräuninger/Ganghof 2005: 175 f.).

Wendet man dieses Konzept auf den Parteienwettbewerb im Bundesstaat an, so stellt sich dieser in ähnlicher Weise wie der Prozess des Regierens als two-level-game dar: Auf der zentralstaatlichen Ebene sind die bundesweit organisierten Parteien an einem einheitlichen Auftreten interessiert, da dieses den Wahlerfolg erhöht. Auch die Ministerpräsidenten und andere führende politische Akteure auf Landesebene verfügen über diese Handlungsorientierung, nicht zuletzt deswegen, weil sie in der Regel als Mitglieder der Parteiführung unmittelbar in den bundespolitischen Entscheidungsprozess einer Partei eingebunden sind und als führende Parteirepräsentanten wahrgenommen werden. Konkurrierend zur kooperativen Orientierung auf eine gemeinsame Position nach außen herrschen auf dieser Ebene auch individuelle Profilierungsinteressen im Hinblick auf bundespolitische Karrieren. Auf der Landesebene verfolgen die Landesparteien das Ziel, sich geschlossen zu präsentieren und ihre Position im Wettbewerb mit den anderen Landesparteien zu verbessern. Dazu kann auch die gezielte Artikulation von Interessen gegen den Bund gehören.

Eine Territorialisierung des Parteienwettbewerbs würde somit bedeuten, dass sich der Governance-Mechanismus des bundesweiten Parteienwettbewerbs in zwei ebenenspezifische Wettbewerbskonstellationen ausdifferenziert. Je größer dabei die institutionellen und akteursspezifischen Differenzen sind, desto schwieriger werden Koordination und Integration durch die Parteien auf bundespolitischer Ebene. Dies hätte auch Folgen für die Möglichkeiten der föderalen Verhandlungen im Bundesrat.

2. Parteienwettbewerb in den Bundesländern

2.1. Bundespolitische Durchdringung des Parteiensystems

Als Indikator für das Ausmaß landes- bzw. bundespolitischer Prägung des Parteienwettbewerbs in den Bundesländern sollen die Landtagswahlen dienen. Die Frage, in welchem Ausmaß Landtagswahlen bundespolitisch überformt sind, stieß zunächst Ende der 70er Jahre auf Interesse (Dinkel 1977, 1981, 1989; Fabritius 1978), führte dann aus wissenschaftlicher Sicht ein Schattendasein, erlebte aber Ende der 90er Jahre eine neue Konjunktur. Mittlerweile liegt eine Reihe von Analysen vor, die die Entwicklung sowohl vor als auch nach der deutschen Einheit untersuchen. Unabhängig von den jeweils zugrunde gelegten Hypothesen und der gewählten Methode sind sich diese Studien für die 70er und 80er Jahre einig, dass von einer starken Überformung des Parteienwettbewerbs in den Ländern durch den bundesweiten Wettbewerb ausgegangen werden kann (Decker/Blumenthal 2002: 153 f.; Jeffery/Hough 2003: 85; Burkhart 2005: 25). Zwar gab es immer wieder auch Landtagswahlen, in denen landespolitische Fragen dominierten, ein bundespolitisch induzierter, u-förmiger Wahlzyklus blieb dennoch sichtbar: Regierungsparteien im Bund verloren demnach an Stimmen bei Wahlen, die in der Mitte der Legislaturperiode des Bundestages stattfanden, die Oppositionsparteien konnten davon profitieren. Vor einer Bundestagswahl verbesserten sich die Landtagswahlergebnisse der Regierungsparteien im Bund wieder, es sei denn – es erfolgte ein Regierungswechsel im Bund. Im Einzelfall konnte das Muster zwischen großen und kleinen Regierungsparteien unterschiedlich sein.

Für die Zeit seit der deutschen Einheit lässt sich dieser u-förmige Wahlzyklus nicht mehr abbilden; auch insoweit herrscht Konsens unter den Autoren verschiedener Studien. Unterschiedlich sind jedoch die Schlussfolgerungen, die daraus gezogen werden: Einige Autoren wie Decker (2006) und Burkhart (2005) kommen zu dem Ergebnis, dass die bundespolitische Durchdringung der Landtagswahlen weiterhin stark ist, diese jedoch unter anderen Bedingungen stattfindet, so dass das Muster des Wahlzyklus sich verändert hat. Andere Autoren hingegen wie Jeffery/Hough (2001; 2003) sowie Detterbeck und Renzsch (2003), aber auch Sturm (1999) folgern, dass sich der Parteienwettbewerb auf Landesebene zunehmend von der Bundesebene ablöst und es zu einer Territorialisierung des Parteiensystems kommt.

Burkhart (2005) bezieht Wahlergebnisse bis 2002 in ihre Analyse ein und testet verschiedene Hypothesen, um den bundes- bzw. landespolitischen Einfluss näher bestimmen zu können.

- Die bundespolitische Hypothese geht davon aus, dass die Regierungsparteien im Bund umso schlechter abschneiden, je stärker die in Umfragen gemessene Regierungszufriedenheit der Bevölkerung zurück geht. Diese Hypothese bestätigt sich, wobei ein davon unabhängiger weiterer zusätzlicher Stimmenverlust der größten Regierungspartei zu beobachten ist (Burkhart 2005: 31).
- Die landespolitische Hypothese besagt, dass sich Verluste einer Regierungspartei im Bund relativieren, wenn die Regierungspartei im Bund auch in dem jeweiligen Land den Ministerpräsidenten stellt. Eine getrennte Analyse nach ost- und westdeutschen Länder zeigt, dass sich der Amtsbonus des Ministerpräsidenten in Ostdeutschland sehr viel stärker auswirkt als in den alten Bundesländern (Burkhart 2005: 28 f, 33).
- Zur Kontrolle prüft Burkhart auch eine ökonomische Hypothese, die besagt, dass die Regierungsparteien im Bund umso schlechter abschneiden, je stärker die Arbeitslosigkeit seit der letzten Bundestagswahl zugenommen hat. Diese ist ebenso wenig signifikant wie Berechnungen auf der Basis des Wirtschaftswachstums (Burkhart 2005: 31).

Burkhart folgert aus ihren Hypothesentests, dass sich die bundespolitische Durchdringung der Landtagswahlen in Folge der deutschen Einheit nicht verringert, sondern eher noch erhöht hat (Burkhart 2005: 35). Die Aussagekraft dieser Analyse ist notwendigerweise begrenzt, da die Autorin nur eine limitierte Zahl von Hypothesen testen kann, so dass andere, möglicherweise ebenfalls wichtige Variablen nicht einbezogen werden können. Insbesondere lassen sich Einzelereignisse von hoher Relevanz, wie politische Skandale in einer Partei, in einer derartigen quantitativen Analyse nicht erfassen. Darüber hinaus vermag dieses Modell keine Aussagen darüber zu treffen, wie hoch bei einer konkreten Wahl jeweils der Anteil der bundespolitischen bzw. landespolitischen Einflussfaktoren ist.

Der Befund einer im Wesentlichen unveränderten bundespolitischen Durchdringung der Landtagswahlen wird auch von Decker (2006) bestätigt, der damit eine gemeinsame Untersuchung (Decker/Blumenthal 2002) fortführt. Die Untersuchung Frank Deckers bezieht nunmehr alle Landtagswahlen bis Ende 2005 ein. Der Analyseansatz kombiniert quantitative und qualitative Herangehensweisen. Kernhypothese ist das Vorhandensein eines Sanktionswahlverhaltens, das bei Landtagswahlen, die in der Mitte der Legislaturperiode stattfinden, zu Verlusten der Regierungs- und Gewinnen der Oppositionsparteien im Bund führt (Decker/Blumenthal 2002: 153 ff.; Decker 2006: 261). Dabei wirkt sich das Sanktionswahlverhalten häufig in besonderem Maße zulasten des größeren und eher zugunsten des kleineren Koalitionspartners aus (Decker/Blumenthal 2002: 156). Da Landtagswahlen als zweitrangige Wahlen wahrgenommen werden, nimmt das Sanktionswahlverhalten auch die Form der Protestwahl an: Dies schlägt sich in den Gewinnen rechtspopulistischer und auch rechtsextremer Parteien nieder und kann einen Teil des Erfolgs der PDS im Osten erklären. Der grundlegende Mechanismus des Sanktionswahlverhaltens trifft jeweils auf spezifische landespolitische Bedingungen: Situative und strukturelle Faktoren können daher dazu führen, dass der bundespolitische Einfluss in den Hintergrund tritt (Decker/Blumenthal 2002: 147). Strukturelle Faktoren sind beispielsweise die Relevanz der Kommunalpolitik in den Stadtstaaten und die stabile Beherrschung des Parteiensystems durch eine dominante Partei wie in Bayern, lange Zeit in Bremen und Hamburg sowie partiell noch in Baden-Württemberg. Situative Faktoren, die die landespolitische Prägung verstärken, sind Skandale oder intensive interne Auseinandersetzungen in einer der Landesparteien, die den Wahlerfolg gefährden (Decker/Blumenthal 2002: 147).

Die Grundlagen für das bundespolitisch begründete Sanktionswahlverhalten haben sich – so das Ergebnis Frank Deckers – mit der deutschen Einheit nicht geändert. Geändert haben sich allerdings wesentliche Charakteristika des Parteienwettbewerbs, so dass sich die bundespolitische Durchdringung der Landtagswahlen nicht mehr als u-förmiger Wahlzyklus abbildet. Ein Sanktionswahlverhalten gegen die im Bund regierenden Parteien ist nach wie vor zu verzeichnen, kommt jedoch nicht mehr automatisch der jeweils größten Oppositionspartei zugute (Decker 2006: 266). Die zunehmende Volatilität des Wahlverhaltens begünstigt die Existenz einer größeren Zahl von Parteien in den Bundesländern und führt damit auch zu einer Ausdifferenzierung der Parteiensysteme in den Bundesländern und der Koalitionskonstellationen. Der auf diese Weise landesspezifisch ausgeprägte Parteienwettbewerb bleibt jedoch orientiert auf die bundespolitischen Kontroversen.

Diese Interpretation lässt sich in besonderer Weise durch eine qualitative Analyse der Landtagswahlen stützen. Für eine vollständige Analyse aller Landtagswahlen seit der deutschen Einheit ist hier nicht Raum genug. Es sei jedoch noch einmal beispielhaft an eine Reihe von Landtagswahlen erinnert, bei denen sich bundespolitische Kontroversen und Rahmenbedingungen in besonderer Weise ausgewirkt haben: Die Landtagswahl in Hessen 1999 ist ein besonders interessantes Beispiel, weil sich hieran sowohl die Veränderung des Sanktionswahlverhaltens als auch die weiterhin zentrale Rolle bundespolitischer Themen in Landtagswahlkämpfen zeigen lässt. Die Landtagswahl fand im Februar 1999 statt, also zu einem Zeitpunkt, als bereits Unzufriedenheit mit dem Erscheinungsbild der erst im September 1998 gewählten rot-grünen Koalition auf Bundesebene aufkam. Dennoch gewann die SPD 1,4 Prozentpunkte hinzu, während die Grünen 4 Prozentpunkte einbüßten; insofern kehrte sich in diesem Fall das zuvor gewohnte Bild um, dass der größere Koalitionspartner eher schlechter der kleinere Koalitionspartner dagegen besser abschneidet. Der Landtagswahlkampf wurde dominiert von der Auseinandersetzung über das von der rot-grünen Bundesre-

Abbildung 1: Summierte Gewinne und Verlust der größten Regierungs- und Oppositionspartei im Bund bei Landtagswahlen 1970 bis 2005

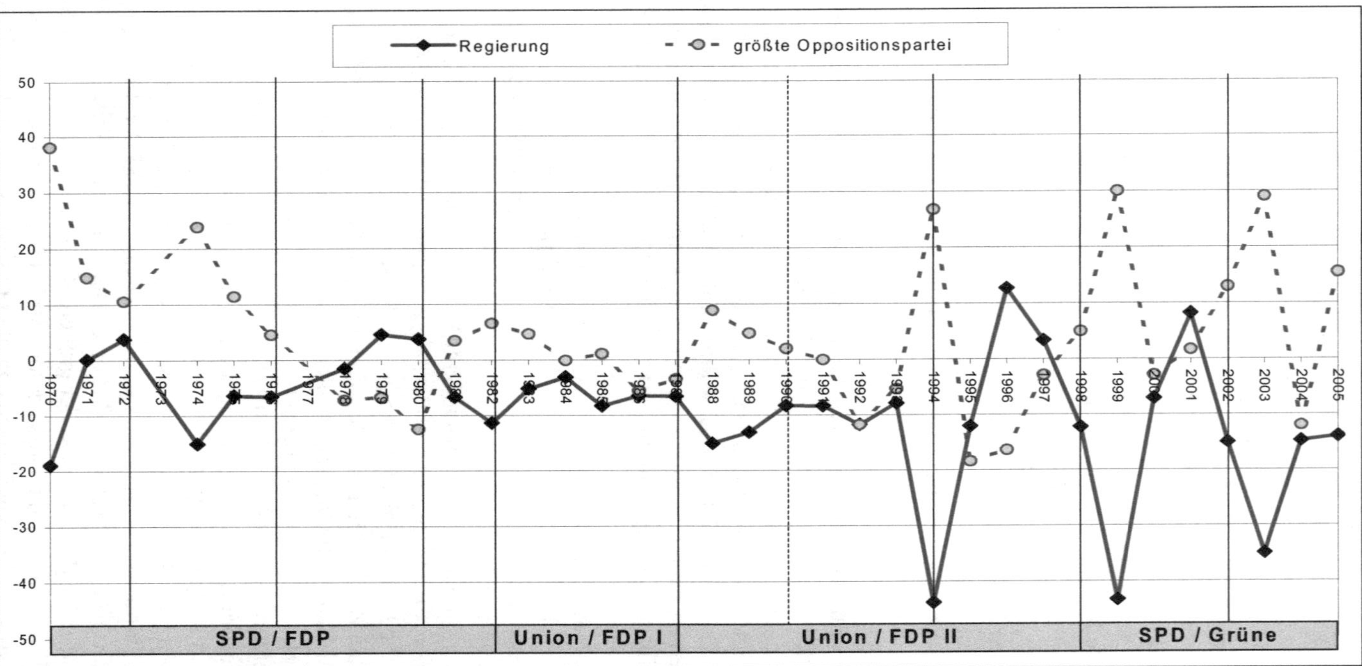

Quelle: Decker 2006, 265. – Um dem unterschiedlichen Stellenwert der einzelnen Landtagswahlen (je nach Größe des Bundeslandes) Rechnung zu tragen, wurden die Verluste/Gewinne mit einem „Bundesratsfaktor" gewichtet, der sich an der Stimmenverteilung in der Länderkammer orientiert. Nicht berücksichtigt bzw. nur als Basis für die jeweiligen Nachfolgewahlen herangezogen wurden die Gründungswahlen in den neuen Bundesländern (BRA 1990, MV 1990, SA 1990, SAN 1990, TH 1990, B 1990), die Landtagswahlen zwischen dem Koalitionsbruch und der vorgezogenen Bundestagswahl im Zeitraum September 1982 bis März 1983 (HE 1982, BY 1982, HH 1982) sowie die Wahlen, die zeitgleich mit einer Bundestagswahl oder unmittelbar danach stattfanden (RP 1983, SH 1983, MV 1994, SL 1994, TH 1994, MV 1998, MV 2002).

gierung geplante neue Staatsbürgerschaftsrecht, gegen das die hessische CDU eine Unterschriftenaktion durchführte. Diese Thema war laut Umfragen für fast die Hälfte der CDU-Wähler ausschlaggebend und für fast zwei Drittel derjenigen Wähler, die die CDU von der SPD gewinnen konnte (Schmitt-Beck 2000: 13).

Besonders deutlich wurde der Sanktionswahleffekt bei den Landtagswahlen im September 1999 in Brandenburg und Thüringen, die wegen der Verlängerung der Legislaturperioden in beiden Ländern nicht zeitgleich mit der Bundestagswahl stattfanden. Die im Bund regierende SPD verlor in Brandenburg 14,8 Prozentpunkte und in Thüringen 11,1 Prozentpunkte. Der Wahlkampf in beiden Ländern wurde von bundespolitischen Themen dominiert (Schmitt 2000: 52). In Umfragen gaben 38 Prozent (Brandenburg) bzw. mehr als die Hälfte (Thüringen) der Wähler der Bundespolitik einen hohen Stellenwert für ihre Wahlentscheidung (Schmitt 2000: 62).

Auch die Wahlen in Nordrhein-Westfalen im Mai 2000 und in Hessen im Februar 2003 weisen bundespolitisches Sanktionswahlverhalten auf, wobei landespolitische Faktoren das Ergebnis der SPD noch zusätzlich belasteten. In Nordrhein-Westfalen traten als landespolitische Faktoren, die der SPD schadeten, die Flugaffäre sowie die generelle Unzufriedenheit mit der Rolle als Dauerregierungspartei hinzu. Balanciert wurden diese Effekte jedoch durch einen weiteren bundespolitischen Effekt, nämlich die Nachwirkungen der CDU-Spendenaffäre, die in Verbindung mit dem damals noch wenig populären Spitzenkandidaten Rüttgers die Mobilisierungsfähigkeit der CDU beeinträchtigte, so dass diese von den Verlusten der SPD nicht profitieren konnte, sondern selbst 0,9 Prozentpunkte einbüßte. Insofern zeigt die nordrhein-westfälische Wahl, wie bundes- und landespolitische Effekte sich teils verstärken, teils relativieren können (Feist/Hoffmann 2001: 144). Der Landtagswahlkampf in Hessen im Jahr 2003 wurde von der Landes-CDU erneut mit bundespolitischen Themen geführt. In diesem Fall diente ihr der nach der Bundestagswahl 2002 eingesetzte Untersuchungsausschuss des Bundestages, der eine gezielte Verschleierungsstrategie der Bundesregierung über die wirtschafts- und finanzpolitische Lage vor der Bundestagswahl 2002 aufdecken sollte, als Wahlkampfinstrument (Schmitt-Beck/Wins 2003: 675). Die hohen Verluste der SPD von 10,3 Prozentpunkten waren somit einerseits bundespolitisch verursacht, die Wahlchancen der SPD wurden jedoch durch den weitgehend unbekannten SPD-Spitzenkandidaten zusätzlich gemindert (Schmitt-Beck/Wins 2003: 678). In einer ähnlichen Lage befand sich die SPD im Jahr 2003 in Bayern, bei der eigene Schwäche und bundespolitisches Sanktionswahlverhalten bei der Landtagswahl zu einem Absturz auf unter 20 Prozent der Wählerstimmen führten. Der bayerische Ministerpräsident führte den Wahlkampf als „Revanche für die verlorene Bundestagswahl“ und „Denkzettel für Berlin“ (Rieger 2003: 706).

Die Beispiele zeigen, dass der bundespolitische Parteienwettbewerb sowohl für die Wahlentscheidung der Wähler als auch für die landespolitischen Akteure von erheblicher Bedeutung ist. Die landespolitischen Akteure reagieren darauf, indem sie sich dies positiv zunutze machen oder versuchen, die negativen Auswirkungen zu begrenzen. Strategien, sich mit einer eigenständigen Position von der Bundespartei abzusetzen, werden jedoch von den Wählern kaum honoriert: So verlor die SPD im Saarland

1999 im Trend der geringen Popularität der Bundesregierung 5 Prozentpunkte, obwohl die saarländische SPD unter Klimmt versucht hatte, ihr eigenes, von der Bundeslinie abweichendes Profil zu verdeutlichen (Winkler 2000: 31). Auch der Versuch von Gabriel bei der Landtagswahl in Niedersachsen im Jahr 2003, sich beim Thema Vermögenssteuer inhaltlich von Schröder abzusetzen und sich mit einem Konflikt über den Zeitpunkt des Inkrafttretens der nächsten Stufe der Steuerreform zu profilieren, war nicht erfolgreich: Die SPD büßte 14,5 Prozentpunkte ein (Müller-Rommel 2003: 690 f.).

Der Sog der Bundespolitik kann sich aber nicht nur für die im Bund regierenden Parteien negativ auswirken, sondern auch die Opposition im Bund erfassen: Dies ist zum einen der Fall, wenn bundespolitische Skandale eine Partei erschüttern, wie bei der Wahl in Schleswig-Holstein im Februar 2000, als die CDU unter dem Einfluss der Spendenaffäre entgegen vorheriger Umfragen 2 Prozentpunkte verlor (Mnich 2001: 176). Zum anderen kann sich die Mitwirkung der Opposition an der Bundespolitik im Falle gegenläufiger Mehrheiten in Bundestag und Bundesrat auch für die Opposition negativ auswirken: So erfasste die Diskussion über Hartz IV als beherrschendes Wahlkampfthema bei den Wahlen in Brandenburg und Sachsen auch die CDU, obwohl Milbradt versucht hatte, sich diesem Sog mit einer kritischen Position zu Hartz IV zu entziehen (Jesse 2005: 85).

Zieht man auf dieser Basis ein vorläufiges Resümee, so lässt sich konstatieren, dass der Parteienwettbewerb trotz Ausdifferenzierung der Parteiensysteme in Ost und West nach wie vor in erheblichem Maße bundespolitisch (mit)bestimmt ist. Landtagswahlen finden im Schatten der Bundespolitik statt, deren Themen auch auf Landesebene – häufig sogar vorrangig – wahrgenommen und erörtert werden. Bundespolitisch begründetes Sanktionswahlverhalten verringert die Erfolgschancen insbesondere des größeren Koalitionspartners auf Bundesebene, kann sich aber auf weitere für bundespolitische Entscheidungen mitverantwortliche Parteien erstrecken. Die beiden Ebenen des Parteienwettbewerbs bleiben sowohl in der Wahrnehmung der Wähler als auch in den Handlungsorientierungen der politischen Akteure in hohem Maße interdependent.

2.2. Territorialisierung des Parteiensystems

Auf den ersten Blick unterscheiden sich die Überlegungen von Jeffery und Hough nicht grundlegend von denen Deckers. Die Autoren verwenden für ihre Analyse das in den USA entwickelte Konzept der „zweitrangigen Wahl“, das von Reif und Schmitt aufgegriffen und auf die Wahlen zum Europäischen Parlament angewendet wurde (Reif/Schmitt 1980). Drei Merkmale kennzeichnen demnach zweitrangige Wahlen, die daraus resultieren, dass aus der Sicht der Wähler die jeweilige Entscheidungsebene über vergleichsweise geringe Entscheidungskompetenzen in zentralen politischen Fragen verfügt:

1. Die Wahlbeteiligung ist in der Regel geringer als bei „erstrangigen“ Wahlen.
2. Die Bereitschaft der Wähler zu „experimentieren“, indem kleine und/oder neue Parteien gewählt werden, ist größer.
3. Die größte Regierungspartei schneidet in zweitrangigen Wahlen tendenziell schlechter und die größte Oppositionspartei tendenziell besser ab (Reif 1985: 9; Reif/Schmitt 1980: 9).

Jeffery und Hough messen das Ausmaß der bundespolitischen Durchdringung mit zwei verschiedenen Methoden: Sie vergleichen zunächst die auf der Basis des vorherigen und des folgenden Bundestagswahlergebnisses für die dazwischen liegende (Landtags-)Wahl erwarteten Stimmanteile der größten Regierungs- und Oppositionspartei mit den tatsächlichen Wahlergebnissen. Daraus ergibt sich eine seit den 90er Jahren systematisch höhere Abweichung, die auf eine Abkoppelung der Landtagswahlen von den Bundestagswahlen hindeutet (Jeffery/Hough 2003: 89f.). Als zweiten methodischen Zugang berechnen sie den „Index der Unähnlichkeit“ für die Landtagswahlen, mit dem das Ausmaß der Abweichung eines Landtagswahlergebnisses von der zeitlich am nächsten gelegenen Bundestagswahl abgebildet wird (Jeffery/Hough 2003: 90f.).[1]

Abbildung 2: Index der Unähnlichkeit

	BW	**Bay.**	**HB**	**HH**	**He.**	**Nds.**	**NRW**	**Rhl.-Pf.**	**Saar**	**S-H**	**Br.bg**	**Sachs**	**S-Anh**	**Thü**	**MV**	**Berl.**
1949			11,8	19,1	13,0	7,2	4,4	9,9		12,2						
1953	16,5	9,9	15,5	7,9	9,8	6,9	7,7	6,5		12,6						
1957	10,2	11,6	12,2	7,7	9,6	7,7	6,6	6,1	33,7	6,7						
1961	6,6	10,3	17,8	9,2	9,0	6,7	6,2	8,2	17,5	7,7						
1965	4,3	9,8	7,0	10,1	10,7	9,7	6,9	8,6	5,8	10,2						
1969	14,0	3,6	11,2	7,0	4,6	2,8	2,8	2,2	3,1	6,9						
1972	3,1	8,5	9,0	10,7	8,2	6,4	6,6	9,3	10,5	11,6						
1976	4,6	3,6	7,0	12,7	5,5	9,6	2,9	7,2	3,8	7,7						
1980	8,5	4,3	8,5	12,3	6,2	14,9	5,9	6,1	5,0	11,2						
1983	2,5	4,0	5,8	7,2	5,2	10,0	9,7	3,8	9,1	3,8						
1987	8,2	4,5	8,8	5,2	3,2	8,0	9,0	7,1	8,5	7,7						
1990	13,4	4,8	9,2	8,4	8,8	6,9	9,6	10,9	4,9	14,4	8,2	5,4	8,3	6,6	8,4	3,4
1994	7,9	4,1	16,0	22,4	10,3	8,8	5,5	9,2	3,4	10,5	11,0	10,0	13,5	2,8	2,1	17,1

1 Der Index gibt an, ein wie großer Anteil der Wählerschaft umverteilt werden müsste, um vom Landtagswahlergebnis zum Bundestagswahlergebnis zu kommen (Jeffery/Hough 2003: 90). Je geringer der Wert, desto ähnlicher ist das Ergebnis der Landtagswahl dem der Bundestagswahl. Da der Index die zeitlich nächste Wahl betrachtet, werden mögliche Zykluseffekte nicht sichtbar. Zu beachten ist ferner, dass sich die hohe Übereinstimmung im Einzelfall auch dadurch ergibt, dass Wahlen am gleichen Tag abgehalten werden.

	BW	Bay.	HB	HH	He.	Nds.	NRW	Rhl.-Pf.	Saar	S-H	Br.bg	Sachs	S-Anh	Thü	MV	Berl.
1998	10,5	9,7	15,2	19,8	10,8	6,7	5,9	8,9	14,6	11,2	8,8	22,7	23,4	21,8	3,1	19,5
2002	13,5	13,9	17,2	23,6	9,4	6,0	15,0	14,8	11,2	11,2	17,9	26,0	19,4	22,4	8,3	16,6
Ø vor 1990	7,9	7,0	10,4	9,9	7,7	8,2	6,2	6,8	10,8	8,9						
Ø 1965-1987[2]	6,5	5,5	8,2	9,3	6,2	8,8	6,3	6,3	6,5	8,4						
Ø nach 1990	11,3	8,1	14,9	18,6	9,8	7,1	9,0	11,0	8,5	11,8	11,5	16,0	16,2	13,4	5,5	14,2

Quelle: Jeffery/Hough 2003: 92.

Die Ergebnisse beider Analysen interpretieren Jeffery und Hough als Ausdruck einer neuen „Territorialisierung“ des politischen Wettbewerbs in Deutschland. Grundlage dieses Wandels sei die gewachsene sozio-ökonomische Heterogenität, die sich als „Ost-West-Konfliktlinie“ (Jeffery/Hough 2003: 89) sowie als Süd-Nord-Konfliktlinie zwischen finanzstärkeren und finanzschwächeren (westlichen) Bundesländern niederschlage. Die Wahlkämpfe seien in stärkerem Maße als früher durch landespolitische Themen dominiert. Der Niedergang der Parteiidentifikation, die Orientierung an Personen sowie die größere Relevanz von short term issues, die häufig regionalen Charakter hätten, trügen dazu bei, dass landesspezifische Entscheidungen die Wahlentscheidung dominieren, so Sturm (1999: 209 f.).

Im Folgenden sollen die genannten Hinweise auf eine stärker landesspezifische Ausrichtung des Wahlverhaltens im Einzelnen gewürdigt werden. Die Relevanz der Person des Ministerpräsidenten als landespolitisches Gegengewicht zu bundespolitischen Einflussfaktoren wurde auch durch die Analyse von Burkhart bestätigt. Eine zunehmende Personalisierung der Wahlentscheidung kann offenbar die landesspezifische Ausrichtung verstärken und eine Abkoppelung von bundespolitischen Trends begünstigen. Zugleich bleibt jedoch zu berücksichtigen, dass die Personalisierung einer Wahl – wie bei der Landtagswahl 1998 in Niedersachsen, die von Gerhard Schröder zu einem Plebiszit über den Kanzlerkandidaten der SPD deklariert wurde (Decker/Blumenthal 2002: 153; Müller-Hilmer 1999: 55), – auch bundespolitisch begründet sein und insofern auch die bundespolitische Überlagerung verstärken kann.

2 Jeffery und Hough stellen in ihrem Vergleich nur Durchschnittswerte vor 1990 und nach 1990 gegenüber. Der von mir zusätzlich errechnete Durchschnittswert von 1965 bis 1987 macht die Unterschiede noch deutlicher sichtbar. Auf diese Weise werden Sondereffekte der Gründungswahlen in den Bundesländern einschließlich des erst seit 1957 zur Bundesrepublik gehörenden Saarlandes und die Phase der Konsolidierung des Parteiensystems auf Bundesebene aus der Betrachtung ausgeschlossen.

Zur Bestätigung seiner These, dass landespolitische Fragen eine größere Rolle in Landtagswahlkämpfen spielen, nennt Jeffery eine Reihe von Themen. Wirft man anhand der landespolitischen Zuständigkeit sowie der empirisch nachweisbaren Relevanz in Landtagswahlen seit 1990 einen systematischen Blick auf diese Policies, so relativiert sich ihre Beweiskraft für die Sinatra-Doktrin (Jeffery 1999a: 337; Jeffery 1999b: 156): Als eindeutig landespolitische Themen lassen sich einstufen Wohnungsbau und Verkehr; regionale Wirtschaftsentwicklung, Länderfinanzpolitik sowie Fragen der Transformation in Ostdeutschland, deren Relevanz sich jedoch nach 15 Jahren Einheit gegenüber dem Zeitpunkt des Erscheinen der Aufsätze von Jeffery im Jahr 1999 erheblich verringert haben dürfte. Ein interessantes Beispiel aus der Liste von Jeffery ist das Thema Kriminalität, das aufgrund der Zuständigkeit für die Polizei durchaus in Landeskompetenz fällt. Eine ausschlaggebende Rolle gewann dieses Thema bei der Bürgerschaftswahl 2001 in Hamburg und somit in einem Bundesland, das als Stadtstaat und wegen der Eigenheiten seines Parteiensystems eher als abweichender Fall denn als typisches Bundesland betrachtet werden kann (Blumenthal 2004: 197 ff.). Als weitere Themen führt Jeffery Asyl- und Flüchtlingspolitik sowie das Thema Arbeitslosigkeit an (Jeffery 1999a: 338). Diese Themen waren in der Tat bei einer Reihe von Landtagswahlen von großer Bedeutung; allerdings handelt es sich um Politikfelder, die vorrangig in bundespolitischer Zuständigkeit liegen. Eine Abgrenzung des spezifischen bundes- bzw. landespolitischen Gehalts dürfte in diesem Fall schwer fallen. Auch eine eindeutige, über die Zeit stabile territoriale Zuordnung scheint hier nicht ersichtlich. Weder ist Arbeitslosigkeit ein Thema allein der neuen Länder, noch lässt sich Asyl- und Flüchtlingspolitik regional spezifisch zuordnen. Gerade bei letzterem Thema handelt es sich eher um Wellen bundesweiter Aufmerksamkeit, die dann auch bei den Landtagswahlen ihren Niederschlag finden. Die Tatsache, dass Asyl- und Flüchtlingspolitik bundespolitisch noch nicht intensiv instrumentalisiert wurde, kann damit erklärt werden, dass auf dieser Ebene die Parteien zurückhaltender darin sind, in diesem Politikfeld zu polarisieren wegen des Vermeidens ausländerfeindlicher Stimmungen. Die höhere Relevanz dieses Themas lässt sich also eher aus dem Charakter von Landtagswahlen als zweitrangige Wahlen erklären als aus einer denkbaren Territorialisierung des Parteiensystems.

Ein weiteres wesentliches Argument ist die höhere Autonomie der Landesverbände von der Bundesebene, die sich, so Detterbeck und Renzsch, als „increased political autonomy of regional party organizations in terms of policies, coalition building and electoral appeal“ (2003: 265) zeige. Die unterschiedliche Ausprägung des Parteiensystems in den alten Bundesländern sowie in den neuen Ländern, die sich trotz zunächst schneller Annäherungsprozesse im Laufe der Zeit verfestigt hat, spricht für die Annahme einer höheren Unabhängigkeit der regionalen Parteien von der Bundesebene. In den fünf ostdeutschen Bundesländern sorgt die nachhaltige Schwäche von Bündnis90/Die Grünen, der mit wenigen Ausnahmen ebenfalls eher geringe (Wahl-) Erfolg der FDP sowie die herausragende Rolle der PDS für eine von den alten Bundesländern deutlich unterschiedene landesspezifische Wettbewerbssituation. Allerdings ist die PDS (unter welchem Namen immer) nach wie vor die einzige Partei, die über längere Zeit eine stabile regionale Repräsentanz besitzt. Ihr Versuch, trotz erheblicher programmatischer, organisatorischer sowie personeller Differenzen mit Hilfe der WASG eine bundesweit stabile Repräsentanz zu erreichen, belegt eher den Sog der Bundespolitik, als die Annahme einer zunehmenden „Territorialisierung". Auch Untersuchungen, die sich explizit der „Regionalisierung der politischen Landschaft" zuwenden, müssen einen erheblichen bundespolitischen Einfluss auf die Wahlchancen der Parteien in den neuen Ländern konzedieren (Görl 2001: 118). Die Analyse von Görl kommt darüber hinaus zu dem Ergebnis, dass „die Regionalisierung der SPD- und CDU-Wahlergebnisse in erster Linie auf die regional variierende Profilierung des politischen Spitzenpersonals zurückgeführt werden kann" (Görl 2001: 123). Regional unterschiedliche Wettbewerbssituationen der Landesparteien sind darüber hinaus keine neue Erscheinung, sondern haben vor wie nach 1990 auch in den alten Ländern eine Rolle gespielt, ohne dass dies den Mechanismus der bundesweiten Integration der Parteien außer Kraft gesetzt hat.

Auch organisatorisch lässt sich eine stärkere Regionalisierung schwer belegen. Hier wirkt sich insbesondere der institutionelle Rahmen des Bundeswahlgesetzes aus, wie am Fall von PDS und WASG zu studieren ist. Bei den anderen Parteien sind kaum Hinweise auf eine gezielte Föderalisierung der Struktur zu entdecken. Renzsch und Detterbeck verweisen in diesem Zusammenhang auf eine Strukturreform innerhalb der SPD in Nordrhein-Westfalen (2003: 265), die auf eine Stärkung des Landesverbandes durch die Abschaffung der zuvor äußerst einflussreichen Bezirksebene zielte. Diese Reform kann man als Demonstration gewachsener landespolitischer Selbständigkeit interpretieren (Detterbeck/Renzsch 2003: 265); ebenso plausibel erscheint die Deutung als Anpassung der regionalen Parteistruktur an das mittlerweile in der SPD bundesweit vorherrschende System der Kongruenz von Bundesland und regionaler Parteiorganisation.

In wie begrenztem Ausmaß sich die Ansprache an die Wähler regionalisiert, sollte schon bei dem oben gegebenen kursorischen Überblick über die starke Präsenz bundespolitischer Themen in Landtagswahlkämpfen deutlich geworden sein. Die nach wie vor feste bundespolitische Einrahmung des landespolitischen Parteienwettbewerbs wird in besonderer Weise in den geschilderten Fällen sichtbar, in denen einzelne Landesverbände den Versuch unternommen haben, ein von der Bundesebene abweichendes Profil zu präsentieren. Die Wähler honorieren eine solche Strategie nicht, da sie die Parteien unabhängig von regionalen Ausdifferenzierungen der sozio-ökonomischen Lage und vergrößerter Heterogenität der Interessen der Länder vorrangig als bundesweit einheitlich organisierte Akteure wahrnehmen. Lediglich der Versuch, die Bundespolitik in den Hintergrund treten zu lassen, kann unter bestimmten Bedingungen erfolgreich sein, wie Henning Scherf im Jahr 2003 in Bremen bewiesen hat (Roth 2004: 242).

Bevor das Thema Koalitionsformate als letztes gewichtiges Argument für eine Territorialisierung des Parteiensystems näher betrachtet wird, kann schon jetzt ein weiteres Zwischenfazit gezogen werden: Die Autoren beider Richtungen unterscheiden sich nicht bei der Diagnose der Veränderungen der grundlegenden Rahmenbedingungen des Parteienwettbewerbs auf Bundes- und Landesebene. Differenzen treten erst bei der Interpretation und der Gewichtung bundes- und landespolitischer Faktoren auf. Dabei sind die Standpunkte auch Ausfluss der jeweils gewählten Methode: So betrachten Jeffery und Hough in erster Linie das Ausmaß der Ausdifferenzierung der Parteiensysteme, ohne für die daraus gezogene Schlussfolgerung eines geringeren bundespolitischen Einflusses eindeutige Belege liefern zu können. Insofern widerlegt ihre Studie die Arbeit Deckers nicht, sondern bleibt die Bestätigung für die Interpretation zumindest teilweise schuldig – die Autoren selbst erkennen hier die Notwendigkeit qualitativer Analysen (Jeffery/Hough 2003: 89).

Die größere koalitionspolitische Vielfalt, die seit 1990 in den Bundesländern Einzug gehalten hat, wird als wesentlicher Beleg für eine Territorialisierung des Parteienwettbewerbs angesehen (Detterbeck/Renzsch 2003: 265). Sturm konstatierte gar (1999: 204), es sei ein „breakdown of the Land-federal coalition nexus“ zu beobachten. Bei der Frage nach der bundespolitischen Prägung der Koalitionsbildung in den Bundesländern bieten sich zwei Betrachtungsweisen an: Die erste, in Abbildung 3 gewählte, konzentriert sich zunächst darauf, welche eigenständigen Koalitionsformate in den Bundesländern auftreten, die auf Bundesebene nicht oder zumindest noch nicht zu beobachten sind. Darüber hinaus kann die Frage nach der Verbindung zwischen bundes- und landespolitischer Ebene bei der Koalitionsbildung dadurch beantwortet werden, dass alle Koalitionsmuster betrachtet werden, die nicht der jeweiligen Zusammensetzung von Bundesregierung entsprechen, sondern eine Partei aus dem Regierungs- und eine aus dem Oppositionslager umfassen.

Blickt man zunächst auf den ersten Typus landesspezifischer Koalitionsformate, so handelt es sich um eine begrenzte Anzahl von Fällen, die in einen Zeitraum von 15 Jahren in insgesamt sechs der sechzehn Bundesländer aufgetreten sind. Bündnisse mit rein regionalen Parteien waren dabei nur in Hamburg zu beobachten und damit in einem Stadtstaat, der bereits als abweichender Fall charakterisiert wurde. Tolerierungen und dann auch Koalitionen zwischen SPD und PDS könnten einerseits als Beleg für die Abkopplung gewertet werden, da solche Konstellationen für die Bundesebene bis heute ausgeschlossen werden. Die zunächst intensive bundespolitische Diskussion darüber und die ausdrückliche „Freigabe“ der Entscheidung durch die Bundesebene zeigt aber, dass dieser Prozess durchaus bundespolitisch kontrolliert ablief (Plöhn 1996: 62 ff.). Der gescheiterte Versuch eines neuen Modells einer tolerierten Minderheitsregierung in Schleswig-Holstein nach der Wahl 2004 war angesichts der Wirkung auf den Bundesrat, die die dann geschlossene Große Koalition hatte, ebenfalls nicht frei von bundespolitischen Erwägungen. Letztlich bestätigt sich die Laborfunktion der Bundesländer, die diese im Zweifel auch bei schwarz-grünen Bündnissen wieder einnehmen werden.

Abbildung 3: Besondere Koalitionsmuster der Länderebene 1990-2005

<table>
<tr><th></th><th colspan="2">Ampel</th><th>Minderheits-regierung, PDS-toleriert</th><th>SPD o. CDU + regionale Protestpartei</th><th colspan="2">SPD-PDS</th></tr>
<tr><td>1990/IV</td><td rowspan="17">Branden-burg</td><td></td><td></td><td></td><td></td><td></td></tr>
<tr><td>1991/I</td><td></td><td></td><td></td><td></td><td></td></tr>
<tr><td>1991/II</td><td></td><td></td><td></td><td></td><td></td></tr>
<tr><td>1991/III</td><td></td><td></td><td></td><td></td><td></td></tr>
<tr><td>1991/IV</td><td rowspan="15">Bremen</td><td></td><td></td><td></td><td></td></tr>
<tr><td>1992/I</td><td></td><td></td><td></td><td></td></tr>
<tr><td>1992/II</td><td></td><td></td><td></td><td></td></tr>
<tr><td>1992/III</td><td></td><td></td><td></td><td></td></tr>
<tr><td>1992/IV</td><td></td><td></td><td></td><td></td></tr>
<tr><td>1993/I</td><td></td><td></td><td></td><td></td></tr>
<tr><td>1993/II</td><td></td><td></td><td></td><td></td></tr>
<tr><td>1993/III</td><td></td><td></td><td></td><td></td></tr>
<tr><td>1993/IV</td><td></td><td rowspan="16">Hamburg
SPD + Statt</td><td></td><td></td></tr>
<tr><td>1994/I</td><td></td><td></td><td></td></tr>
<tr><td>1994/II</td><td></td><td></td><td></td></tr>
<tr><td>1994/III</td><td rowspan="16">Sachsen-Anhalt
SPD + Bündnis90</td><td></td><td></td></tr>
<tr><td>1994/IV</td><td></td><td></td></tr>
<tr><td>1995/I</td><td></td><td></td><td></td></tr>
<tr><td>1995/II</td><td></td><td></td><td></td></tr>
<tr><td>1995/III</td><td colspan="2"></td><td></td><td></td></tr>
<tr><td>1995/IV</td><td colspan="2"></td><td></td><td></td></tr>
<tr><td>1996/I</td><td colspan="2"></td><td></td><td></td></tr>
<tr><td>1996/II</td><td colspan="2"></td><td></td><td></td></tr>
<tr><td>1996/III</td><td colspan="2"></td><td></td><td></td></tr>
<tr><td>1996/IV</td><td colspan="2"></td><td></td><td></td></tr>
<tr><td>1997/I</td><td colspan="2"></td><td></td><td></td></tr>
<tr><td>1997/II</td><td colspan="2"></td><td></td><td></td></tr>
<tr><td>1997/III</td><td colspan="2"></td><td></td><td></td></tr>
<tr><td>1997/IV</td><td colspan="2"></td><td></td><td></td><td></td></tr>
<tr><td>1998/I</td><td colspan="2"></td><td></td><td></td><td></td></tr>
<tr><td>1998/II</td><td colspan="2"></td><td></td><td rowspan="7">Mecklenburg-Vorpommerm</td><td></td></tr>
<tr><td>1998/III</td><td colspan="2"></td><td rowspan="6">Sachsen-Anhalt
SPD</td><td></td><td></td></tr>
<tr><td>1998/IV</td><td colspan="2"></td><td></td><td></td></tr>
<tr><td>1999/I</td><td colspan="2"></td><td></td><td></td></tr>
<tr><td>1999/II</td><td colspan="2"></td><td></td><td></td></tr>
<tr><td>1999/III</td><td colspan="2"></td><td></td><td></td></tr>
<tr><td>1999/IV</td><td colspan="2"></td><td></td><td></td></tr>
</table>

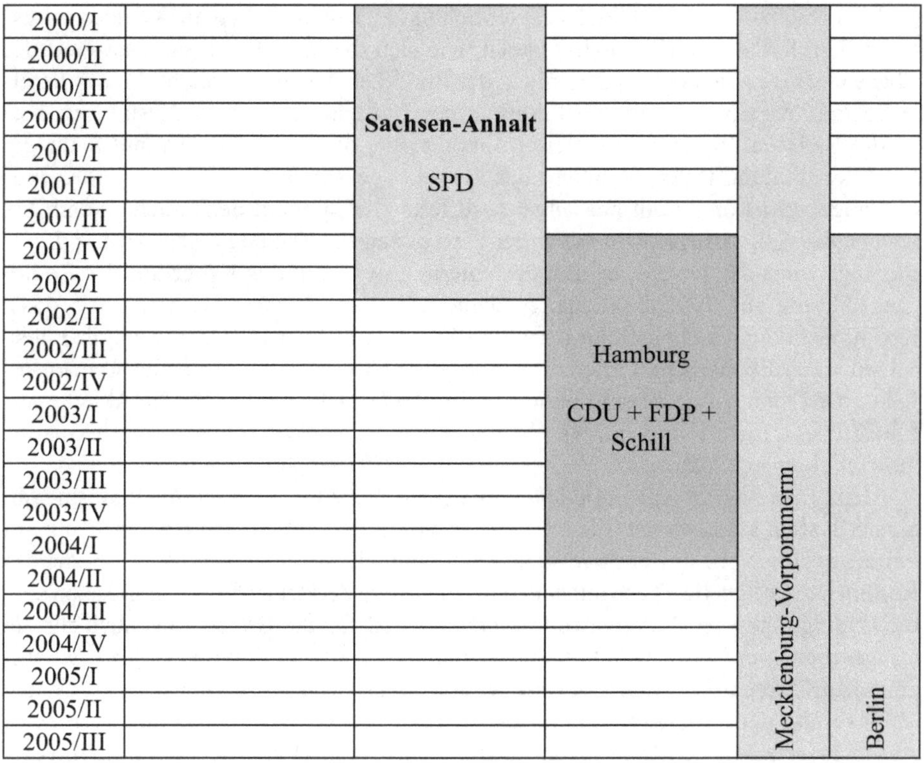

2000/I		**Sachsen-Anhalt** SPD		Mecklenburg-Vorpommerm	
2000/II					
2000/III					
2000/IV					
2001/I					
2001/II					
2001/III					
2001/IV			Hamburg CDU + FDP + Schill		Berlin
2002/I					
2002/II					
2002/III					
2002/IV					
2003/I					
2003/II					
2003/III					
2003/IV					
2004/I					
2004/II					
2004/III					
2004/IV					
2005/I					
2005/II					
2005/III					

Bei einer Betrachtung der Koalitionsmuster nach ihrer Übereinstimmung mit Regierungs- bzw. Oppositionslager im Bund[3] wären noch die während der Zeit der CDU/ FDP- bzw. der rot-grünen Bundesregierung bestehenden Großen Koalitionen auf Landesebene hinzu zu rechnen sowie die sozial-liberale Koalition in Rheinland-Pfalz (1991-2006). Die in diesem Sinne von der Bundesebene abweichenden Koalitionen werden in der Regel auch mit Blick auf den Bundesrat wieder durch konforme Koalitionen ersetzt, sobald dies rechnerisch möglich ist. Rheinland-Pfalz und Bremen stellen insofern Ausnahmefälle dar, als hier nicht-konforme Koalitionen auch dann gebildet wurden, obwohl rechnerisch eine mit der Bundesebene konforme Konstellation möglich gewesen wäre.[4]

3 Vgl. dazu auch Abbildung 4.

4 In Bremen regierte die Große Koalition von 1995 bis 2007, obwohl ein rot-grünes Bündnis rechnerisch möglich gewesen wäre (Lhotta/Ketelhut 2004: 174, 179f.). In Rheinland-Pfalz konnte die SPD in den Jahren 1991 und 2001 zwischen FDP und Grünen als Koalitionspartner wählen. 1996 hätte die FDP rechnerisch auch wieder zur CDU als Koalitionspartner zurückkehren können. Dies war jedoch mit der Gefahr behaftet, an Glaubwürdigkeit gegenüber den Wählern einzubüßen (Kropp 2001: 109).

Aus diesem Gesamtbild lässt sich der Schluss ziehen, dass sich die Koalitionsmuster in dem Maße ausdifferenziert haben, wie sich die Wettbewerbssituation auf der Ebene einzelner Länder von derjenigen der Bundesebene unterscheidet. Eine generelle Abkopplung der Wahl des Koalitionspartners auf Landesebene zu konstatieren, hieße die Befunde überzuinterpretieren. Eine Studie, die erklärende Variablen für die Koalitionsbildung testet, die allerdings über den gesamten Verlauf der Bundesrepublik angelegt ist und nicht phasenweise differenziert, kommt denn auch zu dem Ergebnis, dass „die Übereinstimmung der Parteizusammensetzung deutscher Landesregierungen mit der jeweiligen Bundesregierung ein zentrales Kriterium der Regierungsbildung auf der subnationalen Ebene ist“ (Pappi/Becker/Herzog 2005: 454). Koalitionsbildung stellt sich insgesamt als komplexer Prozess dar, bei dem die unterschiedlichen Ebenen des Parteienwettbewerbs von den Akteuren beider Ebenen reflektiert werden; insofern sind bundespolitische Gesichtspunkte für die Akteure auf Landesebene nicht nur von außen herangetragene Aspekte, sondern gleichermaßen Teil der eigenen Kalkulation.

Bleibt man bei der Annahme, dass unterschiedliche Governance-Mechanismen in einem System koexistieren, die teilweise in Spannung stehen, und dass es sich beim Parteienwettbewerb um ein two-level-game handelt, so ließe sich als verbindendes Resümee die folgende These aufstellen: In der Folge der deutschen Einheit haben sich die Bedingungen des Parteienwettbewerbs sowohl für die Bundes- als auch für die Landesebene verändert. Durch die wesentlich höhere Volatilität des Wahlverhaltens, zurückzuführen auf Dealignment im Westen ebenso wie auf fehlende längerfristige Verankerung der Parteien in den neuen Ländern, steigt die Wahrscheinlichkeit eines Auseinanderfallens der Parteienkonstellation in Bund und Ländern. Verstärkt wird dieser Effekt durch den Charakter der Landtagswahlen als zweitrangige Wahlen, der den kurzfristigen Erfolg kleiner, insbesondere rechtspopulistischer Parteien begünstigt. Das Prinzip des bundespolitischen Wettbewerbs bleibt als wesentliche Orientierung der Akteure erhalten. Da sich aber die landesspezifischen Rahmenbedingungen verändert haben, treten häufiger Inkongruenzen zwischen den Anforderungen des bundesweiten Parteienwettbewerbs und des Wettbewerbs auf Landesebene auf. Für eine Territorialisierung im Sinne einer ausgeprägten ideologisch unterschiedlichen Profilbildung der Landesparteien lassen sich keine weitergehenden Anzeichen feststellen. Wir haben es hier also mit mindestens vier unterschiedlichen Interaktionsmodi zu tun:

1. einem Wettbewerb zwischen den Parteien auf Bundesebene, der einheitliches Auftreten erfordert,
2. einem Wettbewerb zwischen den Parteien auf Landesebene, der die Berücksichtigung regionaler Themen und Konstellationen erfordert und gleichzeitig in den bundespolitischen Rahmen eingebettet ist,
3. mit innerparteilicher Kooperation auf Bundesebene mit dem Ziel einheitlichen Auftretens,
4. mit innerparteilicher Konkurrenz auf Bundesebene mit dem Ziel das eigene landespolitische Profil zum bundespolitischen Maßstab werden zu lassen.

3. Parteipolitik und Länderinteressen im Bundesrat

Nachdem der Blick auf die Landtagswahlen ein ambivalentes Bild von der Kontinuität bundespolitischer Durchdringung und einem Wandel in Richtung auf mehr landespolitische Dynamik ergeben hat, soll nun ein kurzer Blick auf die Entscheidungsprozesse im Bundesrat weitere Hinweise daraufhin liefern, ob eine „Territorialisierung" des Parteienwettbewerbs besteht. Dabei ist einschränkend zu berücksichtigen, dass der Bundesrat als Bundesorgan der Entscheidungsfindung in bundespolitischen Fragen dient. Zudem wird der Parteienwettbewerb durch die Koordination auf der Verwaltungsebene und existierende Fachbruderschaften relativiert (Scharpf 1989: 68f.). Horizontale Diffusion von Policies zwischen den Ländern kennzeichnet darüber hinaus den kooperativen Föderalismus der Bundesrepublik und trägt zu dessen unitarischer Prägung bei. Sieht man sich die Stimmenverteilung im Bundesrat an, so wird auf den ersten Blick deutlich, dass die Mehrheitsfindung seit der deutschen Einheit nicht einfacher geworden ist und damit auch die Formulierung und Durchsetzung einer bundesweit einheitlichen Parteistrategie erschwert wird.

Abbildung 4: Stimmenverteilung im Bundesrat 1990-2005

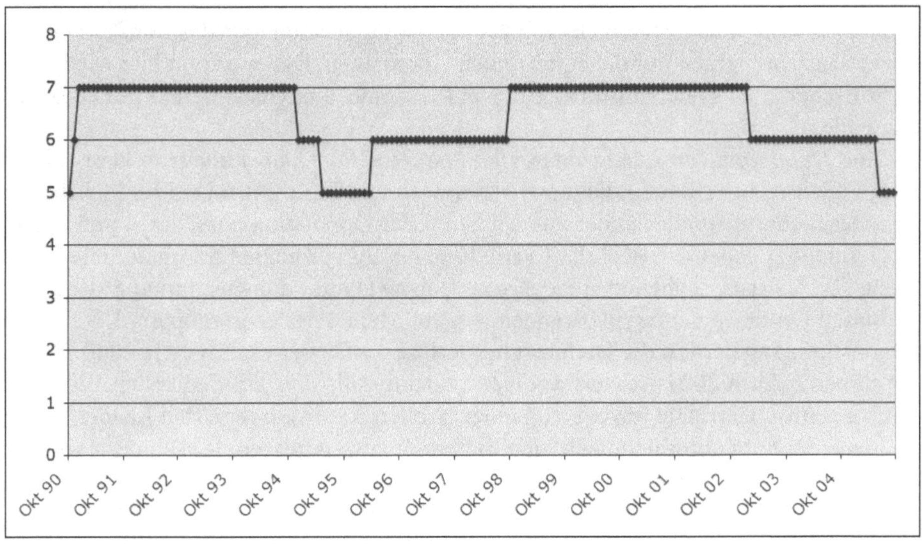

Die Aufteilung orientiert sich an der von 1990 bis 2005 relativ klar gegebenen bundespolitischen Blockbildung zwischen SPD und Grünen auf der einen Seite sowie CDU und FDP auf der anderen Seite. Unter A-Länder werden die SPD-regierten Länder sowie die rot-grünen Koalitionen gefasst, als B-Länder firmieren die CDU-regierten Länder einschließlich der CDU-FDP-Koalitionen. Als C-Länder werden alle Koalitionen kategorisiert, an denen eine Partei aus dem Regierungs- und dem Oppositionslager beteiligt ist. SPD-PDS-Koalitionen fallen in diese Gruppe, auch wenn hier keine Konsensfindung zwischen den genannten Blöcken erforderlich ist, sondern Kompromissfindung mit einer im Bund ausschließlich als Opposition auftretenden Partei. Die von der PDS tolerierten Minderheitsregierungen in Sachsen-Anhalt zählen hingegen als A-Länder, da die PDS als tolerierende Fraktion keinen unmittelbaren Einfluss auf das Verhalten der Landesregierung im Bundesrat hatte. Koalitionen mit regionalen Parteien wie in Hamburg 1993-1997 und 2001-2004 werden der jeweils führenden Partei SPD bzw. CDU zugerechnet, da die Partner (Statt-Partei und Schill-Partei) zu keinem Zeitpunkt in der Legislaturperiode im Bundestag vertreten waren.

Die Zahl der C-Länder lag im größten Teil des Untersuchungszeitraums bei drei bis fünf Ländern. Ihr Anteil an den Stimmen im Bundesrat stieg zeitweise bis auf mehr als ein Drittel der Stimmen an. Damit wird es sehr viel schwieriger, eine einheitliche parteipolitische Frontstellung der Blöcke von Regierungsmehrheit und Opposition auf Bundesebene aufrecht zu erhalten. Die Stimmenverteilung und Koalitionskonstellationen im Bundesrat sprechen somit dafür, dass der bundesweite Parteienwettbewerb als Koordinationsmechanismus abgeschwächt wird, während landesspezifische Handlungsorientierungen an Bedeutung gewinnen. Einige Beobachter ziehen daraus die Schlussfolgerung, dass seit der Einheit häufiger denn je länderspezifische Interessen anstelle parteipolitischer Gesichtspunkte für die Entscheidung im Bundesrat ausschlaggebend seien (Sturm 1999: 204; Jeffery 1999b: 159; 1999a: 339; 2002: 183). Für einen vollständigen Überblick über die Entscheidungen des Bundesrates der letzten 15 Jahre fehlen mir die empirischen Grundlagen. Daher erfolgt hier wieder ein kursorischer, aber systematisierter Blick auf einzelne, analytisch bereits gut aufbereitete Fälle.

Eine *Dominanz von Länderinteressen über den Parteienwettbewerb* lässt sich in zwei Fällen recht eindeutig diagnostizieren: wenn im Falle gegenläufiger Mehrheiten ein oder mehrere Bundesländer aus der Front der Opposition ausscheren und einem Regierungsvorhaben zur Mehrheit verhelfen, häufig verbunden mit materiellen Vorteilen für das entsprechende Bundesland. Beispiele sind die Zustimmung der SPD-geführten Landesregierung in Brandenburg zur Mehrwertsteuererhöhung 1992 sowie die Zustimmung der Länder Bremen und Berlin zum Steuerreformgesetz 2000. Schon die Rentenreform 2001 ist weit weniger eindeutig, als dies auf den ersten Blick der Fall zu sein scheint: Die jeweils von einer Großen Koalition regierten Länder Berlin und Brandenburg stimmten nach inhaltlichen Zugeständnissen der Bundesregierung zu. Damit wichen sie von der Haltung der CDU-Führung auf Bundesebene ab, konnten sich aber auf eine entsprechende Empfehlung des Vorsitzenden des Vermittlungsausschusses Blens (CDU) stützen (Merkel 2003: 264). Dieser CDU-interne Konflikt lässt sich insofern einerseits als Entscheidung der beiden Länder entsprechend ihrer Landesinteressen interpretieren, andererseits spiegelt sich hier der grundsätzliche Dissens über die jeweils gemeinsam einzuschlagende – eher kooperative oder eher konfrontative – Oppositionsstrategie auf Bundesebene (Merkel 2003: 265): Für die letztere Interpretation spricht, dass die CDU-Führung auf Bundesebene das Verhalten der beiden Länder „billigte" (Merkel 2003: 264). Auch bei institutionellen Reformen, bei denen die Länderregierungen geschlossen gegen die Bundesregierung auftreten, kann ein Überwiegen der Landesinteressen über parteipolitische Gesichtspunkte angenommen werden. Dies gilt für die Reform des Art. 23 des Grundgesetzes, mit der die Länder ihre Mitspracherechte auf europäischer Ebene erweitert und institutionell abgesichert haben (Börzel 2000: 239).

Ein *Überwiegen des bundespolitischen Parteienwettbewerbs* wird in den Fällen sichtbar, in denen der Bundesrats-Stimmenführer eines Landes, dessen Koalitionskonstellation vom Bund abweicht, einen Koalitionskonflikt im eigenen Land riskiert, um einem politischen Vorhaben der Bundesregierung zur Mehrheit zu verhelfen: In den letzten Jahren war ein solches Verhalten, das eindeutig gegen die üblichen institutionalisierten Konfliktregelungsmechanismen von Koalitionen verstößt, die bei Dissens Enthaltung im Bundesrat vorsehen, mehrfach zu verzeichnen. Bekanntester Fall ist die Zustimmung von Manfred Stolpe als Ministerpräsident Brandenburgs zum Zuwanderungsgesetz trotz des gleichzeitigen ablehnenden Votums seines Stellvertreters Schönbohm im Bundesrat im März 2002. In Mecklenburg-Vorpommern löste die Zustimmung von Ministerpräsident Ringstorff zur Rentenreform im Mai 2001 eine Koalitionskrise aus, da die PDS diese ablehnte und eine Enthaltung des Landes zuvor verabredet worden war.

Sehr viel häufiger als die oben diskutierten Konstellationen sind Entscheidungssituationen, bei denen sowohl parteipolitische als auch Landesinteressen eine Rolle spielen. Konflikte dieser Art können auch innerhalb einer regierenden Partei oder Koalition auftreten. In diesem Fall greifen in der Regel die internen Koordinationsmechanismen der Parteien, bevor die Konflikte öffentliche Aufmerksamkeit finden wie beim Gesundheitsstrukturgesetz 1993 (Leunig 2003: 784). Ähnlich komplex zuzuordnen sind Konflikte, in denen koalitionsinterne Differenzen, landespolitische Interessen sowie parteipolitische Interessen der Opposition zusammen treffen, wie dies beim Scheitern der Steuerreform 1998/99 der Fall war, die nicht nur als Blockadeerfolg einer einheitlich auftretenden SPD-Opposition im Bundestag und im Bundesrat interpretiert werden kann.[5]

Wagt man auf dieser zugegebenermaßen nicht vollständigen Basis ein vorläufiges Fazit, so könnte man folgende Hypothesen entwickeln, die einer näheren empirischen Analyse zuzuführen wären:

- Landespolitische Interessen werden immer dann dominant, wenn es um die institutionellen und finanziellen Eigeninteressen der Länder geht.
- In anderen, gesellschaftspolitischen Fragen dominiert der bundesweite Parteienwettbewerb. Landesspezifische Profilbildung kommt hier nur in Einzelfällen aufgrund besonderer Klientelinteressen oder traditioneller Prägungen eines Landesverbandes zum Tragen.

Die je nach Thema und Konfliktkonstellation variierende Gewichtung von parteipolitischen und Länderinteressen im Bundesrat ist einerseits Ausdruck von Kontinuität,

5 Vgl. dazu die Kontroverse zwischen Renzsch (2000) und Zohlnhöfer (1999; 2000) in der Zeitschrift für Parlamentsfragen.

andererseits aber auch ein Zeichen des Wandels, der jedoch nicht erst mit der deutschen Einheit begonnen, sondern bereits vorher eingesetzt hat. Dieser drückt sich aus in einer Verringerung kooperativer Haltungen auf Seiten der Länder und in einer verminderten Bereitschaft der Bundesländer zur Solidarität (Jeffery 2002: 182 f.).

4. Fazit

Der Parteienwettbewerb steht nach wie vor unter starker bundespolitischer Prägung. Keine Partei, auch nicht die zunächst nur regional auftretenden, verzichtet auf einen möglichen bundespolitischen Erfolg, da dies die Ebene ist, die die Kompetenzen für zentrale Weichenstellungen besitzt. In dieser Hinsicht wird die Kontinuität des unitarischen Bundesstaates sichtbar. Zugleich hat sich die parteipolitische Akteurskonstellation ausdifferenziert; insofern treten Inkongruenzen zwischen den Anforderungen der Bundespartei und der Landesparteien häufiger auf. Diese Inkongruenz wird durch die Ausdifferenzierung der Länderinteressen gestützt, die sich in erster Linie auf ökonomische Interessen bezieht und nicht erst mit der deutsche Einheit, sondern spätestens seit den 80er Jahren zu beobachten ist. Wegen der finanziellen Relevanz vieler zwischen Bund und Ländern umstrittener Policies entsteht daher das Bild eines föderalen Wettbewerbs, in dem Länder ihre spezifischen Interessen durchsetzen. Diese Konstellation lässt sich jedoch in anderen Politikfeldern in dieser Form nicht beobachten.

So wie das Bild vom „verkappten Einheitsstaat“ immer eine Übertreibung war, die die fortbestehenden landespolitischen Unterschiede verdeckte, ist auch die Vorstellung einer „Territorialisierung“ des Parteienwettbewerbs eine Überzeichnung. Die Verringerung der Homogenität in ökonomischer Hinsicht schlägt sich zwar auch begrenzt im Parteienwettbewerb nieder. Weder in der sozio-politischen, noch in der politisch-kulturellen Dimension lassen sich jedoch territorial begründete Konfliktlinien identifizieren, die im Parteiensystem abgebildet werden. Die Bundesrepublik bleibt im internationalen Vergleich auch nach der deutschen Einheit ein homogenes föderales System, dessen Parteiensystem weitaus mehr von zentripetalen als von zentrifugalen Tendenzen geprägt ist. Die Analyse des Parteienwettbewerbs in der Bundesrepublik tut insofern gut daran, nicht einen der verschiedenen innerparteilichen und intraparteilichen Interaktionsmodi überzubewerten, sondern das Verhältnis von Wettbewerb und Kooperation auf jeder Ebene sowie zwischen den Ebenen jeweils differenziert zu betrachten. Unitarische Ausrichtung und föderale Vielfalt des Parteienwettbewerbs sind gleichermaßen Ausdruck differenzierter Interaktionsmuster und Wettbewerbskonstellationen auf beiden Ebenen des deutschen Bundesstaates.

Literatur

Abromeit, Heidrun, 1992: Der verkappte Einheitsstaat, Opladen.

Benz, Arthur, 2003: Reformpromotoren oder Reformblockierer? Die Rolle der Parteien im Bundesstaat, in: Aus Politik und Zeitgeschichte, B 29-30, S. 32-38.

Benz, Arthur, 2005: Governance in Mehrebenensystemen, in: Gunnar Folke Schuppert (Hrsg.), Governance-Forschung, Baden-Baden, S. 95-120.

Blumenthal, Julia von, 2004: Freie und Hansestadt Hamburg: Das letzte Feierabendparlament, in: Siegfried Mielke/Werner Reutter (Hrsg.), Länderparlamentarismus in Deutschland, Wiesbaden, S. 195-224.

Börzel, Tanja, 2000: Europäisierung und innerstaatlicher Wandel. Zentralisierung und Entparlamentarisierung?, in: Politische Vierteljahresschrift 41, S. 225-250.

Bräuninger, Thomas/Steffen Ganghof, 2005: Parteienwettbewerb im Zweikammernsystem, in: Steffen Ganghof/Philipp Manow (Hrsg.), Mechanismen der Politik, Frankfurt a.M., S. 149-181.

Burkhart, Simone, 2005: Parteipolitikverflechtung. Über den Einfluss der Bundespolitik auf Landtagswahlentscheidungen von 1976 bis 2000, in: Politische Vierteljahresschrift 46, S. 14-38.

Decker, Frank, 2006: Landtagswahlen als bundespolitische „Zwischenwahlen“: Empirische Analyse und institutionelle Konsequenzen, in: Eckhard Jesse/Roland Sturm (Hrsg.), Bilanz der Bundestagswahl 2005, Wiesbaden, S. 259-280.

Decker, Frank/Julia von Blumenthal, 2002: Die bundespolitische Durchdringung der Landtagswahlen. Eine empirische Analyse von 1970 bis 2001, in: Zeitschrift für Parlamentsfragen 33, S. 144-165.

Detterbeck, Klaus/Wolfgang Renzsch, 2003: Multi-Level Electoral Competition: The German Case, in: European Urban and Regional Studies 10, S. 257-269.

Dinkel, Reiner H., 1977: Der Zusammenhang zwischen Bundes- und Landtagswahlergebnissen, in: Politische Vierteljahresschrift 18, S. 348-359.

Dinkel, Reiner H., 1989: Landtagswahlen unter dem Einfluß der Bundespolitik: Die Erfahrung der letzten Legislaturperioden, in: Jürgen W. Falter/Hans Rattinger/Klaus G. Troitzsch (Hrsg.), Wahlen und politische Einstellungen in Deutschland, Frankfurt a.M. u.a., S. 253-262.

Dinkel, Reiner, 1981: Zur Gesetzmäßigkeit der Trendverschiebungen zwischen Landtags- und Bundestagswahlen, in: Zeitschrift für Parlamentsfragen, 12, S. 135-139.

Fabritius, Georg, 1978: Wechselwirkungen zwischen Landtagswahlen und Bundespolitik, Meisenheim am Glan.

Feist, Ursula/Hans-Jürgen Hoffmann, 2001: Die nordrhein-westfälische Landtagswahl vom 14. Mai 2000: Gelbe Karte für Rot-Grün, in: Zeitschrift für Parlamentsfragen 32, S. 124-145.

Görl, Tilo, 2001: Regionalisierung der politischen Landschaft in den neuen Bundesländern am Beispiel der Landtagswahlen 1999 in Brandenburg, Thüringen und Sachsen, in: Zeitschrift für Parlamentsfragen 32, S. 94-123.

Hesse, Konrad, 1962: Der unitarische Bundesstaat, Karlsruhe.

Jeffery, Charlie, 1999a: From Cooperative Federalism to a ‚Sinatra Doctrine‘ of the Länder?, in: Charlie Jeffery (Hrsg.), Recasting German Federalism: The Legacies of Reunification, London, S. 329-342.

Jeffery, Charlie, 1999b: Party Politics and Territorial Representation in the Federal Republic of Germany, in: West European Politics 22, S. 130-166.

Jeffery, Charlie, 2002: German Federalism from Cooperation to Competition, in: Maiken Umbach (Hrsg.), German Federalism. Past, Present, Future, Basingstoke, S. 172-188.

Jeffery, Charlie/Daniel Hough, 2001: Regional Elections in Multi-Level-Systems, in: European Urban and Regional Studies 10, S. 199-212.

Jeffery, Charlie/Daniel Hough, 2003: Landtagswahlen: Bundestestwahlen oder Regionalwahlen, in: Zeitschrift für Parlamentsfragen 34, S. 79-94.

Jesse, Eckhard, 2005: Die sächsische Landtagswahl vom 19. September 2004: Debakel für CDU und SPD gleichermaßen, in: Zeitschrift für Parlamentsfragen 36, S. 80-100.

Kropp, Sabine, 2001: Regieren in Koalitionen, Wiesbaden.

Lehmbruch, Gerhard, 1976: Parteienwettbewerb im Bundesstaat, Stuttgart u.a.

Lehmbruch, Gerhard, 2002: Der unitarische Bundesstaat in Deutschland: Pfadabhängigkeit und Wandel, in: Arthur Benz, Gerhard Lehmbruch (Hrsg.), Föderalismus, Sonderheft der Politische Vierteljahresschrift 32, Wiesbaden, S. 53-110.

Leunig, Sven, 2003: „Öl“ oder „Sand“ im Getriebe? Der Einfluss der Parteipolitik auf den Bundesrat als Veto-Spieler im Gesetzgebungsprozess, in: Zeitschrift für Parlamentsfragen 34, S. 778-791.

Lhotta, Roland/Jörn Ketelhut, 2004: Bremen: Parlamentarismus im Zwei-Städte-Staat, in: Siegfried Mielke/Werner Reutter (Hrsg.), Länderparlamentarismus in Deutschland, Wiesbaden, S. 169-194.

Merkel, Wolfgang, 2003: Institutionen und Reformpolitik: Drei Fallstudien zur Vetospieler-Theorie, in: Berliner Journal für Soziologie, Heft 2, S. 255-274.

Mnich, Peter, 2001: Die schleswig-holsteinische Landtagswahl vom 27.2.2000: Das erste Wählervotum nach der CDU-Finanzaffäre, in: Zeitschrift für Parlamentsfragen 32, S. 171-177.

Müller-Hilmer, Rita, 1999: Die niedersächsische Landtagswahl vom 1. März 1998: Die Kür des Kanzlerkandidaten, in: Zeitschrift für Parlamentsfragen 30, S. 40-55.

Müller-Rommel, Ferdinand, 2003: Die niedersächsische Landtagswahl vom 2. Februar 2003: Denkzettel für Berlin, in: Zeitschrift für Parlamentsfragen 34, S. 689-701.

Pappi, Franz Urban/Axel Becker/Alexander Herzog, 2005: Regierungsbildung in Mehrebenensystemen: Zur Erklärung de Koalitionsbildung in den deutschen Bundesländern, in: Politische Vierteljahresschrift 46, S. 432-458.

Plöhn, Jürgen, 1996: Mehrheitswechsel in Sachsen-Anhalt: Modelfall oder Sackgasse, Frankfurt a.M. u.a.

Reif, Karlheinz, 1985: Ten Second-Order National Elections, in: Ders. (Hrsg.), Ten European Elections, Aldershot, S. 1-36.

Reif, Karlheinz/Hermann Schmitt, 1980: Nine Second-Order National Elections – A Conceptual Framework for the Analysis of European Election Results, in: European Journal of Political Research 8, S. 3-44.

Renzsch, Wolfgang, 2000: Die große Steuerreform 1998/99: Kein Strukturbruch, sondern Koalitionspartner als Vetospieler und Parteien als Mehrebenensysteme, in: Zeitschrift für Parlamentsfragen 31, S. 187-191.

Renzsch, Wolfgang, 2002: Challenges and Perspectives for German Federalism, in: Maiken Umbach (Hrsg.), German Federalism. Past, Present, Future, Basingstoke, S. 189-205.

Rieger, Günter, 2003: Die bayerische Landtagswahl vom 21. September 2003: Banale Sensationen, in: Zeitschrift für Parlamentsfragen 34, S. 702-720.

Roth, Reinhold, 2004: Die Bremer Bürgerschaftswahl vom 25. Mai 2003: Triumph für Henning Scherf und Bestätigung der Großen Koalition, in: Zeitschrift für Parlamentsfragen 35, S. 241-252.

Scharpf, Fritz W., 1989: Der Bundesrat und die Kooperation auf der dritten Ebene, widerabgedruckt in: Ders. (Hrsg.), 1994: Optionen des Föderalismus in Deutschland und Europa, Frankfurt a.M. u.a., S. 59-91.

Schmitt, Karl, 2000: Die Landtagswahlen in Brandenburg und Thüringen vom 5. und 12. September 1999: Landespolitische Entscheidungen im Schlagschatten der Bundespolitik, in: Zeitschrift für Parlamentsfragen 31, S. 43-68.

Schmitt-Beck, Rüdiger, 2000: Die hessische Landtagswahl vom 7. Februar 1999: Der Wechsel nach dem Wechsel, in: Zeitschrift für Parlamentsfragen 31, S. 3-17.

Schmitt-Beck, Rüdiger/Wins, Cornelia, 2003: Die hessische Landtagswahl vom 2. Februar 2003: Erstmals Wiederwahl einer CDU-Regierung, in: Zeitschrift für Parlamentsfragen 34, S. 671-688.

Schultze, Rainer-Olaf/Tanja Zinterer, 2002: Föderalismus und regionale Interessenkonflikte im Wandel: Fünf Fallbeispiele, in: Arthur Benz/Gerhard Lehmbruch (Hrsg.), Föderalismus, Sonderheft der Politische Vierteljahresschrift 32, S. 253-276.

Sturm, Roland, 1999: Party Competition and the Federal System: The Lehmbruch Hypothesis Revisited, in: Charlie Jeffery (Hrsg.), Recasting German Federalim: The Legacies of Reunification, London, S. 197-216.

Winkler, Jürgen R., 2000: Die saarländische Landtagswahl vom 5. September 1999: Die CDU erhält die Macht zurück, in: Zeitschrift für Parlamentsfragen 31, S. 28-42.

Zohlnhöfer, Reimut, 1999: Die große Steuerreform 1998/99: Ein Lehrstück für Politikentwicklung bei Parteienwettbewerb im Bundesstaat, in: Zeitschrift für Parlamentsfragen 30, S. 326-345.

Zohlnhöfer, Reimut, 2000: Der Parteienwettbewerb, die kleinen Koalitionspartner und das Scheitern der Steuerreform. Eine Erwiderung auf Wolfgang Renzsch, in: Zeitschrift für Parlamentsfragen 31, S. 719-724.

Warum ist Reformpolitik in der Bundesrepublik so schwierig? Die Interaktion von Föderalismus, Parteiensystem und Semisouveränität

Andreas Busch

1. Einleitung

Die Debatte um Reformbedarf und Reformprobleme beherrscht den bundesdeutschen politischen Diskurs nun seit etwa einem Jahrzehnt und macht auch gegenwärtig keine Anstalten, von der politischen Agenda zu verschwinden. Seit der durch eine geldpolitische Vollbremsung der Bundesbank ausgelösten Rezession Mitte der 1990er Jahre – die den vereinigungsbedingten Boom nicht zuletzt aufgrund anhaltender Meinungsverschiedenheiten zwischen Regierung und Zentralbank über die Finanzierung der Vereinigungskosten beendete – gibt es einen abstrakten Konsens über die Notwendigkeit von Reformen im politischen System der Bundesrepublik. Doch diesen abstrakten Konsens in konkrete politische Taten umzusetzen, die ein Gefühl der Befriedigung hervorgebracht hätten, gelang seitdem nicht. Die Zustandsbeschreibung einer Gruppe hellsichtiger Autoren, die früh das Thema aufgegriffen hatten, scheint die seitdem vergangene Zeit weitgehend zu charakterisieren: „[Es] macht sich resignierende Unlust breit. Die Bürger sind frustriert, Regierung wie Opposition ohne Elan und ohne Vision. Das meiste wird dem Zufall überlassen. [...] [N]iemand hat ein Konzept. Alle sind gleichermaßen ratlos, keiner scheint sich über die obwaltenden Tatsachen Rechenschaft zu geben, weder in der Welt noch bei uns zu Hause“ (Dönhoff u.a. 1992: 11).

Spätestens seit der Berliner Rede von Bundespräsident Herzog im April 1997 („Durch Deutschland muss ein Ruck gehen“) bezog sich die Reformdiskussion auch auf das politische System selbst – in Gestalt der Frage, ob institutionelle Änderungen vorgenommen werden müssten, um Reformpolitik zu erleichtern. Diese Debatte hat eine ganze Reihe von Vorschlägen hervorgebracht, von denen einige in diesem Beitrag erörtert werden sollen. Diese Vorschläge – von Sozialwissenschaftlern, Personen des öffentlichen Lebens bis hin zur Bundesstaatskommission der 15. Wahlperiode – konzentrierten sich hauptsächlich auf Änderungen am Institutionensystem, insbesondere im Hinblick auf seine föderale Komponente. Während dies in der Diskussion um die perzipierten Reformblockaden eindeutig im Mittelpunkt stand und steht, bringt dieser Beitrag ein doppeltes Argument vor, das die herkömmliche Sichtweise modifizieren möchte: zum einen dass, wer den deutschen Föderalismus hier zum Hauptschuldigen macht und deshalb reformieren möchte, zu kurz springt – da vor allem die Interaktion zwischen föderalen Institutionen und dem Parteiensystem für die gestiegenen Schwierigkeiten bei der Entscheidungsfindung verantwortlich ist; zum anderen, dass selbst eine in dieser Beziehung reformierte Bundesrepublik sich nicht zum „Durchregieren“ eignen würde, da es sich bei ihr um einen in vielerlei Hinsicht „semisouveränen“ Staat handelt, um den von dem deutsch-amerikanischen Politikwissenschaftler Peter Katzenstein vor rund 20 Jahren geprägten Begriff zu gebrauchen. Aus beidem folgt, dass rein institutionelle Änderungen am politischen System den gewünschten Effekt der deutlichen Beschleunigung politischer Entscheidungen und der Erleichterung von Reformpolitik wahrscheinlich verfehlen werden.

Unter Reformpolitik soll dabei eine Politik verstanden werden, die bewusst und aktiv versucht, inhaltliche und/oder institutionelle Änderungen größerer Art vorzunehmen, die jedoch nicht systemverändernder, sondern systemstabilisierender Art sind. Solche Politik hat es phasenweise in der Bundesrepublik vor wie nach der Vereinigung von 1990 gegeben – und zwar sowohl unter christdemokratischer wie unter sozialdemokratischer Führung. Am bekanntesten ist zwar die Phase der „Politik der inneren Reformen“ in der ersten Hälfte der 1970er Jahre[1], aber auch die Spätphase der Regierung Kohl und die „Agenda 2010“-Politik der Schröder-Regierung fallen in diese Kategorie. Die beiden letzteren stehen im Mittelpunkt der Ausführungen.

Dabei gilt das Hauptinteresse der Durchsetzbarkeit solcher Reformen. Oft wird beklagt, dass die Bundesrepublik unter einer „Reformblockade“ leidet, und zwar schon seit längerem. Mit solchen Diagnosen befasst sich der erste Teil des Beitrags, bevor ein zweiter die Frage nach dem Reformhindernis Föderalismus stellt, empirische Fakten präsentiert sowie die Wechselwirkungen mit dem Parteiensystem erörtert. Im dritten Teil wird auf die Aspekte der Semisouveränität eingegangen. Der Schlussteil gibt einen Ausblick gibt und fasst die Diskussion zusammen.

2. Problemdiagnose Reformstau

2.1. Öffentliche Wahrnehmung

Das Wort „Reformstau“ wurde 1997, also vor einem Jahrzehnt, in Deutschland zum Wort des Jahres gewählt – ein Zeichen dafür, wie lange dieses Thema schon auf einem prominenten Platz im öffentlichen Diskurs steht. Aus der damaligen Zeit stammt auch eine prägnante Formulierung der Diagnose durch den früheren BDI-Vorsitzenden Hans-Olaf Henkel: „Rentenreform, Reform des Gesundheitswesens, Steuerreform, Bildungsreform, Rechtschreibreform: kaum ein Land, in dem so viel über Reformen gesprochen wird, so viele Reformvorhaben erarbeitet werden, gleichzeitig aber so wenig und das so langsam bewegt wird wie bei uns.“ Das Ergebnis des politischen Prozesses fasst Henkel wie folgt zusammen: „Einigung auf dem kleinsten gemeinsamen Nenner, Verschleppung von Reformen, Blockade.“ Und er warnt vor den

1 Zu einer Analyse dieser Reformepisode siehe Schmidt: 1978.

Folgen fehlender Reformen: „Wollen wir ein Beben vermeiden, muss aus der blockierten Gesellschaft eine wettbewerbsfähige werden. Deutschland braucht ein 're-engineering'" (Henkel: 1998).

Aus der Diskussion, die einen ersten Höhepunkt in der Spätphase der Regierung Kohl erlebte, entwickelte sich bald eine publizistische Niedergangsindustrie, deren stets neue Produkte rasch die Spitzen der Bestsellerlisten stürmten. Reißerische Titel fragten „Scheitert Deutschland?" (Baring 1997), „Ist Deutschland noch zu retten?" (Sinn 2003) oder machten den „Abstieg eines Superstars" (Steingart 2004) aus. Das führende Nachrichtenmagazin der Republik konstatierte u.a. „Die blockierte Republik" (Der Spiegel, 39/2002) und „Die verstaubte Verfassung: Wie das Grundgesetz Reformen blockiert" (Der Spiegel, 20/2003).

Auch ausgewiesene Fachwissenschaftler stellen dem System ein sehr bedenkliches Zeugnis aus. Wolfgang Streeck zum Beispiel spricht in einer Analyse der Bundestagswahl vom 18. September 2005 mit Bezug auf den bundesdeutschen Staat von einem „Zustand der säkularen Erschöpfung", des „Ausgebranntseins" und konstatiert „tiefsitzende Blockade". Und er bezieht das ausdrücklich nicht nur auf die Institutionen des politischen Prozesses, sondern auch auf die politischen Probleme, die sich gegenseitig blockieren (Streeck 2005b).[2]

2.2. Blockadebilanz: die empirischen Fakten

Betrachtet man jedoch die empirischen Fakten, wie sie die Parlamentsstatistik uns präsentiert, ist man zunächst überrascht – die Hypothese von der „blockierten Republik" spiegelt sich nicht in den Zahlen. Denn die Zahl der Gesetze, die pro Legislaturperiode vom Bundesrat blockiert werden, ist keineswegs so hoch, wie man angesichts der angeführten Analysen glauben würde. Ihre Zahl liegt zwar in der 13. und 14. Legislaturperiode (also der letzten Regierung Kohl und der ersten Regierung Schröder) um etwa 50 Prozent über dem Mittel der ersten 45 Jahre der Bundesrepublik; doch ist dies Statistik der kleinen Zahlen. Die entsprechenden Prozentzahlen sind nämlich außerordentlich gering, sie liegen bei 1,9 Prozent bzw. 1,8 Prozent, die langjährigen Durchschnittswerte bei etwa 1,2 Prozent.[3] Mit anderen Worten: Nur knapp über eines von hundert Gesetzen wird letztlich vom Bundesrat blockiert, wenn man die gesamte Lebensdauer der Bundesrepublik betrachtet; und selbst in der Zeit der Blockadediskussion des letzten Jahrzehnts betrifft dies nur knapp eines von fünfzig Gesetzen.

Doch ebenso wie die prozentuale Steigerung die Blockade überzeichnet, läuft die scheinbare Präzision der Zahl der vom Bundesrat blockierten Gesetze Gefahr, We-

2 Zur Diagnose von Blockade siehe beispielsweise auch Bräuninger/König: 1999; oder Zohlnhöfer: 2005.

3 Berechungen des Autors nach Schindler 1999: 2430 f.; Feldkamp u.a. 2005: 578. Vgl. auch die Zahlen bei Stüwe 2004: 29, die nur die Zustimmungsgesetze betrachten und für den Zeitraum von 1949 bis September 2003 auf eine Ablehnungsquote von 2,1 Prozent kommen.

sentliches zu übersehen. Denn zum einen kann es sich bei der zwar geringen absoluten Zahl von nicht verkündeten Gesetzen (10 in der letzten Amtszeit Kohls, 11 in der ersten Schröders) um zentrale Vorhaben der Regierung handeln, deren Blockade das Regierungshandeln empfindlich treffen würde (im ersten Fall waren darunter zwei Anläufe zur Steuerreform und ein Gesundheitsreformgesetz; im zweiten die Reform des Staatsangehörigkeitsrechts und das zumindest nach seinem Namen beeindruckende „Lebenspartnerschaftsgesetzergänzungsgesetz"); zum anderen vernachlässigt diese Art der Messung die vorab im Rahmen des Gesetzgebungsverfahrens (etwa im Vermittlungsausschuss) eingegangenen Kompromisse und unterschätzt somit das Ausmaß, in dem die Regierung auf dem von ihr eigentlich geplanten Pfad blockiert wurde.

3. Reformhindernis Föderalismus?

3.1. Vorschläge zur Beseitigung der Blockaden

Wenn aber wiederholt als zentral empfundenen Reformvorhaben im Bundesrat scheitern, kann es nicht verwundern, dass Rufe nach einer Beseitigung des Reformhindernisses laut werden, in diesem Fall nach einer Modifikation des föderalen Systems. „Wir leiden unter einem nicht funktionierenden Föderalismus", schreibt der schon erwähnte Hans-Olaf Henkel 1998 in seiner Analyse; etwas vorsichtiger formuliert es der langjährige Bundesverfassungsrichter Dieter Grimm in einem Aufsatz in der „Zeit" bereits 1997: „Es lässt sich [...] kaum leugnen, dass der deutsche Föderalismus in seiner jetzigen Gestalt eine Ursache von Politikblockaden ist" (Grimm 1997). Da man, so Grimm, das Politikerverhalten nicht ändern könne, müsse man „bei dem Rahmenbedingungen ansetzen." Und an Vorschlägen zur Veränderung des föderalen Systems hat es daher auch nicht gefehlt.[4] Grimm selbst plädiert für eine Rückführung der Zahl der Zustimmungsgesetze[5] sowie mehr Bereitschaft, neben dem kurzfristigen auch an den mittel- und langfristigen Nutzen zu denken (Grimm 1997). Etwas konkreter war da die Bertelsmann-Kommission „Verfassungspolitik und Regierungsfähigkeit", die im Jahr 2000 vorschlug, Entscheidungen im Bundesrat künftig nur noch mit relativer Mehrheit zu treffen und damit die existierende Prämie auf den Status quo abzuschaffen (Bertelsmann-Kommission Verfassungspolitik & Regierungsfähigkeit 2000: 32 f.). Am selben Punkt setzte ein Vorschlag von Arthur Benz im Rahmen der Bundesstaatskommission an. Benz konstatierte, dass Stimmenthaltung im Bundesrat nicht aus sachlichen Gründen, sondern aus koalitionspolitischen Gründen praktiziert werde. Kollektiven Akteuren (und um solche handelt es sich ja bei den im

4 Siehe neben den hier angeführten Beispielen auch den instruktiven Überblick bei Sturm: 2003.

5 Auch Hans-Olaf Henkel (1998) hatte eine Einschränkung der Zustimmungspflicht „bei eindeutigen Bundesangelegenheiten" gefordert; dass eben diese Eindeutigkeit nicht existiert, sondern partei- und machtpolitisch umstritten ist, erörtert er leider nicht weiter.

Bundesrat abstimmenden Landesregierungsvertretern) stehe aber ein Recht auf Enthaltung bei einem Gesetz, von dem sie auf jeden Fall betroffen seien, nicht zu, weshalb er vorschlug, im Bundesrat Stimmenthaltung bei Zustimmungsgesetzen durch eine Änderung von Art. 52 Abs. 3 GG zu verbieten (Benz 2004).[6] Wohl am weitestgehenden waren die Vorschläge einer Kommission unter Leitung von Otto Graf Lambsdorff, die eine Parlamentarisierung des Bundesrates mit von den Landtagen gewählten Mitgliedern mit freiem Mandat vorsah.[7] Auch das Gegenteil wurde allerdings vorgeschlagen, nämlich das Ende der „ständigen Schwankungen der Mehrheitsverhältnisse im Bundesrat durch eine Art 'Kantonalisierung' der Verfassungspraxis der Bundesländer", wie sie Wilhelm Hennis schon 1990 in einem Aufsatz ins Spiel gebracht hat, eine erzwungene Allparteienregierung.[8]

Auch wenn man seiner Lösungsidee nicht unbedingt zustimmt: Hennis legt mit seinem Vorschlag einer Neutralisierung des Parteienwettbewerbs in den Ländern den Finger auf die richtige Wunde. Denn Vorschläge für eine Reform föderaler Strukturen, die die komplexe Interaktion von Föderalismus und Parteienwettbewerb negieren, zielen am Kern des Problems vorbei. So lautet denn auch das erste hier vorgetragene Argument: Es ist die Interaktion von Parteiensystem und föderalen Strukturen, auf die wir unser Augenmerk legen müssen, wenn wir die Blockadeelemente im deutschen Regierungssystem besser verstehen wollen.

3.2. Regierungsunterstützung im Bundesrat

Gerhard Lehmbruch (1976) hat als einer der ersten vor 30 Jahren auf die Probleme von „Parteienwettbewerb im Bundesstaat" hingewiesen, auf das Spannungsverhältnis von gesamtstaatlich orientierter Kooperation zwischen Bund und Gliedstaaten einerseits und auf Verdrängung angelegter Parteienkonkurrenz andererseits. In diesem Bereich haben sich aber seit der Vereinigung von 1990 deutliche Verschiebungen ergeben, wie im folgenden Abschnitt anhand empirischer Daten dargelegt werden soll.

Betrachtet man die parteipolitische Zusammensetzung des Bundesrates mit Blick auf die Bundesregierung, so kann man genau drei Gruppen unterscheiden:

- Zum einen gibt es Landesregierungen, deren Zusammensetzung der der Bundesregierung entspricht;
- dann gibt es Landesregierungen, die aus Parteien bestehen, die im Bund in der Opposition sind;

6 Siehe hierzu aber auch die Kritik bei Wagschal 2005: 88, der die autonomieschonende Wirkung von Enthaltungen betont und bei der Einführung von Benz' Vorschlag „Koalitionskrisen auf Länderebene vorprogrammiert" sieht.

7 Vgl. Stüwe 2004: 31.

8 Frankfurter Allgemeine Zeitung v. 10. März 1990; wiederabgedruckt in Hennis 1998: 93-106, hier 105.

– und schließlich gibt es Landesregierungen, die „gemischt“ sind, da sie aus Parteien beider Gruppierungen bestehen.

Für ihre Gesetzesinitiativen wird die Bundesregierung davon ausgehen, dass sie sich im Allgemeinen auf die Unterstützung der ersten Gruppe verlassen kann; dass die zweite Gruppe zumeist gegen sie stimmen wird; und dass das Verhalten der dritten Gruppe ungewiss ist. Die Mehrheitsverhältnisse im Bundesrat sind demzufolge für die politischen Erfolgsaussichten der Bundesregierung von großer Bedeutung.

Abbildung 1: Regierungsunterstützung im Bundesrat, 1998–2005

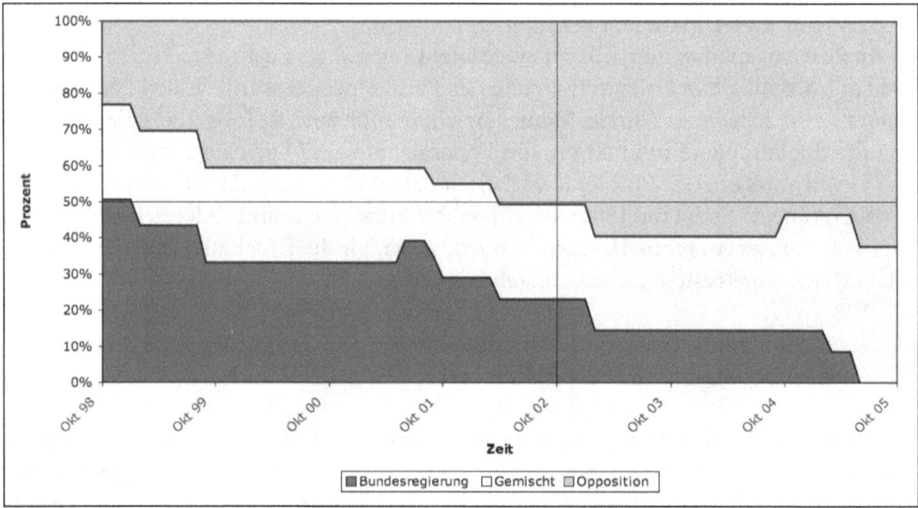

Betrachtet man die sieben Jahre der Regierung Schröder zwischen Herbst 1998 und Herbst 2005, so zeigt Abbildung 1, dass diese beinahe während ihrer gesamten Amtszeit über keine eigene Mehrheit im Bundesrat verfügte.[9] Lediglich die ersten vier Monate war das der Fall – bis zur Landtagswahl in Hessen im Januar 1999. Nach dem April 2002 (nach der Landtagswahl in Sachsen-Anhalt). Die Opposition hatte dann eine eigene Mehrheit im Bundesrat. Und diese Mehrheit wurde in der folgenden Zeit ausgebaut, die Regierung verlor weiter an parteipolitischer Unterstützung, bis schließlich – nach Regierungswechseln in Schleswig-Holstein und Nordrhein-Westfalen – keine einzige Landesregierung mehr von SPD oder SPD und Grünen regiert wurde.

9 Zur Illustration: In dieser Abbildung sind Landesregierungen mit SPD-Alleinregierung oder SPD-Grünen-Koalition als „Bundesregierung“ kodiert, solche mit CDU- oder CSU-Alleinregierung, CDU-FDP-Koalition oder anderen CDU-geführten Koalitionen als „Opposition“, andere Konfigurationen, bei denen ein Partner auf Bundesebene der Regierung und der andere der Opposition angehört (wie SPD-FDP-Koalitionen und SPD-PDS-Koalitionen) als „gemischt“.

Abbildung 2: Regierungsunterstützung im Bundesrat, 1990–1998

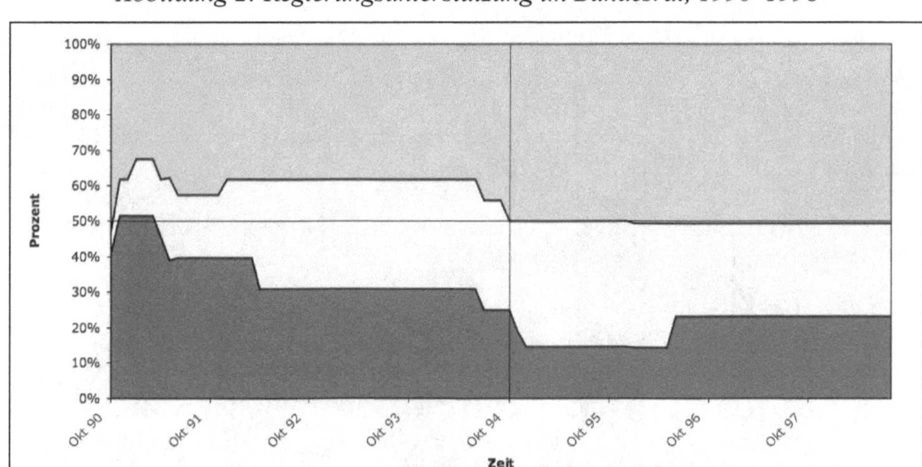

Blickt man zurück auf die Regierungszeit Helmut Kohls nach der Vereinigung (also ab Oktober 1990), so wird ein ziemlich ähnliches Bild sichtbar (Abbildung 2). Auch hier verfügt die Bundesregierung nur für kurze Zeit – fünf Monate, mithin lediglich einen Monat mehr als die Regierung Schröder acht Jahre später – über eine eigene parteipolitische Mehrheit im Bundesrat; danach ist sie auf Unterstützung der Gruppe der „gemischten Landesregierungen" angewiesen, bis die Oppositionsparteien schließlich (ab Januar 1996) eine eigene parteipolitische Mehrheit im Bundesrat haben.

Warum ist das von besonderem Interesse? Wir wissen doch, dass der Bundesrat nicht nur nach parteipolitischen Maßgaben entscheidet, sicher nicht entscheiden soll. Aber er ist in wachsendem Maße – insbesondere bei politischen Schlüsselentscheidungen – in dieser Richtung instrumentalisiert worden. Theodor Eschenburg, ein langjähriger genauer Beobachter, urteilte etwa in seinen Erinnerungen, dass „das Parteienprinzip das Länderprinzip zwar nicht vernichtet", aber „das Übergewicht gewonnen" habe.[10] Dass insbesondere nach der Vereinigung die Umstände dafür günstig waren und dass sich insofern die Bedingungen politischen Handelns verändert haben, soll im Folgenden dargelegt werden.

10 Eschenburg 2000: 254.

Abbildung 3: Regierungsunterstützung im Bundesrat, 1949–2005

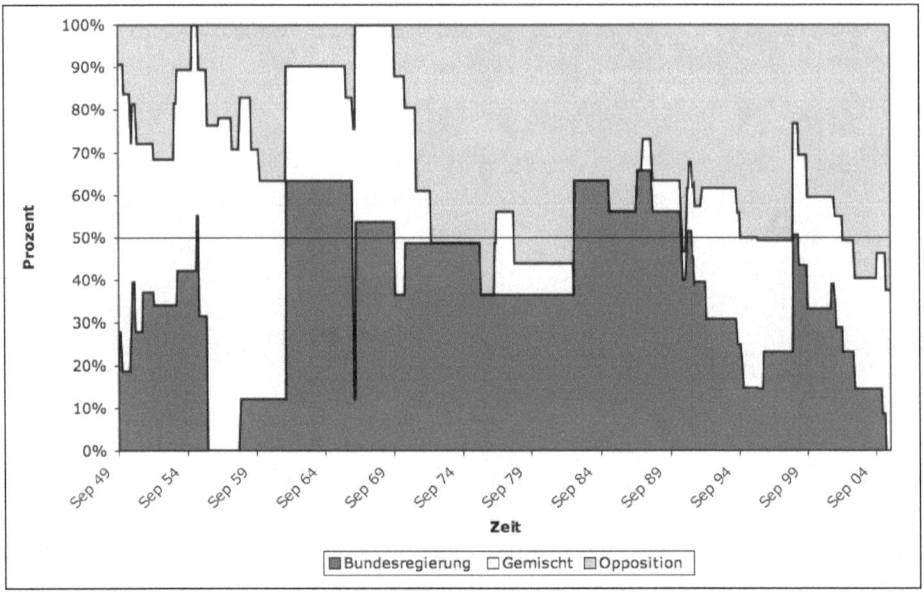

Erweitert man den Zeitraum der eben gezeigten Grafiken auf die gesamte Zeit der Bundesrepublik (d.h. von 1949 bis 2005, siehe Abbildung 3), so wird deutlich, dass Bundesregierungen es über die Jahrzehnte mit sehr unterschiedlichen Konstellationen im Bundesrat zu tun hatten und in sehr unterschiedlichem Maße auf parteipolitische Unterstützung zählen konnten:

- In den 1950er Jahren waren Landesregierungen oft Allparteien-Koalitionen oder übergroße Koalitionen, zu denen man sich angesichts der enormen Aufgaben des Wiederaufbaus zusammenschloss. Nicht weniger als acht Parteien spielten damals eine Rolle, doch die voranschreitende Konzentration des Parteiensystems machte die „Landschaft" langsam übersichtlicher.
- Die 1960er Jahre waren weitgehend gekennzeichnet durch stabile Mehrheiten der Bundesregierung im Bundesrat.
- Nach Antritt der sozial-liberalen Koalition änderte sich das jedoch: Zum einen führt sie zu einer Formalisierung des Themas „Stimmverhalten im Bundesrat" in Koalitionsvereinbarungen – nachdem die in Niedersachsen von 1965 an regierende Große Koalition im Jahr 1970 an dieser Frage gescheitert war; zum anderen kommt es zu einem raschen alignment der Länderkoalitionen mit der Situation im Bundestag: Ab Mai 1972 entsprechen alle Länderregierungen der Regierungs-/Oppositions-Logik im Bund (bis sie im Januar 1977 in Niedersachsen mit einer CDU-FDP-Regierung durchbrochen wird).
- Vor allem aber kommt es zu einer Politisierung des Bundesrates, die die Situation grundlegend ändert. Zunehmend ist das politische Führungspersonal der Opposi-

tion aus den Ländern rekrutiert, und diese nutzt das Rederecht der Bundesratsmitglieder im Bundestag. Als der CDU-Vorsitzende und rheinland-pfälzische Ministerpräsident Kohl dort im November 1975 explizit als Oppositionsführer auftrat (mit den Worten „Ich stehe hier aus eigenem Recht und spreche für meine Freunde von der CDU/CSU Deutschlands"), trug ihm das einen Tadel der Bundestagspräsidentin ein. Ein SPD-Abgeordneter verlangte gar, Kohls Rede aus dem Protokoll zu streichen, da sie rechtswidrig gewesen sei.[11] Gleichzeitig wird in dieser Zeit die wachsende parteipolitische Instrumentalisierung des Bundesrates deutlich, da sich in der Legislaturperiode 1972–1976 die Zahl der Anrufungen des Vermittlungsausschusses verdreifachte.

Abbildung 4: Zahl der Koalitionstypen im Bundesrat, 1990–2005

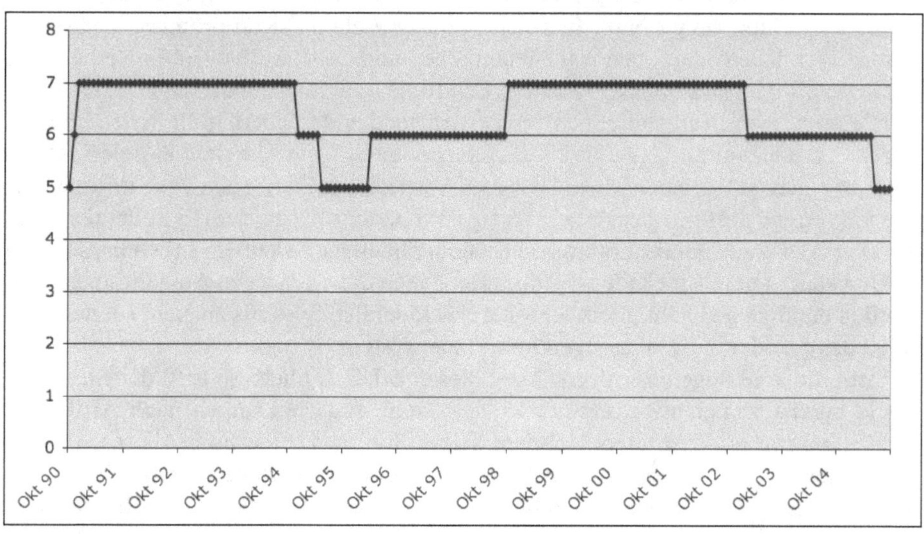

– Abbildung 3 zeigt deutlich, dass sich die Situation nach der Vereinigung 1990 grundlegend ändert. Das hat aber vor allem mit Änderungen im Parteiensystem zu tun – und mit der veränderten „Regierungsfähigkeit" der Parteien: Ab 1990 werden die Grünen Partner in einer Reihe von Landesregierungen (nachdem es zuvor nur kurze Experimente in Hessen und Berlin gegeben hatte). Als Folge steigt die Zahl der Koalitionstypen an:12 Hatte man es in den 1970er und 1980er Jahren im allgemeinen nur mit drei oder vier verschiedenen Koalitionstypen zu tun, so steigt deren Zahl nun auf bis zu sieben, wie Abbildung 4 zeigt. Durch Experimente mit „Ampel-Regierungen" sowie die spezielle Natur des sich herausbildenden ostdeutschen

11 Vgl. Lehmbruch 1998: 150.

12 Auch Alleinregierungen einer Partei werden hier der Einfachheit halber unter dem Begriff „Koalitionstypen" subsumiert, da es nicht auf das Faktum der Koalition, sondern auf die Unterschiedlichkeit der im Bundesrat vertretenen Interessen ankommt.

Drei-Parteien-Systems steigt auch die Zahl der Landesregierungen im Lager der „Gemischten". Deren inhaltliche Divergenz nimmt, nicht zuletzt durch die koalitionspolitische Promiskuität der Sozialdemokratie, zusätzlich zu – und zwischen den programmatischen Präferenzen einer SPD-FDP-geführten und einer SPD-PDS-geführten Landesregierung gibt es nicht unbedingt große Überschneidungen.

Gleichzeitig verändert sich auch das Parteiensystem auf der Bundesebene. Bis dahin hatte es sich (seit Beginn der 1960er Jahre) um ein „Zweieinhalb"-Parteiensystem gehandelt, in dem zwei große Parteien um die Gunst der kleinen FDP warben – was eine zentripetale, auf die Mitte orientierte Dynamik auslöste, die Gordon Smith (1976) als „the politics of centrality" beschrieben hat.

Nach der Vereinigung entstanden zwei politische „Lager", ein bürgerliches aus CDU/CSU und FDP sowie ein linkes aus SPD und Bündnis'90/Grünen, das die Dynamik in Richtung eines Null-Summen-Spiels verschob.[13] Kompromisse wurden da schwieriger, Konfrontationen wahrscheinlicher, und das Resultat war eine erhebliche Erschwernis der Zusammenarbeit zwischen Bundestag und Bundesrat.

Die Logik von „Verhandlungen" zwischen Bund und Ländern kollidierte nun noch stärker als ohnehin mit der Logik der „Konfrontation", wie sie dem Parteienwettbewerb zu eigen ist. Verhandlungen zwischen Vertretern beider Seiten über strittige Vorhaben (von der Reform der Arbeitslosenversicherung bis zu der des föderalen Systems) wurden zwar geführt, führten aber immer häufiger zu keinem Ergebnis, sondern zu Blockade. Diese Blockade ist jedoch, so haben die vorherigen Ausführungen hoffentlich deutlich gemacht, nicht Resultat des föderalen Systems an sich, sondern Resultat der geänderten Bedingungen im Parteiensystem.

Institutionelle Regelungen verstärken diesen Effekt freilich: So trifft der Bundesrat – wie bereits weiter oben angesprochen – seine Entscheidungen nach Artikel 52 Abs. 3 GG mit der absoluten Mehrheit seiner Stimmen. Eine Folge dieses Abstimmungsmodus, der eine absolute Mehrheit für Änderungen erforderlich macht und somit eine Prämie für den Status quo bewirkt, ist, dass Enthaltungen faktisch wie Nein-Stimmen zählen. Da die Landesregierungen in der „gemischten" Gruppe oft Vereinbarungen in ihren Koalitionsverträgen haben, die im Fall der Meinungsverschiedenheit der Koalitionspartner eine Enthaltung im Bundesrat vorsehen, führt das Ansteigen der Zahl dieser Länder zu vermehrten Enthaltungen, unter den gegebenen Regeln aber zu einer Vergrößerung des Stimmenblockes, der Veränderungen des Status quo im Bundesrat ablehnt.

13 Wichtige Faktoren bei dieser Entwicklung waren der Sieg der „Realos" bei den Grünen, deren Zusammengehen mit den Bürgerrechtlern von Bündnis '90 sowie die Orientierung auf das Ziel einer rot-grünen Koalition und schließlich das Auftauchen der PDS auf dem linken Flügel des Parteienspektrums, zu der die meisten prominenten Vertreter des öko-sozialistischen bzw. systemoppositionell-linksradikalen Flügels der Grünen abwanderten.

4. Reformen im semisouveränen Staat

Das zweite Argument, das dieser Beitrag stark macht, lautet: Selbst wenn man den gesamten Bereich des Föderalismus ausblendet, wäre das deutsche Regierungssystem immer noch keines, das sich zum „Durchregieren", wie das Bundeskanzlerin Merkel einmal genannt hat, eignen würde.

Der Grund ist eine charakteristische Konstruktion des bundesrepublikanischen Staates, die dessen Durchsetzungsfähigkeit im Inneren erheblich reduziert. Der deutsch-amerikanische Politikwissenschaftler Peter Katzenstein hat diese Analyse vor 20 Jahren auf den Begriff des „semisouveränen" Staates gebracht (Katzenstein 1987). Katzenstein suchte damals nach einer Antwort auf die Frage, warum den neokonservativen Regierungswechseln in Großbritannien und den USA zu Beginn der 1980er Jahre ein substantieller Politikwechsel gefolgt sei, demjenigen in der Bundesrepublik (zur Regierung Kohl) jedoch nicht. Das hohe Maß an Politikkontinuität, so kann man die heute diagnostizierte Reformblockade auch bezeichnen, war also schon vor mehr als 25 Jahren ein Charakteristikum bundesdeutscher Politik. Und neuere Analysen haben ergeben, dass die Vereinigung und andere Veränderungen an diesen Merkmalen wenig geändert haben: Auch das vereinigte Deutschland ist noch stark von ihnen geprägt, in manchen Bereichen mehr denn je.[14]

Charakteristisch ist dabei, dass der Staat vieles nicht in eigener Verantwortung und selbst ausführt, sondern Aufgaben an relativ unabhängige sogenannte „parastaatliche" Institutionen delegiert hat. Diese schlagen eine Brücke zwischen privatem und öffentlichem Sektor und produzieren Vorteile für beide. Dabei handelt es sich, wie schon Katzenstein (1987: 58) zugesteht, um eine heterogene Ansammlung von konkreten Institutionen einerseits (wie z.B. Bundesanstalt für Arbeit, Wissenschaftsrat, Sachverständigenrat für Wirtschaftsfragen), Klassen von Institutionen (wie Arbeitsgerichte oder private Wohlfahrtsverbände) und sogar abstrakten Prinzipien (wie Mitbestimmung) andererseits. Zusammen bilden sie eine Menge „typisch deutscher" Institutionen, die so in anderen Ländern nicht zu finden sind und die mit wichtigen gesamtgesellschaftlichen Aufgaben betraut sind.

Diese Institutionen sind im Allgemeinen durch drei Dinge gekennzeichnet (Busch 2005: 96):

1. Sie gewähren den oft hochzentralisierten gesellschaftlichen Interessengruppen wie Gewerkschaften und Arbeitnehmer privilegierten Zugang;
2. sie genießen ein ausgeprägtes Maß an Autonomie in ihrer sektoralen Politikproduktion;
3. sie haben ein hohes Maß an Expertise, das das staatlicher Stellen (etwa von Ministerien) oft klar übersteigt.

14 Siehe dazu die bei Green/Paterson (2005) versammelten Analysen.

Zwei Beispiele mögen illustrieren, warum solche parastaatlichen Institutionen dem bundesdeutschen Staat nützen, ihn aber gleichzeitig bei Umsteuerungen (und das heißt auch: bei Reformpolitik) behindern können.

Als nach der Vereinigung die Privatisierung der staatlich kontrollierten DDR-Volkswirtschaft zu bewältigen war, entschied sich die Bundesregierung für eine parastaatliche Lösung in Gestalt der Treuhandanstalt. Zwar ist diese Lösung von einigen Beobachtern als „Fremdkörper" (Wollmann 2001: 40) im politischen System angesehen worden, doch war sie viel eher typisch für die Bundesrepublik und verdeutlichte, dass die Errichtung parastaatlicher Institutionen keine Sache der Vergangenheit war, sondern weiterhin zum Standard-Politikrepertoire der Bundesrepublik gehört. Staatsrechtler haben sie als Institution „singulären Charakters" bezeichnet (Schmidt-Preuß 1997: 862), da sie vom rechtlichen Standpunkt her kein Unternehmen war, sich in ihrem Handeln jedoch nicht wie eine Behörde verhielt. Damit verkörperte sie aber genau jene Brückenfunktion zwischen staatlichem und privatem Sektor, von der weiter oben die Rede war:

- Expertise konnte sich eine solche Institution – mit privatrechtlichen Rekrutierungsmustern – sicher schneller aneignen als ein Ministerium das gekonnt hätte;
- Partizipation war durch die wichtige Rolle des Verwaltungsrates (mit Länder-, Industrie- und Gewerkschaftsvertretern) sichergestellt;
- Autonomie der Treuhandanstalt erfüllt eine wesentliche politische Pufferfunktion für die Regierung, indem sie letztere gegen Kritik an operativen Entscheidungen immun machte, was die Opposition erst zu spät gemerkt hat.

Genau in dieser Pufferfunktion liegt auch der Grund, warum es für den bundesdeutschen Staat attraktiv ist, bestimmte Aufgaben zu delegieren: Die direkte Verantwortlichkeit ist aufgehoben, das politische System ist wie durch Stoßdämpfer von vielen Problemen isoliert. Zugleich bedeutet eine solche Konstruktion aber ein gestiegenes Maß an Trägheit, da es sich nicht so leicht umsteuern lässt, was bei Verfolgung reformpolitischer Absichten negativ sein kann.

Das verdeutlicht das zweite Beispiel, nämlich ein Blick auf den Bereich der Gesundheitspolitik während der ersten Legislaturperiode der Regierung Schröder. Der Gesundheitssektor kann als ein klassisches Beispiel für Semisouveränität im deutschen Regierungssystem angesehen werden (Czada 2005: 182), und dies ist ein Hauptgrund, warum die Reformpläne der Regierung Schröder nicht so umgesetzt werden konnten, wie diese sich das vorgestellt hatte.

Die Beiträge zu den gesetzlichen Krankenversicherungen sind Teil der Lohnnebenkosten, und sie zu senken war für die Regierung Schröder ein zentrales Anliegen. Der Arbeitsmarkt sollte so belebt und die Arbeitslosigkeit gesenkt werden. Daher wurden gesundheitspolitische Maßnahmen ergriffen, die zu einer Senkung der Kassenbeiträge führen sollten: die so genannte „Praxisgebühr" wurde eingeführt, die Zuzahlungen zu Verschreibungen stiegen, insgesamt wurden die Gesundheitskosten für die Patienten erhöht (Hartmann 2003). Die Erwartung der Regierung war, dass die Krankenkassen das dadurch eingesparte Geld zur Senkung der Kassenbeiträge nutzen würden, doch dies trat nicht ein. Die Ausgaben für Arzneimittel sanken zwar substantiell,[15] aber da die Kassen ihre Beiträge nicht senkten, sanken auch die Lohnnebenkosten nicht, wodurch der erhoffte positive Effekt für den Arbeitsmarkt ausblieb.

Im bundesdeutschen System kann die Regierung die Krankenkassen nicht zur Beitragssenkung zwingen, da diese weitgehend unabhängige, wenn auch bestimmten Regeln unterworfene, Körperschaften des öffentlichen Rechts sind. Das ist etwa im britischen System anders – hier ist die Krankenversicherung direkt staatlich geregelt, und die Regierung hat direkte Bestimmungsgewalt über die Beitragssätze, ohne dass weitere Akteure dazwischen geschaltet wären. Aber sie wird im Gegenzug auch direkt für alle Probleme im Gesundheitssystem verantwortlich gemacht – von Wartezeiten für Operationen bis zur ungenügenden Versorgung der Bevölkerung mit Grippeimpfstoff im Herbst. Der bundesdeutsche Staat hingegen ist in der Gesundheitspolitik durch seine Semisouveränität von viel Detailarbeit entlastet; jedoch zahlt er dafür den Preis der Aufgabe direkten Steuerungseinflusses.

Generell gesprochen tauscht das deutsche Regierungssystem also Entlastung bei der Problembearbeitung gegen nur indirekte Einflussnahme. Steuerung ist in ihm natürlich möglich, aber sie wirkt wahrscheinlich eher mittel- bis langfristig als unmittelbar, mit anderen Worten: mit einem hohen Trägheitsmoment. Doch Trägheit ist ein stark wertender Begriff – über lange Zeit war das deutsche System eher (wenn man denselben Sachverhalt positiv wendet) für seine Kontinuität bekannt. Gerade aus britischer Perspektive haben leidgeplagte Kollegen wie Gordon Smith, die in den 1960er und 1970er Jahren eine ganze Reihe abrupter politischer Kehrtwenden und der mit ihnen verbundenen Probleme durchstehen mussten, diese Kontinuität oft bewundert und in ihr das „Effizienzgeheimnis“ deutscher Politik gesehen. Heute scheint die Wertschätzung dieses Charakteristikums hingegen bei den meisten Beobachtern deutscher Politik deutlich gesunken zu sein, und man hätte es gerne etwas rascher. Aber das – aus guten historischen Gründen – auf Kontinuität und Machtverteilung gepolte System ist nur schwer zu ändern. Denn für alle Änderungen müssen ja innerhalb des bestehenden Systems Mehrheiten (und oft sogar: verfassungsändernde Zwei-Drittel-Mehrheiten) gefunden werden. Mag das Grundgesetz auch im internationalen Vergleich zu den eher leicht zu ändernden Verfassungen gehören (Busch 2006) – dass solche Mehrheiten schwer zu organisieren sind, haben die Turbulenzen in der Spätphase der Bundesstaatskommission gezeigt, als bevorstehende Wahlkampfauseinandersetzungen die Einigung an vergleichsweisen Kleinigkeiten scheitern ließen (Scharpf 2005).

5. Schluss

Das bundesdeutsche Regierungssystem wird in der öffentlichen Debatte oft als auf Konsens fussend beschrieben. Dieser Konsens, so lautet der Tenor des Arguments,

15 Vgl. etwa Süddeutsche Zeitung v. 22. November 2004, S. 6.

verzögere klare Entscheidungen und sei deshalb zu kritisieren. Eine besonders scharfe Polemik in dieser Richtung hat vor einigen Jahren Karl-Heinz Bohrer im „Merkur“ verfasst. Sein Aufsatz beginnt mit den Worten „Der Konsens-Staat ist kein Staat.“ Er endet mit der Behauptung, dass „die Konsensideologie der Krebs“ sei, „der am deutschen Gemeinwesen frisst“ (Bohrer 2002: 623, 628). Man mag die Wortwahl dieser Philippika für unglücklich halten – die zugrundliegende Behauptung ist unzweifelhaft populär und wird in der öffentlichen Debatte in Deutschland in Talkshows und Leitartikeln, aber auch von Verbandsvertretern und Intellektuellen beständig wiederholt. Dennoch ist sie falsch, da sie im Kern Konsens und Kompromiss verwechselt. Denn deutsche Politiker sind miteinander nicht signifikant häufiger im Konsens als Politiker miteinander im Wettbewerb liegender Parteien in anderen Ländern – wer Bundestagsdebatten zuhört oder nachliest oder sich die Mühe macht, auf Politikfeldbasis Details der Entscheidungsfindung zu analysieren[16], kann zu keinem anderen Schluss kommen. Aber sie werden von der Verfassungsordnung häufiger als in anderen Ländern zum Kompromiss gezwungen. Die Kompromissfindungsmechanismen, die über den grössten Teil der bundesrepublikanischen Nachkriegsexistenz die Kombination von Stabilität und Steuerungsfähigkeit erlaubt haben, funktionieren jedoch seit mindestens zehn Jahren auf Grund der in diesem Beitrag beschriebenen Veränderungen nicht mehr so gut wie einst.

Die Diskussion um Reformen in der Bundesrepublik beachtet und reflektiert die Kompromissabhängigkeit und das Aufeinanderangewiesensein im politischen System allerdings in keiner Weise. Stattdessen dominieren rhetorische Maximalforderungen nach Reform, werden bange Fragen gestellt und macht man sich Sorgen um die deutsche Zukunft. Kaum eine Fernsehtalkshow, in der sich nicht Prophezeiungen nahenden Untergangs zu überbieten trachten; keine Reform, die nicht sogleich als nicht weitgehend genug eingestuft würde, oder – von ihren Gegnern – als direkter Weg in den Abgrund. Man könnte schulterzuckend über diese Auswüchse von Medien- und Parteienwettbewerb hinweggehen, müsste man nicht fürchten, dass diese Rhetorik das bundesdeutsche Publikum weiter verängstigt, ihm den Mut zu Reformen nimmt, und über Angstsparen weiter zum wirtschaftlichen Abschwung beiträgt.[17] Zudem kann mittel- und langfristig auch die Legitimität des politischen Systems als Ganzem beschädigt werden und die Politikverdrossenheit weiter steigen, wenn die Einschätzung eines zur Problemlösung unfähigen Systems sich maßgeblich ausbreitet.

Reformen brauchen zu ihrer Vermittlung eine passende Sprache, und hier dominiert in Deutschland eher eine Rhetorik der Furcht als eine, die die Chancen von Reform und Wandel betont. Ein gutes Beispiel dafür ist die Rede von Bundespräsident

---

16 Vgl. etwa die bei Egle u.a. (2003) versammelten Analysen der ersten Regierungszeit Schröder, die sehr instruktiv sind.

17 Ausweislich der OECD-Statistik war die bundesdeutsche Sparquote im Jahr 2004 mit 10,5 Prozent des verfügbaren Einkommens die dritthöchste unter den Industrieländern (nach Frankreich und Italien), zweieinhalb mal so hoch wie die britische und beinahe sechsmal so hoch wie die in den Vereinigten Staaten. In den beiden letztgenannten Ländern ist die positive Konjunkturentwicklung der letzten Jahre maßgeblich vom Privatkonsum getragen worden.

Köhler zur Auflösung des Bundestages am 1. August 2005. Der Bundespräsident zeichnet ein sehr düsteres Bild von der Situation der Bundesrepublik:[18] „Unser Land steht vor gewaltigen Aufgaben. Unsere Zukunft und die unserer Kinder stehen auf dem Spiel. Millionen von Menschen sind arbeitslos, viele seit Jahren. Die Haushalte des Bundes und der Länder sind in einer nie dagewesenen, kritischen Lage. Die bestehende föderale Ordnung ist überholt. Wir haben zuwenig Kinder, und wir werden immer älter. Und wir müssen uns im weltweiten, scharfen Wettbewerb behaupten. In dieser ernsten Situation braucht unser Land eine Regierung, die ihre Ziele mit Stetigkeit und mit Nachdruck verfolgen kann."

Lord Ralf Dahrendorf hat in einem Vortrag am Wissenschaftszentrum Berlin für Sozialforschung im Herbst 2005 spekuliert, was Tony Blair die britische Königin unter denselben Umständen hätte sagen lassen – ein Beispiel dafür, wie man den Sachverhalt in eher positive Worte kleiden kann:[19] „Unser Land steht vor gewaltigen Aufgaben. Unsere Zukunft und die unserer Kinder liegen in unserer Hand. Veränderungen in der Welt der Arbeit fordern unsere Phantasie und unsere Fähigkeiten heraus. Die Regierung kann und wird denen helfen, die sich nicht selbst helfen können; aber wir werden unsere Kinder nicht mit Schulden belasten, um uns ein bequemeres Leben zu verschaffen. Auch in der Politik gilt es, Entscheidungen dort, wo die Menschen leben, also dezentral, zu treffen, darum werden wir die föderale Ordnung modernisieren. Eine Gesellschaft, die älter wird, kann auf die reiche Erfahrung ihrer Bürger bauen, weiss aber auch, dass die Förderung der Familie besonders wichtig ist. Der weltweite Wettbewerb ist für uns ein Ansporn zu Innovation und Initiative. In dieser neuen Situation wird meine Regierung die Ziele, die allen Bürgern zugute kommen, mit Stetigkeit und mit Nachdruck verfolgen."

Fast ist man versucht zu spekulieren, ob die von der Bundeskanzlerin in Aussicht genommene Intensivierung der deutsch-britischen Konsultationen vielleicht am besten mit einem Austausch der Redenschreiber beginnen sollte ... Doch auch die Briten sind der Blair'schen Positiv-Rhetorik mittlerweile überdrüssig, und in der Bundesrepublik werden sonnigere Worte allein die Probleme nicht lösen, wenn sie dabei auch helfen könnten.

Substantielle Änderungen – Reformpolitik mithin – ist weiterhin nötig und unter den Bedingungen der Großen Koalition stehen die Chancen dafür vielleicht besser als seit vielen Jahren. Dennoch ist kein Automatismus zu erwarten. In diesem Beitrag wurde argumentiert, dass das bundesdeutsche Regierungssystem auch ohne die Institutionen des kooperativen Föderalismus ein System mit außerordentlich stark gezähmter zentralstaatlicher Macht ist. Diese Zähmung ist in vielerlei Hinsicht durchaus funktional für das politische System, da Problementlastung und eine Pufferung ge-

18 Auch Roman Herzogs bereits erwähnte „Ruck-Rede" stellte vor allem die Größe der zu bewältigenden Aufgabe und der notwendigen Anstrengungen, die Notwendigkeit von Opfern und den Abschied von liebgewonnenen Besitzständen in den Mittelpunkt, betonte daneben allerdings auch positive Standortfaktoren.

19 Mein herzlicher Dank gilt Lord Dahrendorf für die Überlassung der entsprechenden Teile des Manuskripts seiner Rede.

genüber Schocks stattfindet. Doch sie wird erkauft mit dem Preis stark gemäßigter Steuerungsgeschwindigkeit. Bisweilen wird deshalb diagnostiziert, dass die „Zähmung" zu einer „Lähmung" zu werden droht und sich die Semisouveränität vom Vorteil zum Nachteil gewandelt hat (Streeck 2005a).

Des Weiteren wurde in diesem Beitrag deutlich zu machen versucht, dass die Schwierigkeit politischer Reformen in der Bundesrepublik tiefergehende Ursachen hat als dies in der öffentlichen Diskussion oft wahrgenommen und gewürdigt wird. So ist vor allem das föderale System nicht an sich ein Reformhindernis, sondern es hat sich seit 1990 in diese Richtung entwickelt durch Interaktion mit einem sich ändernden Parteiensystem. Wer institutionellen Änderungen das Wort redet, sollte sich dieses Sachverhalts bewusst sein und überprüfen, ob die vorgeschlagenen Änderungen tatsächlich einen Verhaltenswandel bewirken würden. In anderer Terminologie: Es kommt nicht nur auf die bloße Zahl der „Vetospieler" an, sondern auch auf ihre Interaktion.[20] Auch die im Bundestag verhandelte Reform des Grundgesetzes – die weitgehend auf den Ergebnissen der Ende 2004 gescheiterten Vorschläge der Bundesstaatskommission aufbaut – könnte man in dieser Hinsicht darauf überprüfen, ob sie die in sie gesetzten Erwartungen tatsächlich erfüllen wird.

Literatur

Baring, Arnulf, 1997: Scheitert Deutschland? Abschied von unseren Wunschwelten, Stuttgart.

Benz, Arthur, 2004: Abstimmungsverfahren im Bundesrat [= Kommission von Bundestag und Bundesrat zur Modernisierung der bundesstaatlichen Ordnung, Kommissionsdrucksache 0086].

Bertelsmann-Kommission Verfassungspolitik & Regierungsfähigkeit, 2000: Entflechtung 2005: zehn Vorschläge zur Optimierung der Regierungsfähigkeit im deutschen Föderalismus, Gütersloh.

Bohrer, Karl-Heinz, 2002: Der Konsens-Staat, in: Merkur 56, S. 623-628.

Bräuninger, Thomas/Thomas König, 1999: The checks and balances of party federalism: German federal government in a divided legislature, in: European Journal of Political Research 36, S. 207-234.

20 An diesem Punkt ist auch eine Anmerkung zu Wagschal (2005: 84-90) angebracht, der vier institutionelle Reformvorschläge für den Bundesrat anhand von Daten für die Periode von 1949 bis 2004 auf ihre Wirkung durchrechnet und zu dem Schluss kommt, dass drei der vier Vorschläge eine Verbesserung gegenüber dem Status quo bringen würden. Da, wie weiter oben betont, die Interaktion zwischen Parteiensystem und Bundesrat über die Zeit variiert, wäre bei solchen Berechnungen aber eine Unterscheidung nach Subperioden hilfreich. So gibt es nach übereinstimmender Ansicht in der Literatur vor 1969 keine systematischen Versuche der parteipolitischen Instrumentalisierung des Bundesrates, und auch während der Kanzlerschaft Helmut Kohls vor der Vereinigung hat die Regierung eine deutliche Mehrheit in beiden Kammern. Interessante Untersuchungsperioden sollten also die Periode der sozial-liberalen Koalition zwischen 1969 und 1982 sowie die Zeit seit der deutschen Vereinigung sein. Wahrscheinlich würde man zwischen diesen und den anderen Subperioden deutliche Schwankungen bei den Auswirkungen der Reformvorschläge feststellen.

Busch, Andreas, 2005: Shock-absorbers under stress: parapublic institutions and the double challenges of German unification and European integration, in: Simon Green/William E. Paterson (Hrsg.), Governance in contemporary Germany: the semisovereign state revisited, Cambridge, S. 94-114.

Busch, Andreas, 2006: Verfassungspolitik in der Bundesrepublik, in: Manfred G. Schmidt/Reimut Zohlnhöfer (Hrsg.), Regieren in der Bundesrepublik Deutschland: Innen- und Außenpolitik seit 1945, Wiesbaden.

Czada, Roland, 2005: Social Policy: Crisis and Transformation, in: Simon Green/William E. Paterson (Hrsg.), Governance in contemporary Germany: the semisovereign state revisited, Cambridge, S. 165-89.

Dönhoff, Marion/Meinhard Miegel/Wilhelm Nölling/Helmut Schmidt/Richard Schröder/Wolfgang Thierse, 1992: Weil das Land sich ändern muss: ein Manifest, Reinbek bei Hamburg.

Egle, Christoph/Tobias Ostheim/Reimut Zohlnhöfer (Hrsg.), 2003: Das rot-grüne Projekt: eine Bilanz der Regierung Schröder 1998 – 2002, Wiesbaden.

Eschenburg, Theodor, 2000: Letzten Endes meine ich doch. Erinnerungen 1933–1999, Berlin.

Feldkamp, Michael F./Birgit Ströbel/Peter Schindler, 2005: Datenhandbuch zur Geschichte des Deutschen Bundestages 1994 bis 2003: Eine Veröffentlichung der Wissenschaftlichen Dienste des Deutschen Bundestages, Baden-Baden.

Green, Simon/William E. Paterson, 2005: Governance in contemporary Germany: the semisovereign state revisited, Cambridge.

Grimm, Dieter, 1997: Blockade kann nötig sein, in: Die Zeit v. 10. Oktober 1997, S. 9.

Hartmann, Anja K., 2003: Patientennah, leistungsstark, finanzbewusst? Die Gesundheitspolitik der rot-grünen Bundesregierung, in: Christoph Egle/Tobias Ostheim/Reimut Zohlnhöfer (Hrsg.), Das rot-grüne Projekt. Eine Bilanz der Regierung Schröder 1998–2002, Wiesbaden, S. 259-281.

Henkel, Hans-Olaf, 1998: Wege aus der Blockade: Deutschland braucht ein Re-engineering, in: Frankfurter Allgemeine Zeitung v. 2. Januar 1998, S. 13.

Hennis, Wilhelm, 1998: Auf dem Weg in den Parteienstaat: Aufsätze aus vier Jahrzehnten, Stuttgart.

Katzenstein, Peter J., 1987: Policy and politics in West Germany. The growth of a semisovereign state, Philadelphia.

Lehmbruch, Gerhard, 1976: Parteienwettbewerb im Bundesstaat, Stuttgart.

Lehmbruch, Gerhard, 1998: Parteienwettbewerb im Bundesstaat : Regelsysteme und Spannungslagen im Institutionengefüge der Bundesrepublik Deutschland, 2. Aufl., Opladen.

Scharpf, Fritz W., 2005: No Exit from the Joint Decision Trap? Can German Federalism Reform Itself?, Köln.

Schindler, Peter, 1999: Datenhandbuch zur Geschichte des Deutschen Bundestages 1949 bis 1999: eine Veröffentlichung der Wissenschaftlichen Dienste des Deutschen Bundestages, 3 Bde., Baden-Baden.

Schmidt, Manfred G., 1978: Die "Politik der Inneren Reformen“ in der Bundesrepublik Deutschland 1969–1976, in: Politische Vierteljahresschrift 19, S. 201-253.

Schmidt-Preuß, Matthias, 1997: Die Treuhand-Verwaltung, in: Josef Isensee/Paul Kirchhof (Hrsg.), Handbuch des Staatsrechts der Bundesrepublik Deutschland. Band IX, Heidelberg, S. 857-925.

Sinn, Hans-Werner, 2003: Ist Deutschland noch zu retten?, München.

Smith, Gordon, 1976: West Germany and the Politics of Centrality, in: Government & Opposition 11, S. 387-407.
Steingart, Gabor, 2004: Deutschland. Der Abstieg eines Superstars, München.
Streeck, Wolfgang, 2005a: Industrial Relations: From State Weakness as Strength to State Weakness as Weakness. Welfare Corporatism and the Private Use of the Public Interest, in: Simon Green/William E. Paterson (Hrsg.), Governance in contemporary Germany: the semisovereign state revisited, Cambridge, S. 138–164.
Streeck, Wolfgang, 2005b: A State of Exhaustion. A comment on the German election of September 18 [unveröffentlichtes Manuskript], Köln.
Sturm, Roland, 2003: Zur Reform des Bundesrates: Lehren eines internationalen Vergleiches der Zweiten Kammern, in: Aus Politik und Zeitgeschichte, B 29-30, S. 24-31.
Stüwe, Klaus, 2004: Konflikt und Konsens im Bundesrat: Eine Bilanz (1949 – 2004), in: Aus Politik und Zeitgeschichte, B 50-51, S. 25-32.
Wagschal, Uwe, 2005: Anforderungen, Blockaden und Perspektiven des wohlfahrtsstaatlichen Umbaus, in: Hans Vorländer (Hrsg.), Politische Reform in der Demokratie, Baden-Baden, S. 79-93.
Wollmann, Hellmut, 2001: Die Transformation der politischen und administrativen Strukturen in Ostdeutschland – zwischen "schöpferischer Zerstörung", Umbau und Neubau, in: Hans Bertram/Raj Kollmorgen (Hrsg.), Die Transformation Ostdeutschlands, Opladen, S. 33-52.
Zohlnhöfer, Reimut, 2005: The Politics of German Economic Policy Reform: Electoral Competition under Institutional Pluralism [unveröffentlichtes Manuskript], Berlin.

Neue deutsche Außenpolitik
Mehr Kontinuität als Wandel

Hanns W. Maull

1. Einleitung

„Im positiven Sinne Kontinuität“ versprach in einer seiner ersten öffentlichen Stellungnahmen der frisch designierte neue deutsche Außenminister Frank-Walter Steinmeier für die Außenpolitik der Großen Koalition[1] und rief damit Erinnerungen wach an das Hohelied der Kontinuität, das die Repräsentanten der deutschen Diplomatie nach der Vereinigung 1990 angestimmt und durch die ganze Dekade der 1990er Jahre hindurch mit Emphase vorgetragen hatten. Zunächst war dieses Versprechen natürlich – gewissermaßen als vertrauensbildende Maßnahme – beruhigend gemeint, und angesichts der historischen *incertitudes allemandes* und der Befürchtungen bei Deutschlands Nachbarn, es könnte sich die deutsche Frage in Europa erneut stellen, war das verständlich und richtig. Inzwischen freilich könnte die zitierte Ankündigung der außenpolitischen Kontinuität als Drohung verstanden werden – der Zusatz „im positiven Sinne“ ist hier durchaus verräterisch, deutet er doch an, dass der außenpolitische Kontinuitätskurs der letzten Jahre nicht immer positiv zu werten war und dass eine derartige Politik auch nicht unbedingt und immer „positiv“ zu bewerten sei.

In der Tat ist das empirisch nachgewiesene Überwiegen von Kontinuitätselementen in der deutschen Außenpolitik von 1955 bis 2005 keineswegs selbstverständlich – es bildet im Gegenteil ein politisches Paradox erheblichen Ausmaßes, betrachtet man diese Kontinuität vor dem Hintergrund eines zuerst geteilten, dann vereinten Deutschlands und eines sich gravierend und vor allem in den Jahren des Zusammenbruchs des Ost-West-Gegensatzes auch höchst rasant wandelnden internationalen Umfeldes in Europa und der Welt. Auf die Wiedererlangung nationaler Einheit, auf die Überwindung der europäischen Teilung und eine neue Welt reagierte die deutsche Außenpolitik insgesamt mit einem resoluten: weiter so wie bisher.[2] Gewiss: Die Repräsentanten

1 Vgl. Der Spiegel v. 17. Oktober 2005, S. 26

2 Die wichtigste Abweichung vom alten außenpolitischen Kurs betraf natürlich die wachsende Zahl und Robustheit der Auslandseinsätze der Bundeswehr 1999, bis hin zu Kampfeinsätzen von Bodentruppen (in Form von KSK-Spezialeinheiten) in Afghanistan 2001/2002. Auch diese sicherheitspolitische Umorientierung ist allerdings bei genauerer Analyse sehr viel stärker kontinuitätsbestimmt als Ausdruck einer tief greifenden „Normalisierung“. Diese von mir früh vertretene Einschätzung wird inzwischen in der Forschung breit geteilt. Vgl. hierzu Hanns W. Maull, Germany and the Use of Force: Still a ‘Civilian Power’?, in: Survival, 42 (2000), Heft 2, S. 56-80; Anja Dalgaard-Nielsen, The Test of Strategic Culture: Germany, Pacifism and Preemptive Strikes, in: Security Dialogue 36 (2005), S. 339-359; Regina Karp, The New German Foreign Policy Consensus, in: The Washington Quarterly 29 (2005/6), Heft 1, S. 61-82; Peter

der „neuen“ deutschen Außenpolitik betonten stets auch die neuen Herausforderungen und den Zuwachs an europäischer und weltpolitischer Verantwortung, dem das vereinigte Deutschland nunmehr in einer neuen internationalen Lage gerecht werden müsse, und sie signalisierten damit Einsicht in Anpassungsbedarf wie Bereitschaft zu Anpassungsleistungen. Aber diese Kategorie der „gewachsenen außenpolitischen Verantwortung“ Deutschlands verwies doch zugleich auch auf die Sprache und die überkommenen und übernommenen Leitlinien der alten, bundesdeutschen Außenpolitik, deren diskretes Auftreten und deren verhaltene Rhetorik auch durchaus kluge, aufmerksame Beobachter zu Fehldiagnosen wie der von der „Machtvergessenheit“ der alten BRD verleitet hatte.[3]

2. Kontinuität und Wandel in der deutschen Außenpolitik

2.1. Erweiterung des analytischen Untersuchungsrasters

Die Frage nach „Kontinuität und Wandel“ stand und steht noch immer häufig im Mittelpunkt der politikwissenschaftlichen Analyse der deutschen Außenpolitik seit der Vereinigung.[4] Allerdings ist die analytische Schärfe dieser Kategorien begrenzt, und über die von Charles Hermann eingeführte Unterscheidung von vier unterschiedlichen Erscheinungsformen außenpolitischen Wandels – von der inkrementellen Anpassung des außenpolitischen Verhaltens über Anpassungen in den Instrumenten und Strategien, der Zielsetzungen und Interessensdefinitionen bis hin zur Änderung grundlegender Leitlinien oder außenpolitischer Identität – ist das Bemühen um eine präzisere Bestimmung der Phänomene von Kontinuität und Wandel bislang kaum hinausgekommen.[5] Dieses Grobraster zur Bewertung der Qualität des Wandels erscheint aber zu eng, um die Veränderungen in der deutschen Außenpolitik seit 1990 wirklich angemessen beschreiben, geschweige denn bewerten zu können. Es ist vor diesem Hintergrund auch durchaus verständlich, warum sich die politikwissenschaftlichen Bewertungen der Veränderungen im Einzelnen teilweise drastisch unterscheiden, manchmal

---

Rudolf, The Myth of the „German Way“: German Foreign Policy and Transatlantic Relations, in: Survival 47 (2005), Heft 1, S. 133-152; Pjotr Buras/Kerry Longhurst, The Berlin Republic, Iraq, and the Use of Force, in: European Security 13 (2004), S. 215-245; Kerry Longhurst, Germany and the use of force, The evolution of German security policy 1990-2003, Manchester 2004.

3 Hans-Peter Schwarz, Die gezähmten Deutschen. Von der Machtbesessenheit zur Machtvergessenheit, 2. Aufl., Stuttgart 1985.

4 Exemplarisch hierfür Volker Rittberger (Hrsg.), German Foreign Policy Since Unification, Theories and Case Studies, Manchester 2001; sowie Sebastian Harnisch/Hanns W. Maull (Hrsg.), Germany as a Civilian Power? The Foreign Policy of the Berlin Republic, Manchester 2001.

5 Vgl. hierzu insgesamt Monika Medick-Krakau (Hrsg.), Außenpolitischer Wandel in theoretischer und vergleichender Perspektive. Die USA und die Bundesrepublik Deutschland, Baden-Baden 1999, insbesondere den Beitrag der Herausgeberin.

sogar bei demselben Wissenschaftler in Beiträgen, die innerhalb eines recht kurzen Zeitraums abgefasst wurden.[6]

Im Folgenden soll deshalb versucht werden, die etwas sterile Debatte durch eine Erweiterung des analytischen Untersuchungsrasters zu befruchten und dieses dann an die deutsche Außenpolitik anzulegen; der Untersuchungszeitraum reicht dabei von der Vereinigung bis zum Ende der rot-grünen Koalition im Herbst 2005. Es sei gezeigt, dass das „Neue“ an dieser Außenpolitik nicht in ihren Zielsetzungen, Interessensdefinitionen und in ihren strategischen Leitorientierungen zu finden ist und auch nur sehr begrenzt in ihrem außenpolitischen Stil und ihrer Rhetorik; „neu“ sind vielmehr zum einen der außenpolitische Kontext, zum anderen die Machtgrundlagen der deutschen Außenpolitik und der außenpolitische Prozess. Ich argumentiere, thesenartig zusammengefasst, dass Deutschlands außenpolitischer Kontinuitätskurs nach 1990 seit etwa Mitte der 1990er Jahre

- erkennbar immer weniger durch entsprechende wirtschaftliche und gesellschaftliche Voraussetzungen gedeckt war,
- einem sich rasch und tief greifend verändernden regionalen und weltpolitischen Umfeld immer weniger entsprach und
- im Detail zudem zunehmend an Geschlossenheit und Beständigkeit einbüßte.

Soweit diese Aussagen die Außenpolitik selbst – und nicht ihr inneres und äußeres Umfeld – betreffen, lassen sich meine Beobachtungen und Bewertungen in drei weiteren Thesen präzisieren: Demnach kennzeichnet die Performanz der deutschen Außenpolitik in diesem Zeitraum seit Mitte der 1990er Jahre bis zum Ende der rot-grünen Koalition

- ein Verlust an innerer Geschlossenheit und an Zusammenhalt: Die außenpolitische Aktion ersetzt und verdrängt tendenziell die systematische Außenpolitik;
- die zunehmende Instrumentalisierung durch politische, wirtschaftliche und gesellschaftliche Partikular-Akteure (diese Phänomene bezeichne ich als „Domestizierung“);
- eine „Europäisierung“, die unter dem Strich vor allem deshalb problematische Folgen hat, weil sie die deutsche Außenpolitik zum Attentismus oder zu nationalstaatlichem Aktionismus verleiten kann.

6 Vgl. Gunther Hellmann, Wider die machtpolitische Resozialisierung der deutschen Außenpolitik, Ein Plädoyer für offensiven Idealismus, in: WeltTrends, Heft 42/2004, S. 79-88; ders., Agenda 2020, Krise und Perspektive deutscher Außenpolitik, in: Internationale Politik 58 (2003), Heft 9, S. 39-50 (mit sehr unterschiedlichen Bewertungen ein und desselben Sachverhaltes!).

2.2. Kontinuitäten

Inhaltlich, so argumentiere ich, zeichnet sich die deutsche Außenpolitik durch eine bemerkenswerte, ja geradezu paradoxe Kontinuität aus, lässt man einmal die für die Außenpolitik nach 1990 irrelevante Außenpolitik des zweiten deutschen Staates beiseite. Ein Vergleich der Konturen der westdeutschen Außenpolitik seit 1955 mit den außenpolitischen Absichtserklärungen der neuen Großen Koalition bestätigt, in welchem Maße Kontinuität die normativen Grundlagen und Leitlinien der deutschen Außenpolitik, ihre strategischen Orientierungen, ihre Instrumente und sogar ihre Taktiken im Detail über alle Veränderungen der inneren und äußeren Rahmenbedingungen in diesen 50 Jahren deutscher Außenpolitik kennzeichnet.[7] Ich habe diese sehr spezifische Außenpolitik als Rollenkonzept der Bundesrepublik Deutschland aufgefasst und mit dem Begriff der „Zivilmacht" systematisch zu beschreiben und zu analysieren versucht.[8]

Worin besteht also diese außenpolitische Kontinuität, die die deutsche Außenpolitik auch heute noch zur Außenpolitik einer Zivilmacht macht? Mehrere Ebenen lassen sich hier unterscheiden: Das außenpolitische Rollenkonzept der Bundesrepublik Deutschland umfasst zunächst einen *Kernbestand von Prinzipien und Normen*, die die außenpolitische Identität Deutschlands beschreiben und im Grundgesetz explizit oder implizit festgeschrieben sind. Zu diesem Kernbestand gehört als entscheidendes identitäres Element die Zugehörigkeit zur europäischen und zur transatlantischen Gemeinschaft der westlichen Demokratien, die Verpflichtung auf ein gemeinsames europäisches Politikprojekt und auf internationale Friedenspolitik, die Absage an die totalitäre Gewaltpolitik des NS-Staates, aber auch an die wilhelminische Großmachtspolitik, die Aufgabe der deutschen Sonderwege der Vergangenheit und das Bemühen um aktive Wiedergutmachung, die Orientierung der Außenpolitik am Völkerrecht nicht nur im Sinne seiner Anerkennung, sondern auch als aktives Streben um Vertiefung und Erweiterung der internationale Rechtsordnung und internationaler Organisationen. Das Festhalten an der deutschen Einheit gehörte – bis 1990 – ebenso zu diesem Kernbestand.

Aus diesen Prinzipien und Normen ergeben sich *außenpolitische Leitorientierungen* mit dem Vorrang dreier bilateraler Beziehungen – den deutsch-französischen, den deutsch-amerikanischen und den deutsch-sowjetischen bzw. deutsch-russischen Beziehungen – und auf drei privilegierte institutionelle Handlungszusammenhänge, die Europäischen Gemeinschaften, heute Europäische Union, die NATO und die KSZE/OSZE. Genauer sollte ich vielleicht von „zwei plus eins"–Beziehungen

7 Vgl. Rittberger (Anm. 4); sowie – für die Jahre 1998 bis 2005 – Hanns W. Maull (Hrsg.), Germany's Uncertain Power, Foreign Policy of the Berlin Republic, Houndmills/Basingstoke 2006.

8 Hierzu vor allem Knut Kirste/Hanns W.Maull, Zivilmacht und Rollentheorie, in: Zeitschrift für Internationale Beziehungen 3 (1996), S. 283-312.

sprechen: Sowohl die bilaterale Beziehung zur Sowjetunion bzw. zu Russland als auch der institutionelle Zusammenhang der KSZE/OSZE haben nicht die gleiche Bedeutung und Qualität wie die anderen beiden bilateralen Beziehungen bzw. institutionellen Kontexte. Für die beiden ersteren Beziehungen und Institutionen galt und gilt noch heute das Kompatibilitätsgebot: Vorrangiges Ziel der deutschen Außenpolitik ist es seit 1955, jedes „Entweder–Oder", jede Entscheidungssituation zwischen der Beziehung zu Washington und der zu Paris, zwischen der NATO und der EU zu vermeiden, sie vielmehr in einem „Sowohl – als auch" konstruktiv miteinander zu verknüpfen und daraus auch eigene außenpolitische Gestaltungsspielräume zu gewinnen. Zum Kontinuitätsbefund gehören auf dieser Ebene ebenso andere außenpolitische Leitlinien und Zielsetzungen, wie etwa die Orientierung der deutschen Außenpolitik auf Wohlstands- statt auf Machtziele (das entsprechende Rollenelement ist das des „Handelstaates", das allerdings kein geschlossenes, umfassendes außenpolitisches Rollenkonzept, sondern eben nur einen Ausschnitt eines solchen darstellt), oder der Verzicht auf eine autonome Sicherheitspolitik.

Eine dritte Ebene betrifft schließlich die *Instrumente und die spezifischen Vorgehensweisen* (also die Strategien und Taktiken der deutschen Außenpolitik im Einzelnen). Hierzu zählen die Orientierung der deutschen Außenpolitik auf gemeinsame Interessen und gemeinsame Gewinnchancen zur Überwindung von Konflikten, die Skepsis gegenüber den Gestaltungsmöglichkeiten militärischer Machmittel und die Präferenz für politische Lösungen und für wirtschaftliche statt militärischer Zwangsmaßnahmen, der seit langem geradezu reflexhafte Multilateralismus und die Suche nach rechtlichen und institutionellen Lösungsansätzen zur Bearbeitung politischer Konflikte, der Verzicht auf unilaterale militärische Machtprojektionspotenziale und die systematische Einbettung der Bundeswehr in multilaterale Zusammenhänge, und schließlich als Schlüsselkomponente für die Erfolge der deutschen Diplomatie seit 1955 die systematische Investition in Vertrauensbildung und das Bemühen um politisch effektive Koalitionen unter Einbeziehung insbesondere der kleineren (europäischen) Staaten.

Gewiss verfestigte sich dieses außenpolitische Rollenkonzept, das zunächst primär von Adenauer und seinen Mitarbeitern konzipiert und praktiziert wurde, erst im Verlauf der 1960er Jahre als wirklich „gelernte", also verinnerlichte, personenunabhängige und parteiübergreifende Grundorientierung, als *grand strategy* der bundesdeutschen Außenpolitik, und natürlich vollzogen sich innerhalb dieses Rahmens immer wieder Veränderungen und Anpassungen, die auf veränderte Rahmenbedingungen im Inneren und Äußeren und auf veränderte Anforderungen und Erwartungen der Partner (also des *alter*-Part zum *ego*-Part des außenpolitischen Rollenkonzeptes) reagierten. Über den gesamten Zeitraum der deutschen Außenpolitik hinweg scheinen mir aber nur einige wenige Anpassungen wirklich gewichtig – und auch diese stellen m. E. die grundlegende Kontinuität der bundesdeutschen Außenpolitik als die einer Zivilmacht nicht in Frage. Diese gewichtigen Modifikationen betrafen

- von 1969 bis 1972 die neue Ost- und Deutschlandpolitik,
- die Verlagerung der Prioritäten im Verhältnis Deutschlands zu den USA und zu Frankreich, und schließlich
- die Einsätze der Bundeswehr im Ausland seit 1992 und ihre Beteiligung an den NATO-Interventionen in Bosnien (1994) und im Kosovo (1999).

Die außenpolitischen Alleingänge bzw. das *ganging up* der deutschen Diplomatie mit Paris und Moskau gegen die Bestrebungen der Bush-Administration, Saddam Hussein gewaltsam zu stürzen und den Irak zu demokratisieren, sowie das deutsche Streben nach einem ständigen Sitz im Sicherheitsrat werte ich dagegen nicht als Modifikationen, sondern eher als punktuelle Fehlleistungen der deutschen Außenpolitik: Diese Fehlleistungen bilden (noch?) kein Muster, fügen sich (noch?) nicht zu einer anderen Politik zusammen. Darauf wird später in anderem Zusammenhang zurückzukommen sein.

Sehen wir uns diese gewichtigen Modifikationen genauer an: Inwiefern lassen sie sich als kontinuitäts- und zivilmachtskonform erklären? Die neue Ostpolitik der Regierung Brandt/Scheel leistete zwei wesentliche Beiträge: Sie führte die bundesdeutsche Außenpolitik in den Kontext der gemeinsamen, entspannungsorientierten Außenpolitik des Westens gegenüber der Sowjetunion zurück, zu dem sie im Verlauf der 1960er Jahre durch ihr Beharren auf dem bundesdeutschen Alleinvertretungsanspruch den Anschluss verloren hatte. Diese neue Sicherheits- und Entspannungspolitik des Westens – autoritativ formuliert 1967 im Harmel-Bericht der NATO – entsprang ihrerseits den neuen sicherheitspolitischen und militärischen Gegebenheiten einer komplexen, nuklear definierten Patt-Situation zwischen den Blöcken. Das Einschwenken der bundesdeutschen Ostpolitik auf diese Linie des Bündnisses leistete zugleich einen wichtigen Beitrag zur Verringerung der Spannungen und damit der Kriegsrisiken in Europa und schuf damit Voraussetzungen für den friedlichen Wandel Ende der 1980er Jahre. Die neue Ostpolitik war damit völlig kompatibel mit dem gesamten normativen Kernbestand und mit den bis dahin verfolgten Leitorientierungen der bundesdeutschen Außenpolitik. Die politische Auseinandersetzung um die Ostpolitik entsprang somit *nicht* einer auch nur teilweisen Inkompatibilität mit dem außenpolitischen Rollenkonzept der Zivilmacht, sondern sie hatte andere Ursachen. Zu ihnen zählten die Ideologie des Anti-Kommunismus, unterschiedliche Interpretationen zu den territorialen Implikationen des Einheitsgebotes des Grundgesetzes bezüglich der Grenzen des zu vereinenden Deutschlands und schließlich auch Unterschiede über das „Wie" der neuen Entspannungspolitik. Aus der Sicht des Zivilmachtskonzeptes lag die politische Anerkennung der Oder-Neiße-Grenze und der Nichtigkeit des Münchner Abkommens von 1938 nahe, sie war aber nicht grundsätzlich zwingend; ähnliches gilt natürlich auch für Unterschiede in der Frage der Ausgestaltung im Einzelnen und des Timing der Ostpolitik: Die außenpolitischen Leitlinien und Handlungsvorgaben des Zivilmachtskonzeptes sind nicht präzise und trennscharf genug, um konkrete außenpolitische Entscheidungen eindeutig festzulegen, und sie können und sollen dies auch gar nicht. Anti-Kommunismus und Revanchismus dagegen sind normative Orientierungen, die mit dem Zivilmachts-Konzept eindeutig nicht vereinbar sind; soweit diese Tendenzen in der Debatte um die Ostpolitik auftraten, reflektierten sie politisch virulente, aber nicht mehrheitsfähige Elemente anderer außenpolitischer Rollenkonzepte; sie signalisierten damit auch, dass das neue Rollenkonzept noch nicht vollständig internalisiert war. Somit stellte die neue Ostpolitik keinen Bruch, keine Zäsur dar, sondern viel eher eine Fortentwicklung der Westbindung und eine Aktualisierung der Ost- und der Friedenspolitik Konrad Adenauers, die zugleich – wie wir heute wissen – auch eine realistische Chance für die Realisierung der deutschen Einheit beinhaltete.

Die zweite wichtige Innovation betraf die Verschiebung der relativen Prioritäten in der deutschen Außenpolitik von der Partnerschaft mit den USA zur Partnerschaft mit Frankreich. Diese Verschiebung, die von vielen erst mit dem Aufbrechen der Krise von 2002/2003 bemerkt wurde, reflektierte fundamentale Veränderungen in den externen Rahmenbedingungen der deutschen Außenpolitik, insbesondere den Wegfall der militärischen Bedrohung durch die Sowjetunion, gegen die letztlich nur die USA wirksame Absicherung zu bieten vermocht hatten. Nunmehr aber war die transatlantische Zusammenarbeit zwar weiterhin von großer Bedeutung, die Zusammenarbeit mit Frankreich aber war von existenzieller Bedeutung als notwendige (wenngleich allein noch nicht hinreichende) Voraussetzung dafür, über eine Effektuierung der Außenpolitik der Europäischen Union fundamentale deutsche Interessen realisieren zu können.

Diese Verschiebung der Prioritäten, für die es weitere wichtige Gründe gab, implizierte keineswegs, dass die alte Maxime des „Sowohl – als auch“ inzwischen hinfällig geworden wäre. Tatsächlich haben sich ja auch alle Regierungen seit 1990 bemüht, dieser Maxime zu folgen. Die temporäre Aufgabe dieser Politik des „Sowohl – als auch“ – die dennoch niemals eine Politik der Äquidistanz gewesen war! – durch Gerhard Schröder erwies sich als schwerer, allerdings in erheblichem Maße auch von der Bush-Administration zu verantwortender Fehler. In den Einzelheiten der deutschen Irak-Politik in den Jahren 2002 und 2003 agierte die bundesdeutsche Außenpolitik dabei ungeschickt und bemerkenswert unbekümmert; in der Substanz freilich konnte eine deutsche Außenpolitik, die sich dem Rollenkonzept der Zivilmacht verpflichtet fühlte und auf Kontinuität achten wollte, dem Ansinnen der amerikanischen Außenpolitik – nämlich dem *regime change* per militärischer Intervention – in dieser Situation nicht folgen.[9]

Schließlich die dritte wesentliche inhaltliche Umorientierung der deutschen Außenpolitik: die Einsätze der Bundeswehr auf dem Balkan und in Afrika. Auch diese Anpassung der Sicherheitspolitik an neue, veränderte Rahmenbedingungen und Erwartungen der Partner stellte weder einen Bruch mit den Grundlinien der außenpolitischen Kontinuität noch mit dem Rollenkonzept der Zivilmacht dar. So war die Bundesregierung bereits in den 1960er Jahren zweimal bereit gewesen, die Bundeswehr im Kontext multilateraler Militäroperationen mit Erzwingungscharakter außerhalb

9 Hierzu vor allem Rudolf (Anm. 2).

des NATO-Rahmens und der kollektiven Bündnisverteidigung einzusetzen; es kam zu diesen Einsätzen (in Zypern und im Golf von Akaba) dann allerdings nicht.[10] Die enge Auslegung des Art. 24 GG entstand erst in den 1970er Jahren im Zusammenhang mit amerikanischen Wünschen nach einem deutschen Militärbeitrag zum Vietnam-Engagement der USA. Nach dem Ende des Ost-West-Gegensatzes stellte sich, wie der Golfkrieg 1991 zeigte, die Frage nach militärischen Interventionen in einem neuen Licht: Die deutsche Haltung in diesem Krieg – keine direkte Beteiligung, aber umfangreiche finanzielle Beiträge – und dann die Kriege auf dem Balkan führten zu einer grundsätzlichen Neubewertung von Bundeswehreinsätzen und zum Umbau der Streitkräfte.[11] Diese Neubewertung war das Ergebnis eines langen und politisch mühsamen Lernprozesses, in dem das Verfassungsgericht letztlich die entscheidenden Weichenstellungen vornahm: ein Lernprozess, der zeigte, wie schwer sich die deutsche Außenpolitik damit tat, eine ihrer grundlegenden normativen Prämissen, nämlich ihrer Skepsis gegenüber jeglicher Form militärischer Machtpolitik und speziell gegenüber Einsätzen der Bundeswehr in Europa, zu überprüfen und auch nur teilweise zu korrigieren, obwohl dies andere zentrale Prinzipien der deutschen Außenpolitik – wie die partnerschaftliche Gemeinschaft mit den westlichen Demokratien und das Bekenntnis zur Verarbeitung und, womöglich, der Bewältigung der nationalsozialistischen Vergangenheit – doch nahe legten. Wiewohl die deutsche Beteiligung im Kosovo-Krieg als schwierig zu bewertender Grenzfall gelten mag, sehe ich doch bei keinem der bisherigen Einsätze der Bundeswehr weder das Rollenkonzept der Zivilmacht noch die essentielle Kontinuität der deutschen Sicherheitspolitik in Frage gestellt.[12]

2.3. Ambivalenzen

In den inhaltlichen Leitlinien der deutschen Außenpolitik, in ihrem außenpolitischen Rollenkonzept als Zivilmacht vermag ich also nur Modifikationen, aber keine grundsätzlichen Veränderungen festzustellen. Das ist vor dem Hintergrund der Umbrüche in Europa und der Weltpolitik in diesen Jahren bemerkenswert. Aber natürlich gab und gibt es Ambivalenzen, vermeintliche – und wirkliche. Zu den immer wieder für bedenklich gehaltenen „Eskapaden“ der deutschen Außenpolitik zählte die Anerkennungspolitik gegenüber Slowenien und Kroatien 1991, das Auftreten („Der Auftritt“) Deutschlands in der Irak-Krise 2002/2003 und die Kampagne für einen deutschen Sitz im UN-Sicherheitsrat. Die erste dieser ambivalenten Politiken gehört aus meiner Sicht freilich eher in das Kabinett der politischen Mythologien: Die deutsche Politik

10 Lothar Rühl: Sicherheitspolitik: Nationale Strukturen und multilaterale Verflechtung, in: Wolf-Dieter Eberwein/Karl Kaiser (Hrsg.), Deutschlands neue Außenpolitik, Band 4: Institutionen und Ressourcen. München 1998, S. 87-99 (S. 89).

11 Die beste Studie hierzu ist noch immer die von Nina Philippi, Bundeswehr-Auslandseinsätze als außen- und sicherheitspolitisches Problem des geeinten Deutschland, Frankfurt a.M. 1996.

12 Vgl. hierzu die Referenzen in der Anmerkung 2.

im zerfallenden Jugoslawien war im Kern keineswegs unilateralistisch, sondern multilateral: Bonn drängte innerhalb der Europäischen Gemeinschaft auf die Anerkennung und setzte sich schließlich damit auch durch; lediglich im Vollzug der gemeinsamen Entscheidung preschte die deutsche Diplomatie dann um einige Tage vor. Und in der Substanz entsprach die deutsche Politik in hohem Maße den Anforderungen des Zivilmachts-Rollenkonzeptes wie auch der Lage im ehemaligen Jugoslawien, die von der deutschen Diplomatie besser verstanden wurde als von der britischen, französischen oder amerikanischen. Ziel der deutschen Anerkennungspolitik war es, die aufbrechenden Zerfallskriege durch Internationalisierung einzudämmen und zu beenden und so eine humanitäre Katastrophe zu verhindern. Allerdings beruhte diese Strategie auf einem Bluff: Deutschland war weder bereit noch in der Lage, den nunmehr internationalisierten Konflikt einzudämmen, solange sich die serbische Führung dadurch nicht von ihrer aggressiven Politik der ethno-nationalistischen Expansion und der dazugehörigen Säuberungen abbringen ließ. Denn dann wäre entweder ein militärisches Eingreifen der Staatengemeinschaft erforderlich gewesen (wie es dann ja 1994 auch vorgenommen wurde), oder – problematischer – Waffenlieferungen an die Opfer der serbischen Aggression, um sich wenigstens selbst verteidigen zu können. Beides lehnte Bonn jedoch zu diesem Zeitpunkt für sich selbst ab.

Das Agieren der deutschen Diplomatie in der Irak-Krise 2002/2003 beinhaltete in der Tat an mehreren Stellen problematische Abweichungen von der multilateralistischen Tradition der Zivilmacht.[13] Dies galt insbesondere für die Absage an jegliche Unterstützung von Zwangsmaßnahmen gegen den Irak selbst für den Fall eines legitimierenden Mandates des UN-Sicherheitsrates und für die zeitweilige Blockade von NATO-Schutzvorkehrungen zugunsten der Türkei im Zusammenspiel mit Frankreich. Aber dies waren Einzelaktionen, nicht Ausdruck einer kohärenten, anderen Politik – wie auch die Opposition im Sicherheitsrat gegen den Druck der USA und die „Achse" Paris-Berlin-Moskau im Grunde Luftnummern waren: Berlin erntete so zwar viel Zuspruch und nährte bei manchen Hoffnungen auf eine neue Weltmachtsrolle Deutschlands;[14] tatsächlich allerdings versagte sich Deutschland damit jede Einflussnahme auf den Gang der Dinge, ja: es bemühte sich noch nicht einmal ernsthaft darum, eine klar als gefährlich erkannte Entwicklung abzuwenden, sondern begnügte sich damit, es besser zu wissen und dies nach außen auch nachdrücklich darzustellen.

Das Bemühen um einen deutschen Sitz im Sicherheitsrat schließlich ist zwar aus der Sicht der außenpolitischen Kontinuität wie auch des Rollenkonzeptes der Zivilmacht durchaus vertretbar, wenngleich keinesfalls zwingend. Immerhin: Das Rollen-

13 Vgl. zum Ablauf der Krise insbesondere Elizabeth Pond, The dynamics of the feud over Iraq, in: David M. Andrews (Hrsg.), The Atlantic Alliance Under Stress, US-European Relations after Iraq, Cambridge 2005, S. 30-55; Philip Gordon/Jeremy Shapiro, Allies at War, America, Europe, and the Crisis over Iraq, Washington DC 2004. Die beste Darstellung zum deutsch-amerikanischen Verhältnis in dieser Phase stammt von Stephen F. Szabo, Parting Ways, The Crisis in German-American Relations, Washington DC 2004.

14 So etwa die gewagte und im Nachhinein völlig haltlose These von Gregor Schöllgen, Der Auftritt. Deutschlands Rückkehr auf die Weltbühne, Berlin 2003.

konzept der „Zivilmacht“ beinhaltet ja auch Gestaltungsanspruch, und ein ständiger Sitz im Sicherheitsrat mag dies begünstigen. Entscheidend für die Bewertung dieser Politik aus der Sicht des Zivilmachts-Konzeptes ist allerdings zum einen, *wie* Deutschland im Sicherheitsrat gestalten wollte. Dazu hörte man jedoch aus Berlin im Kontext der Kampagne wenig.[15] Zum anderen gilt es nach der relativen Bedeutung dieses Ziels im Kontext der deutschen Außenpolitik und nach seinen Realisierungschancen zu fragen, um diese Politik zu bewerten, die ja immerhin in erheblichem Maße diplomatische Ressourcen band und – insbesondere bei den kleineren Mitgliedstaaten der EU – beträchtliche Kollateralschäden verursachte. Aus dieser Sicht erscheint das Streben nach einem ständigen Sitz im Sicherheitsrat als eine recht problematische Politik; ihr Scheitern liefert zugleich eine ironische Fußnote zum – angeblichen – Macht- und Bedeutungszuwachs der deutschen Außenpolitik in den letzten Jahren.

Neben diesen – tatsächlichen oder auch nur vermeintlichen – Ambivalenzen des außenpolitischen Handelns der neuen deutschen Diplomatie gab es insbesondere unter der rot-grünen Regierungskoalition Ambivalenzen in der außenpolitischen Rhetorik und im Stil. Auch hier plädiere ich allerdings dafür, die Elemente des Wandels nicht zu überschätzen. So ergab beispielsweise eine quantitativ-qualitative Untersuchung der außenpolitischen Rhetorik der rot-grünen Regierungen von 1998 bis 2004 mit den Kategorien des Zivilmachts-Konzeptes ein Bild erstaunlicher Kontinuität, das dem oben skizzierten, auf der Bewertung außenpolitischen Verhaltens beruhenden Befund entspricht.[16] Das mag auf den ersten Blick überraschend erscheinen: Die rot-grüne Außenpolitik kultivierte ja – insbesondere betraf dies den Bundeskanzler, aber gelegentlich durchaus auch seinen Außenminister – gleichzeitig gezielt und bewusst den Eindruck einer neuen, selbstbewussten und historisch unbefangenen Art und Weise, deutsche Außenpolitik zu betreiben. Nicht wenige Beobachter haben diesen Eindruck aufgegriffen und verbreitet – mit Untertönen begeisterter Zustimmung (Schöllgen) oder Sorge (Hellmann), je nach persönlich-politischer Präferenz. Der statistische Befund erbrachte daneben ein zweites Ergebnis: Auffallend war neben der Kontinuität des Zivilmachts-Rollenprofils hinsichtlich der artikulierten Prinzipien, Normen, Ziele, Interessen und Strategien auch die Verflachung und Verkümmerung dieser Rhetorik: Sie wirkte verkürzt, nicht selten platt, schwammig und wenig engagiert. Hier zeigt sich möglicherweise bereits, dass die Probleme der neuen deutschen Außenpolitik weniger in inhaltlichen oder instrumentellen Wandel zu finden sind als in anderen Bereichen.

15 So implizit deutlich kritisch Ulrich Schneckener, Gerangel um den UN-Sicherheitsrat, Aussichten und Anforderungen für Deutschland, Berlin 2005.

16 Vgl. Christine Streichert, Deutschland als Zivilmacht, Quantitative und qualitative Inhaltsanalyse der deklaratorischen Außenpolitik Deutschlands anhand einer Auswahl an außenpolitischen Reden von Bundeskanzler Gerhard Schröder und Außenminister Joschka Fischer vor dem Hintergrund des Zivilmachtkonzeptes, Untersuchungszeitraum 1998 bis 2004 (= Trierer Arbeitspapiere zur Internationalen Politik, Nr. 11/2005, einsehbar unter http://www.deutsche-aussenpolitik.de/resources/tazip/tazip11.pdf.

Was aber ist dann das eigentlich „Neue“ an der deutschen Außenpolitik der letzten Jahre? Zum ersten hat Deutschland – entgegen einer verbreiteten Einschätzung – seit der Vereinigung keineswegs an Macht und Einfluss gewonnen, sondern verloren. Dafür gibt es viele Gründe, die allerdings teilweise auch selbstverschuldet waren.

3. Die neuen Rahmenbedingungen für die deutsche Außenpolitik im Inneren und Äußeren

3.1. Kontext: Neue Komplexität der Herausforderungen

Macht ist stets eine relationale Kategorie. Die These vom relativen Machtverlust Deutschlands bezieht sich deshalb zunächst auf Phänomene der Umverteilung von Macht im Weltmaßstab und der Machtdiffusion in den internationalen Beziehungen. Aus dieser Sicht schnitt Deutschland relativ besser ab als etwa die Sowjetunion bzw. Russland, aber auch Japan oder Frankreich, jedoch zugleich deutlich schlechter als die USA, China oder Indien, die erhebliche Verbesserungen ihrer Positionen zu verzeichnen hatten. Noch bedeutsamer als die Umverteilung von Macht und Einfluss unter den großen staatlichen Akteuren der Weltpolitik waren für die Bewertung der Entwicklungstendenzen der internationalen Beziehungen Prozesse der Machtdiffusion. Die Aussage, Deutschland habe an Macht und Einfluss verloren, besagt also keineswegs notwendigerweise, dass dies anderen Akteuren in gleichem Maße zugute gekommen sei: Machtdiffusion bedeutet ja für *alle* Akteure eine Verringerung ihrer Chancen, politische Entwicklungen in ihrem Sinne zu beeinflussen. Die rasch zunehmende Komplexität der internationalen Beziehungen impliziert genau dies: Nicht nur Deutschland, sondern sogar die USA oder China haben in diesem Sinne in den letzten Jahren an Macht und Einfluss verloren. Darin steckt eine grundlegende Herausforderung nicht nur für die deutsche Außenpolitik, auf die ich nicht weiter eingehen kann.

3.2. Partner: Verunsicherung und radikale Umorientierung

Das außenpolitische Rollenkonzept der Zivilmacht, das die Bundesrepublik entwickelt und verinnerlicht hat, beruht in erheblichem Maße auf Arbeitsteilung und Spezialisierung: Darin gründen seine Erfolge, aber diese Erfolge sind an spezifische, nichttriviale Voraussetzungen gebunden. Zu diesen Erfolgsbedingungen zählten

- außenpolitische Partner in internationalen Schlüsselpositionen, die bereit sind, das spezifische Rollenkonzept und Rollenverhalten der Zivilmacht zu unterstützen. Für Deutschland waren dies insbesondere die USA und Frankreich, die zwar selbst keine Zivilmächte waren, aber doch bereit und daran interessiert waren, Deutschlands spezifische außenpolitische Orientierung zu befördern und zu unterstützen;
- leistungsfähige internationale Institutionen. Dies betraf traditionell die NATO und die EG, die sich bis 1990 insgesamt als bemerkenswert leistungsfähig erwiesen;

- die Mobilisierung gesellschaftlicher Ressourcen sowie innenpolitische Unterstützung.

Nach dem Ende des Ost-West-Konfliktes in Europa und der deutschen Teilung veränderten sich in allen drei erwähnten Bereichen die Voraussetzungen für eine erfolgreiche Fortführung der alten Außenpolitik. Deutschlands wichtigste Partner – Amerika und Frankreich – gerieten mit ihren alten außenpolitischen Orientierungen selbst unter Druck und sahen sich vor der Notwendigkeit, sich neu auszurichten. Das Ergebnis dieser noch keineswegs abgeschlossenen Neuorientierung waren in beiden Fällen, wenn auch aus unterschiedlichen Gründen, wesentlich schwierigere Partner: die USA, weil die amerikanische Außenpolitik – zumal nach dem 11. September – ihre seit 1945 gepflegte multilaterale Orientierung modifizierte und sich zugleich geographisch neu ausrichtete; Frankreich, weil sein wirtschafts- und gesellschaftspolitisches Modell sich zunehmend als unzulänglich erwies, um die eigenen außenpolitischen Ambitionen zu unterschreiben. Immerhin deutet einiges darauf hin, dass sich Frankreich in diesem Prozess der außenpolitischen Neuorientierung dem Zivilmachts-Rollenkonzept annähern und somit auf Deutschland zubewegen könnte, während sich im Falle Amerikas eher wachsende Inkompatibilität und Distanz abzuzeichnen scheint.

3.3. Institutionen: Nachlassende Bindekraft

Aber nicht nur Deutschlands Partner gerieten nach dem Ende des Ost-West-Konfliktes aus dem Tritt: Auch die internationalen Organisationen, die bis 1990 die deutsche Außenpolitik gestützt und ihren Einfluss begünstigt und multipliziert hatten, zeigten zunehmend Schwäche- und Überlastungssymptome. NATO wie die Europäische Gemeinschaft übernahmen zunächst zwar wichtige Funktionen in der politischer Verankerung des Wandels durch die Erweiterung ihrer Mitgliedschaft, doch belastete dies trotz der Bemühungen um eine parallele Vertiefung insbesondere im Falle der Europäischen Gemeinschaft den Zusammenhalt und die Leistungsfähigkeit dieser Institutionen. Bei der Bearbeitung der neuen Risiken und Bedrohungen, denen sich Deutschland seit 1990 ausgesetzt sah und sieht, erwies sich die NATO nur teilweise als relevant und hilfreich; ihre Funktion als politischer Rahmen für die Erarbeitung einer gemeinsamen sicherheitspolitischen Strategie und der Abstimmung ihrer arbeitsteiligen Umsetzung büßte sie inzwischen ein. Der Europäischen Gemeinschaft – bzw. der Europäischen Union – gelang es zwar, die dadurch entstehenden Lücken und Defizite im Bereich der Außen- und Sicherheitspolitik wenigstens teilweise zu füllen, doch scheint die Geschlossenheit und damit auch die Leistungsfähigkeit der Union als außenpolitischer Akteur in ihrem regionalen Umfeld wie weltweit derzeit noch recht begrenzt.

3.4. Selbstverschuldeter Machtverlust

Aber nicht nur die äußeren, sondern auch die inneren Rahmenbedingungen, die Deutschland als Zivilmacht in der Vergangenheit begünstigten, haben sich verändert. Die Vereinigung war und ist faktisch eine wirtschaftliche Belastung, keine Stärkung Deutschlands. Außerdem hat Deutschland die Chance der Vereinigung nicht genutzt, um die Probleme der gesellschaftlichen Verknöcherung und Verkalkung aufzubrechen, die seit Mitte der 1970er Jahre zunehmend spürbar geworden waren. Damit aber sank nicht nur die relative wirtschaftliche Leistungsfähigkeit Deutschlands, sondern auch und vor allem seine Chance, durch überlegende gesellschaftliche Lösungsmodelle Einfluss auszuüben (das klassische Beispiel für diese Form der Einflussnahme war die Bundesbank als Modell für andere Zentralbanken und für die EZB). Und schließlich leistete sich Deutschlands politische Klasse wie auch die Gesellschaft selbst spätestens seit Mitte der 1990er Jahre eine finanzielle und politische Vernachlässigung des außenpolitischen Sektors und der Diplomatie als Staatskunst, die Folgen für das Gewicht, für den Einfluss und auch für das Machtpotenzial Deutschlands in Europa und in der Welt hatte.[17]

4. Folgen

Die Kritik an Problemen der „neuen" deutschen Außenpolitik, die sich seit etwa Mitte der 1990er Jahre als koalitionsübergreifendes Phänomen abzuzeichnen begannen[18], trägt der Tatsache Rechnung, dass es die neue deutsche Außenpolitik in mancher Hinsicht schwerer hatte als die alte: Es gibt strukturelle Gründe für die außenpolitischen Schwierigkeiten und Probleme, mit denen die deutsche Außenpolitik in den letzten Jahren zu kämpfen hatte, es gibt mildernde Umstände – aber eben auch hausgemachte Ursachen. Ihr gemeinsamer Nenner ist die Vernachlässigung der Außenpolitik als Gestaltungsaufgabe durch die politische Klasse; diese relative Vernachlässigung manifestierte sich in vielfältigen Formen, von denen ich im Folgenden drei herausgreifen will.

17 Unverkennbar beruhte der Erfolg der „alten" deutschen Außenpolitik insgesamt vor allem auf „weichen" Machtressourcen. Aber letztlich lagen die wichtigsten Erfolgsbedingungen in der politisch geschickten Integration und Nutzung *aller* verfügbaren Machtressourcen durch diplomatische Geschicklichkeit und in der systematischen Akkumulation von Einfluss durch Vertrauensbildung, also gewissermaßen in einer „Einfluss-Investitionspolitik".

18 Vgl. hierzu etwa meine Beiträge zu den Jahrbüchern „Die Internationale Politik" der Deutschen Gesellschaft für Auswärtige Politik: Hanns W. Maull, Von der Stagnation in die Krise, in: Wolfgang Wagner u.a. (Hrsg.), Jahrbuch Internationale Politik 2001-2002, München 2004, S. 177-188; ders., Deutsche Außenpolitik in der Krise, in: Wolfgang Wagner u.a. (Hrsg.), Jahrbuch Internationale Politik 2003-2004, München 2006, S. 191-202.

4.1. Das Auseinanderfallen von Aktion und Politik

Der erste Indikator für die Vernachlässigung der außenpolitischen Gestaltungsherausforderungen betrifft den Mangel an Kohäsion (über die verschiedenen Bereiche der Außenpolitik hinweg) und Konsistenz (im Zeitverlauf) deutscher Außenpolitik. Drei Beispiele mögen dies verdeutlichen. Das erste Beispiel betrifft das deutsche Agieren in der Irakkrise. Die Position der Bundesregierung, die einen Regimewechsel in Irak mit militärischen Mitteln ablehnte und sich deshalb dem Ansinnen entzog, den Krieg der USA zu legitimieren, entsprach durchaus dem idealtypischen Rollenkonzept der Zivilmacht. Allerdings hätte die deutsche Außenpolitik aus dieser Sicht versuchen müssen, die amerikanische Politik systematisch zu beeinflussen; sie hat das jedoch nie ernsthaft versucht. Die politischen Gegensätze eskalierten vielmehr erst im Zusammenhang mit dem deutschen Wahlkampf im Sommer 2002 und führten dann zu den bekannten Bemühungen der deutschen Diplomatie, die USA im Sicherheitsrat zu blockieren. Dies war erfolgreich, aber für den Verlauf der Entwicklung irrelevant. Die deutsche Außenpolitik hatte in dieser Situation zwar einzelne Aktionen anzubieten und dezidierte, im deutschen Wahlkampf wie auch weltweit populäre Positionen, aber keine wirklich kohärente Politik zum Umgang mit dem Problem der Herausforderung der UN durch die systematische Weigerung Bagdads, die Auflagen des Sicherheitsrats zu befolgen, und das amerikanische Bestreben, das Regime von Saddam Hussein militärisch zu stürzen. Dass die deutsche Außenpolitik der amerikanischen Politik dabei öffentlich massiv und im Stil denkbar ungeschickt in den Arm fiel, die amerikanischen Militäroperationen dann aber – wie schon im Golfkrieg 1991 – logistisch und nachrichtendienstlich tatkräftig unterstützte, unterstreicht das Bild mangelnder Kohärenz und Konsistenz.

Das zweite Beispiel bildet die Kampagne für einen deutschen Sitz im Sicherheitsrat. Auch hier fällt die mangelnde Kohärenz und Konsistenz einer Politik auf, die ja zunächst eine Absage an das traditionelle deutsche Ziel eines europäischen Sitzes im Sicherheitsrat implizierte. Zugegebenermaßen war und ist ein europäischer Sitz auf absehbare Zeit unrealistisch. Aber es musste doch klar sein, dass diese Kursänderung bei den kleineren Mitgliedsländern der EU erhebliches Unbehagen und Irritationen auslösen würde, dass sich die deutsche Außenpolitik also um diese Staaten intensiv zu bemühen und ihre Kandidatur zugleich inhaltlich mit europäischen und globalen Gestaltungsideen zu begründen haben würde. Davon war aber wenig zu spüren. Zudem hätte sich die deutsche Außenpolitik in dieser Situation fragen müssen, wie realistisch diese Zielsetzung eines ständigen Sitzes im Sicherheitsrat war und wie hoch die damit verbundenen Kosten anzusetzen waren. Faktisch konzentrierte die deutsche Außenpolitik in erheblichem Umfang knappe politische und diplomatische Ressourcen auf dieses Ziel, das viele Experten von Anfang an für wenig realistisch hielten.[19] Sie

19 Hanns W. Maull (Hrsg.), Germany's Uncertain Power. Foreign Policy of the Berlin Republic, Houndmills/Basingstoke 2006.

vernachlässigte damit andere, möglicherweise gewichtigere Gestaltungsaufgaben mit besseren Realisierungschancen.

Das dritte Beispiel liefert das deutsch-französische Verhältnis. Auch hier fehlte es –nicht erst seit der rot-grünen Regierungskoalition – an Kohärenz und Konsistenz. Bereits in den letzten Jahren der Regierung Helmut Kohl war die deutsch-französische Zusammenarbeit aus dem Tritt geraten, und Gerhard Schröder versuchte zunächst, eher Großbritannien als Frankreich als Partner zu kultivieren. Eine enge, systematische und zielführende Zusammenarbeit entstand erst im Vorfeld des 40. Jahrestages des deutsch-französischen Vertragswerkes im Januar 2003 und im Kontext der Irakkrise.[20] Sie nahm problematische Züge an, wie sich etwa im nonchalanten Umgang der beiden Regierungen mit dem Stabilitäts- und Wachstumspakt zeigte, den die deutsche Politik ja ursprünglich gegen erhebliche Widerstände durchgesetzt hatte. Auch die deutsch-französische Partnerschaft wurde über längere Zeiträume hinweg nicht systematisch genug gehegt, gepflegt und nicht hinreichend in den Gesamtzusammenhang der deutschen Außen- und Europapolitik integriert.

4.2. „Domestizierung" der Außenpolitik

Ein weiteres Symptom der Vernachlässigung sind Phänomene der „Domestizierung" in der deutschen Außenpolitik. Damit meine ich die Instrumentalisierung der Außenpolitik durch innenpolitische oder binnengesellschaftliche Akteure und Interessen, genauer: Das Überhandnehmen derartiger Phänomene. Dass Außenpolitik nicht nur dem außenpolitischen Gemeinwohl dient (den „nationalen Interessen"), sondern auch partikuläre Interessen befriedigt, ist vielleicht nicht ideal, aber realistisch – zumal bei gewichtigen und hoch konfliktfähigen Wirtschaftsinteressen. Problematisch wird es erst, wenn die Gewichtungen zwischen Gemeinwohl und Partikularinteressen nicht mehr stimmen, wenn die Verfolgung spezifischer Interessen zu Lasten der allgemeinen, langfristigen außenpolitischen Anliegen geht. Hierfür gibt es – wiederum über die letzten zehn Jahre betrachtet – eine lange Liste von Indizien. Zu den Akteuren, die die deutsche Außenpolitik systematisch bediente, zählen Großunternehmen der Exportbranchen, die Energiewirtschaft und die Automobilindustrie, insbesondere Volkswagen, aber auch die Bundesländer und die öffentlich-rechtlichen Rundfunkanstalten.

4.3. Risiken der „Europäisierung" der Außenpolitik

Das dritte Symptom der Vernachlässigung betrifft die „Europäisierung" der deutschen Außenpolitik. Grundsätzlich ist die Europäisierung der deutschen Außenpolitik nicht nur wünschenswert, sondern auch dringend notwendig, weil Deutschland von nun an

20 Vgl. Georg Koopmann, Leadership oder Krisenmanagement?, in: Dokumente Heft 2/2003, S. 19-34 sowie Hans Stark, The Franco-German Relationship, in: Maull (Anm. 19), S. 109-121.

bestenfalls über eine handlungs- und gestaltungsfähige Europäische Union überhaupt in der Lage sein wird, seine Zukunft außenpolitisch angemessen zu gestalten. Grundsätzlich erfordert dies die Fortentwicklung der Gemeinsamen Außen- und Sicherheitspolitik und der Aufbau einer Gemeinsamen Europäischen Sicherheits- und Verteidigungspolitik. Allerdings stellt sich in diesem Zusammenhang folgendes Problem: Die Gestaltungsfähigkeit der EU als internationaler Akteur ist sehr ungleichmäßig ausgeprägt und beruht weitgehend auf einem einzigen Instrument, dem der Beitrittsperspektive.[21] In vielen Bereichen war und ist die EU nach wie vor nur sehr bedingt gemeinsam handlungsfähig und handlungswillig. Die „Europäisierung" der nationalen Außenpolitiken bedeutet in diesen Bereichen dann tendenziell die Einführung einer weiteren, in ihren Gestaltungsmöglichkeiten sehr begrenzten Politikebene, die sich aber in vielfältiger Weise für andere Zwecke als die der gemeinsamen Problemlösung instrumentalisieren lässt. Dazu gehört der gewollte oder unbeabsichtigte Verzicht auf politische Gestaltung, damit die Blockade: Nationale Außenpolitiken können sich zwar einer effektiven Vergemeinschaftung der Außenpolitik verweigern, sie sind aber selbst nicht mehr wirklich handlungs- und gestaltungsfähig und geraten so leicht zwischen die Scylla des unilateralen Aktionismus aus Frustration oder Geltungsbedürfnis auf der einen und der Charybdis des Attentismus auf der anderen Seite. Beispiele hierfür lieferten in der Vergangenheit die Beziehungen der EU zu den USA, zu Russland und zu China oder die Politikfelder der internationalen Handelsbeziehungen oder der Nichtverbreitung von Massenvernichtungswaffen. Das Ziel einer wirklich gemeinsamen europäischen Außen- und Sicherheitspolitik impliziert ja keineswegs ein Absterben der nationalen Außenpolitiken, sondern lediglich ihren Umbau, ihre systematische Ausrichtung auf eine Effektuierung der EU als weltpolitischem Akteur. Dies ist ein anspruchsvoller, langwieriger und komplexer politischer Prozess, der zwar vielleicht im Einzelnen eine andere, aber sicherlich eher mehr als weniger deutsche Außenpolitik braucht, als dies in den letzten Jahren der Fall war.

21 Hanns W. Maull, Europe and the New Balance of Global Order, in: International Affairs 81 (2005), S. 775 – 799.

Die Europapolitik des vereinten Deutschland zwischen Kontinuität und Wandel
Normalisierung, Pragmatisierung und Routinisierung

Peter Becker

1. Einleitung

Zweifellos begann 1989/90 eine neue Epoche der europäischen Geschichte: Die Nachkriegszeit wurde endgültig beendet und die bipolare Weltordnung des Kalten Krieges beseitigt.[1] In unzähligen Beiträgen wurde diese Diskontinuität als prägender Wesenszug nach der Zeitenwende 1989/90 betont. In der Tat veränderten sich die Rahmenbedingungen und das Koordinatensystem, in dem die deutsche Außen- und Europapolitik agieren muss.[2] Zugleich wuchsen die Anforderungen und die Erwartungen an das vereinte Deutschland. Es sah sich der paradoxen Situation ausgesetzt, dass die deutsche Außen- und Europapolitik den veränderten Rahmenbedingungen Rechnung tragen sollte, ohne allerdings die Kontinuität zu den Grundzügen der deutschen Politik vor 1989/90 in Frage zu stellen. Deshalb wiederholten seit 1990 alle politischen Akteure fast gebetsmühlenartig die Formel von der Kontinuität der deutschen Außen- und Europapolitik.[3] Jedoch erhoben seit 1990 einige Beobachter die

1 Der frühere Bundesaußenminister Joschka Fischer führt in seinem jüngsten Buch aus: „Etwas völlig Neues, Einmaliges scheint sich seit dem Epochenbruch 1989/90 entwickelt zu haben, das sich in einer bisher niemals dagewesenen globalen technologisch-ökonomischen Integration, in der weltweiten Einzelstellung einer Macht ohne Gegengewicht und in einer kaum gekannten machtpolitischen Asymmetrie zwischen staatlichen und nichtstaatlichen Akteuren ausdrückt, um nur einige der neuen Faktoren und Veränderungen zu benennen." Joschka Fischer, Die Rückkehr der Geschichte. Die Welt nach dem 11. September und die Erneuerung des Westens, Köln 2005, S. 154 f.

2 Der dänische Politikwissenschaftler Bertel Heurlin fasste diesen Zusammenhang folgendermaßen zusammen: „Germany is new because Europe is new. And Europe is new because the world is new", in: Germany in Europe in the Nineties, London 1996, S. 44. Ähnlich auch Timothy Garton Ash, Im Namen Europas. Deutschland und der geteilte Kontinent, München/Wien 1993, S. 556: „Doch Deutschlands Lage hatte sich drastisch verändert, und wieder einmal wurde die europäische Frage neu gestellt." Vgl. aus dem breiten Schrifttum zu dieser Frage in der ersten Hälfte der 90er Jahre exemplarisch Paul B. Stares (Hrsg.), Germany and the New Europe, Washington 1992; Hans-Peter Schwarz, Die Zentralmacht Europas. Deutschlands Rückkehr auf die Weltbühne, Berlin 1994; Karl Kaiser, Das vereinigte Deutschland in der internationalen Politik, in: Ders./Hanns W. Maull (Hrsg.), Deutschands neue Außenpolitik, Bd. 1: Grundlagen, München 1994, S. 1-14; Gunther Hellmann, Goodbye Bismarck? The Foreign Policy of Contemporary Germany, in: Mershon International Studies Revue 40 (1996), S. 1-39.

3 Vgl. u.a. Gunter Hellmann, Nationale Normalität als Zukunft? Zur Außenpolitik der Berliner Republik, in: Blätter für deutsche und internationale Politik 39 (1999), S. 837-847. Hellmann schreibt: „Das hervorstechendste Merkmal deutscher Außenpolitik nach 1990 war die Kontinuität der Kontinuitätsrhetorik" (S. 837). Josef Joffe spricht gar von dem vereinten Deutschland

Forderung, die „neue deutsche Ideologie“[4] der Einbettung in ein integriertes Europa und des „attrional“ (Timothy Garton Ash)“ des „höflichen“ (Daniel Vernet) oder des „übertriebenen“ (Jeffrey J. Anderson) Multilateralismus[5] dürfe unter den veränderten internationalen Rahmenbedingungen nicht einfach fortgesetzt werden. Vielmehr sei nun eine eindeutige Festlegung der neuen Prioritäten deutscher Außen- und Europapolitik erforderlich, deren Grundlage die Definition der nationalen Interessen sei.[6] Diese Forderung einer auch machtpolitischen Neuausrichtung wurde in der zweiten Hälfte der 90er Jahre immer lauter geäußert und führte zu einer teilweise kontrovers geführten Debatte über eine „Normalisierung“ der deutschen Außen- und Europapolitik. Die neue Normalität der deutschen Außenpolitik zeige sich, so einige Beobachter, in einem neuen Selbstverständnis und Selbstbewusstsein der deutschen Politik, die sich an der Politik der anderen europäischen Großmächte orientieren müsse. Deutschland habe seine „natürliche“ Führungsrolle in der Europäischen Union einzunehmen und bewusst wahrzunehmen.[7] Mit dem Regierungswechsel im September 1998 sei diese Tendenz zur Normalisierung der deutschen Außenpolitik und die Betonung der nationalen deutschen Interessen verstärkt worden.[8] Die von Bundeskanzler Schröder im Bundestagswahlkampf 2002 benutzte Metapher vom „deutschen Weg“ verstärkte erneut diese Debatten über die Normalisierung der deutschen Außenpolitik, über deutsche Sonderwege und die Betonung deutscher Interessen.[9] Die Vielzahl der Charakte-

---

als der „Inkarnation der Kontinuität“. Vgl. Josef Joffe, Ein Wunderwerk der Kontinuität. Parameter rot-grüner Außenpolitik, in: Blätter für deutsche und internationale Politik 39 (1999), S. 1324-1335, hier S. 1330.

4 Hans-Peter Schwarz, La nouvelle idéologie allemande: „l'Europe“, in: Politique Étrangère 61 (1996), S. 537-552.

5 Siehe Timothy Garton Ash, Germany's choice, in: Foreign Affairs 73 (1994), Nr. 4, S. 65-81, S. 71; Daniel Vernet, Europäisches Deutschland oder deutsches Europa? Deutsche Interessenpolitik in Europa, in: Internationale Politik 52 (1997), Nr. 2, S. 15-22, S. 17; Jeffrey J. Anderson, Hard interests, soft power, and Germany‘s changing role in Europe, in: Peter J. Katzenstein (Hrsg.), Tamed power: Germany in Europe, Ithaca NY 1997, S. 80-107, S. 85.

6 Siehe die sehr frühe und prononcierte Darstellung von Garton Ash (Anm. 5); ebenso aus deutscher Sicht Michael Stürmer, Deutsche Interessen, in: Kaiser/Maull (Anm. 2), S. 39-61; William E. Paterson, Beyond Semi-Sovereignity: The New Germany in the New Europe, in: German Politics 5 (1996), Nr. 2, S. 167-184; Egon Bahr, Deutsche Interessen. Streitschrift zu Macht, Sicherheit und Außenpolitik, München 1998.

7 Vgl. jüngst Hans-Peter Schwarz, Republik ohne Kompass. Anmerkungen zur deutschen Außenpolitik, Berlin 2005.

8 Vgl. Christian Hacke, Die Außenpolitik der Regierung Schröder/Fischer: Zwischenbilanz und Perspektiven, in: Aus Politik und Zeitgeschichte, B 48/2002, S. 7-15; Gunther Hellmann, Deutschland in Europa: Eine symbiotische Beziehung, in: Aus Politik und Zeitgeschichte, B 48/2002, S. 24-31; Adrian Hyde-Price/Charlie Jeffery, Germany in the European Union: Constructing Normality, in: Journal of Common Market Studies 39 (2001), S. 689-717.

9 Vgl. Gunther Hellmann, Von Gipfelstürmern und Gratwanderern: „Deutsche Wege“ in der Außenpolitik, in: Aus Politik und Zeitgeschichte B 11/2004, S. 32- 39; ders. Wider die machtpolitische Resozialisierung der deutschen Außenpolitik. Ein Plädoyer für offensiven Idealismus, in: WeltTrends 12 (1994), Nr. 42, S. 79-88 sowie die zahlreichen Stellungnahmen hierzu unter dem Stichwort „Großmächtiges Deutschland“ in den nachfolgenden Heften WeltTrends, Nr. 43 bis Nr. 46.

risierungen Deutschlands in Europa seit 1990 spiegelt diese Unsicherheit über den künftigen Kurs der deutschen Politik wider. Die beiden markantesten Eckpunkte der Diskussion waren einerseits die Charakterisierung als natürlicher Hegemon bzw. als Großmacht im Zentrum des Kontinents, und andererseits die Rolle Deutschlands als Zivilmacht bzw. gezähmte Macht; die Metaphern schwankten zwischen „Mars und Minerva“.[10]

Es ist dabei nahezu selbstverständlich, dass gerade die deutsche Europapolitik in den Debatten über Kontinuität und Wandel der deutschen Politik höchst umstritten war. In diesem Politikfeld verbinden sich die grundsätzlichen Fragen nach der Positionierung des vereinten Deutschland im europäischen Staatensystem, der fortdauernden Einbindung in die multilateralen Entscheidungsstrukturen und die Unterordnung unter die supranationalen Institutionen der Europäischen Union mit dem grundsätzlichen Rollenverständnis des vereinten Deutschland. Während Thomas Risse auf dem Gebiet der Europapolitik „die geringsten Veränderungen in der Außenpolitik der rot-grünen Bundesregierung“[11] konstatiert, hat Wilhelm Knelangen kürzlich „deutliche Kennzeichen eines Wandels in der deutschen Europapolitik identifiziert“, dessen Grundlage bereits in den neunziger Jahren gelegt worden sei.[12]

Damit rückt die Suche nach der angemessenen Verträglichkeit des vereinten Deutschland in Europa in den Mittelpunkt der Debatten. Oder in Anlehnung an das berühmte, Thomas Mann zugeschriebene Diktum, entwickelt sich das vereinte Deutschland nach 1989 zu einem europäischen Deutschland – oder drängt es zu einem deutschen Europa? Führte der fundamentale Wandel der internationalen Rahmenbedingungen, der Strukturen und Koordinaten deutscher Außen- und Europapolitik und der sich daraus ergebenden Veränderung der relativen Machtposition des vereinten Deutschland in Europa zu einer Veränderung der deutschen Politik innerhalb der Europäischen Union, ihrer Zielsetzungen und Inhalte?

2. Kontinuität und Wandel als analytische Kategorien

Die Erkenntniskategorien von Kontinuität und Wandel sind keine messbaren und damit objektivierbaren Konzepte; es gibt keine allgemein anerkannte Grenze, bei deren Überschreitung Kontinuität in Wandel umschlagen würde. Vielmehr werden beide

10 Vgl. Jeffrey J. Anderson/John B. Goodman, Mars or Minerva? A United Germany in a Post-Cold War Europe, in: Robert O Keohane/Joseph S. Nye/Stanley Hoffmann (Hrsg.), After the Cold War. International Institutions and State Strategies in Europe, 1989-1991, Cambridge, Mass./London 1993, S. 23-62;

11 Thomas Risse, Kontinuität und Wandel: Eine „neue“ deutsche Außenpolitik?, in: Aus Politik und Zeitgeschichte, B 11/2004, S. 24-31, S. 26.

12 Wilhelm Knelangen, Eine neue deutsche Europapolitik für eine andere EU?, in: Aus Politik und Zeitgeschichte, B 38-39/2005, S. 24-30, S. 24 f.

Kategorien subjektiv durch den Beobachter konstruiert[13] und sind also qualitative Kategorien. Sie sind zudem in ihrer Beziehung zueinander zu erfassen; Wandel wird nur vor dem Hintergrund von Kontinuität sichtbar. Beide Kategorien sind eng miteinander verbunden und aufeinander bezogen; sie sind mithin keine Antagonismen oder Alternativen, sondern komplementäre Prozesse, die auch gleichzeitig ablaufen können.[14]

Damit sind beide Begriffe zwangsläufig kontextgebunden und bedürfen zu ihrer Konzeptualisierung der Vergleichsmaßstäbe, um eine Gewichtung und eine Abgrenzung zu ermöglichen. Sowohl die Kategorie des Wandels als auch die komplementäre Kategorie der Kontinuität sind ‚relationale Konzepte'. Um zu einer Bewertung zu gelangen und politischen Wandel sichtbar zu machen, muss der Beobachter demnach Kriterien der Veränderung, der Dynamik oder der Verzögerung anlegen. Der Vergleichmaßstab zur Kategorie des Wandels kann nicht der Stillstand oder eine Momentaufnahme des Status quo sein, sondern vielmehr die Einordnung in Zeitspannen.[15] Dies unterstreicht die Prozesshaftigkeit als weiteres Charakteristikum der beiden Kategorien; auch politischer Wandel ist ein länger andauernder Prozess. Es bedarf also der Kategorisierung und zusätzlicher Indikatoren, um Wandel definieren und identifizieren zu können. Das Kriterium der Zeitdauer, in denen sich Veränderungen vollziehen, ist dabei eng verbunden mit einer zweiten Dimension von Wandel – der Wirkung von Veränderungsprozessen und deren Perzeption. Während kurze Prozesse oder einschneidende Ereignisse in ihren Konsequenzen intensiver wahrgenommen und erfahren werden, wie zum Beispiel Revolutionen, werden langfristige und eher schleichende Veränderungen häufig erst aus einer historischen Distanz als prägende Prozesse des Strukturwandels erkannt.[16] Grundsätzlich können als Kategorien von Wandel drei idealtypische Abstufungen unterschieden werden:

---

13 Vgl. K.J. Holsti, The Problem of Change in International relations Theory, Institute of International relations, The University of British Columbia, Working Paper No. 26, December 1998.

14 Monika Medick-Krakau unterstreicht dies: „Wandel und Kontinuität sind Zwillingskonzepte; das eine kann ohne das andere nicht gedacht werden." Monika Medick-Krakau, Außenpolitischer Wandel: Diskussionsstand –Erklärungsansätze – Zwischenergebnisse, in: Dies. (Hrsg.), Außenpolitischer Wandel in theoretischer und vergleichender Perspektive: Die USA und die Bundesrepublik Deutschland, Baden-Baden 1999, S. 3-31, S. 4; auch Uwe Schmalz, Deutsche Europapolitik nach 1989/90: Die Frage von Kontinuität und Wandel, in: Heinrich Schneider/ Mathias Jopp/Uwe Schmalz (Hrsg.), Eine neue deutsche Europapolitik? Rahmenbedingungen – Problemfelder – Optionen, Bonn 2001, S. 15-68.

15 Vgl. für die ältere geschichtswissenschaftliche Debatte grundlegend Reinhart Koselleck, Wozu noch Historie?, in: Historische Zeitschrift 212 (1972), S. 1-18.

16 Vgl. z.B. Thomas Risse, Identitäten und Kommunikationsprozesse in der internationalen Politik – Sozialkonstruktivistische Perspektiven zum Wandel in der Außenpolitik, in: Medick-Krakau (Anm. 14), S. 33-57, S. 43 ff. Heinrich Schneider differenziert zwischen „ongoing change" und „guided change"; vgl. Heinrich Schneider, Ein Wandel europapolitischer Grundverständnisse? Grundsatzüberlegungen, Erklärungsansätze und Konsequenzen für die politische Bildungsarbeit, in: Mathias Jopp/Andreas Maurer/Heinrich Schneider (Hrsg.), Europapolitische Grundverständnisse im Wandel. Analysen und Konsequenzen für die politische Bildung, Bonn 1998, S. 19-147, S. 98.

a) Diskontinuität als fundamentaler und umfassender Systemwechsel, bei dem die bestehenden Strukturen komplett durch neue ersetzt werden.
b) Transformation als inkrementalistischer Wandel, bei dem die vorhandenen Strukturen in einem längerem Prozess signifikant verändert oder neue Strukturen hinzugefügt werden.
c) Kontinuierlicher Wandel (oder Kontinuität im Wandel), bei dem die bestehenden Strukturen in einem evolutionären Prozess stetig fortentwickelt bzw. an neue Rahmenbedingungen angepasst werden.

Es geht demzufolge bei der Frage nach Kontinuität und Wandel nicht um das „Ob", sondern lediglich um das „Wie" und das „Wieviel" von Wandel. Die Frage nach Kontinuität und Wandel ist dann eine Frage nach Art und Ausmaß von Veränderungen sowie nach der Gewichtung und Differenzierung der angelegten Indikatoren. Die Analyse ist dabei zwangsläufig abhängig vom theoretischen Vorverständnis des Betrachters, der Formulierung der Fragestellung, der Definition der Begrifflichkeiten und der zu Grunde liegenden Untersuchungsannahmen. Weil Wandel und Kontinuität untrennbar zusammenhängende „Zwillingskonzepte" sind und als relationale Analysekategorien nicht ohne eine gegenseitige Bezugnahme über zuvor definierte Zeitspannen gedacht werden können, müssen zunächst zwei Vorfragen beantwortet werden:

a) Welche Referenzpunkte und Indikatoren dienen der „Vermessung" von Kontinuität und von Wandel der deutschen Europapolitik?
b) Welche Zäsur wird angelegt, um die zu analysierenden Zeitspannen methodisch voneinander abzugrenzen bzw. für welche Zeitspannen werden diese Indikatoren untersucht?

Es lassen sich zwei deutliche Zäsuren unterscheiden, die jede für sich Auswirkungen auf die deutsche Außen- und Europapolitik hatten und die aber dennoch jeweils durch ihre unterschiedlichen Ansatzpunkte wie ihre verschiedenartigen Intensitäten gekennzeichnet sind:

1. Die exogene Zäsur der Zeitenwende 1989/90 veränderte die internationalen Rahmenbedingungen für die Gestaltung deutscher Außen- und Europapolitik ebenso fundamental wie deren innenpolitisches Fundament. Einerseits veränderte sich das Koordinatensystem, in dem die deutsche Außen- und Europapolitik agieren muss, wobei die Einheit Deutschlands ein bedeutender Katalysator dieser Veränderungen des internationalen und des europäischen politischen Systems war. Das vereinte Deutschland war sowohl strukturabhängig als auch selbst strukturbildend.[17] Andererseits veränderte die deutsche Einheit die Handlungsoptionen, das Rollen- und das Selbstverständnis der handelnden Akteure sowie die innenpolitischen Determinanten zur Gestaltung der deutschen Europapolitik.

17 Vgl. Helga Haftendorn, Gulliver in der Mitte Europas. Internationale Verflechtung und nationale Handlungsmöglichkeiten, in: Kaiser/Maull (Anm. 2), S. 120-152, S. 130.

2. Die endogene Zäsur des Wechsels der Regierung Kohl/Genscher zur rot-grünen Koalition im Herbst 1998 und den Umzug der Bundesregierung von Bonn nach Berlin. Beide innenpolitischen Ereignisse wurden schnell mit der Diskussion über außenpolitische Kontinuität und Wandel verwoben und erfuhren somit einen deutlichen Bedeutungszuwachs. Zunächst wurde der Amtsantritt der Regierung Schröder/Fischer als „Zäsur in der deutschen Nachkriegsgeschichte“[18] bewertet, weil erstmals die Repräsentanten der ersten Nachkriegsgeneration, die keine persönliche Erinnerung an den Zweiten Weltkrieg hatten und zudem noch durch die Erfahrungen der Studentenrevolten der Zeit von 1968 geprägt worden seien, die Regierungsgeschäfte übernommen haben und dies zu einer neuen Unbekümmertheit und Unbefangenheit in der Artikulation deutscher Interesse geführt habe. Zudem betonten die Beobachter die geringe internationale Erfahrung der neuen rot-grünen Spitzenpolitiker und ihre Präferenz für die Innenpolitik.[19]

Obwohl auch der Regierungswechsel 1998 nicht ohne Folgen für die Gestaltung der deutschen Außen- und Europapolitik blieb, ist diese zweite Zäsur in ihrer Reichweite nicht mit dem Epochenwandel von 1989 gleich zu setzen. Ein in parlamentarischen Demokratien üblicher Regierungswechsel, wenn auch für die Bundesrepublik nach den 16 Regierungsjahren des Bundeskanzlers Helmut Kohl durchaus einschneidend, sollte nicht zu einer künstlichen Verengung des Analysegegenstandes durch die Gegenüberstellung der liberal-konservativen und der rot-grünen Europapolitik missverstanden werden. Nicht unterschiedliche Politikstile und parteipolitisch begründete Schwerpunktsetzungen sollen analysiert werden, sondern erkennbare Veränderungen der europapolitischen Grundlagen.

Wie jedoch kann Wandel in einem Prozess kontinuierlicher Anpassung von Kontinuität abgegrenzt und mit Hilfe welcher Referenzmerkmale können Prozesse des Wandels im Politikfeld „Europäische Integration“ erkannt, analysiert und eingeordnet werden? Die drei britischen Analysten der deutschen Europapolitik Bulmer, Jeffery und Paterson gehen davon aus, “dass sich die deutsche Europapolitik nicht alleine aus der deutschen Interessenlage ergibt, sondern besonders durch die institutionellen Arrangements des Landes und durch das identitätsbezogene Selbstverständnis, um dessen Projektion sich die Nachkriegseliten bemüht haben, beeinflusst wird.“[20] Folgt man dieser These, werden europapolitische Handlungen durch das Zusammenspiel von

18 Vgl. Hanns W. Maull, Die Außenpolitik der rot-grünen Koalition: Kontinuität und Wandel, in: Wolfgang Wagner u.a. (Hrsg.), Die Internationale Politik 1999-2000, Jahrbücher der Deutschen Gesellschaft für Auswärtige Politik, München 2000, S. 161-172, S. 161.

19 Vgl. Christian Hacke, Die Außenpolitik der Regierung Schröder/Fischer: Zwischenbilanz und Perspektiven, in: Aus Politik und Zeitgeschichte, B 48/2002, S. 7-15; Gregor Schöllgen, Deutsche Außenpolitik in der Ära Schröder, in: Aus Politik und Zeitgeschichte, B 32-33/2005, S. 3-8 und jüngst sehr kritisch Christian Hacke, Die Außenpolitik der Bundesregierung Schröder/Fischer in zeitgeschichtlicher Perspektive, in: Politische Studien 56 (2005), H. 402, S. 78-85.

20 Simon Bulmer/Charlie Jeffery/William E. Paterson, Deutschlands europäische Diplomatie: die Entwicklung des regionalen Milieus, in: Werner Weidenfeld (Hrsg.), Deutsche Europapolitik. Optionen wirksamer Interessenvertretung, Bonn 1998, S. 11-102, S. 13.

Ideen, Interessen und Institutionen entwickelt. Sie lassen sich mit Hilfe der Analyse dieser drei Kategorien erklären.

Für die „Vermessung“ von Kontinuität und Wandel in dem ausgewählten Politikfeld „deutsche Europapolitik“ dienen diese drei Kategorien von Interessen-Institutionen-Identitäten zunächst der Differenzierung des Untersuchungsgegenstandes. Mit ihrer Hilfe soll die Vermischung langfristig wirkenden Wandels der Grundlagen und Strukturen von den kurzfristigen tagespolitischen Veränderungen verhindert werden. Gerade weil nicht die jeweils unterschiedlichen persönlichen Politikstile oder Interessen der politischen Akteure die Messlatte für die Beantwortung der Frage nach Kontinuität und Wandel sein können, müssen die Analysekriterien die tiefer liegenden Strukturen und „Unterströmungen“ der deutschen Europapolitik erfassen. Dies macht eine Verbreiterung des Blickwinkels erforderlich, bei dem neben der Analyse der jeweiligen Interessenlage der politisch Handelnden auch die Veränderungen der institutionellen Strukturen und die längerfristig wirkenden Ziele und Leitbilder, also die ideellen Grundlagen der Politik berücksichtigt werden.[21] Dieses dreidimensionale Raster verbindet dabei sowohl akteurszentrierte als auch strukturalistisch-institutionelle und konstruktivistische Analyseansätze miteinander. Allerdings sind die drei Kriterien nicht unabhängig voneinander zu betrachten, sondern sehr eng aufeinander bezogen.[22] So werden Interessen bewusst definiert; sie entstehen dabei im Zusammenspiel mit längerfristig wirkenden Ideen und Identitäten und werden unter den Bedingungen der gegebenen institutionellen Rahmenbedingungen formuliert. Ideen wiederum formen den institutionellen Rahmen und werden zugleich in Präferenzen und Interessen operationalisiert.

Während das Kriterium des nationalen Interesses seit jeher ein konstitutives Element der politikwissenschaftlichen Außenpolitikforschung ist, rückten die beiden Kriterien der institutionellen Entscheidungsstrukturen sowie der Ideen und Identitäten erst später als theoretische Erkenntniskategorien in den Fokus der Außenpolitikforschung. Die Debatten waren insofern auch den Konjunkturen politikwissenschaftlicher Theoriebildung unterworfen. Dabei unterscheiden sich die klassischen Ansätze zur Analyse der internationalen Politik – der realistische Ansatz, der institutionelle Ansatz, der liberale Ansatz und zuletzt der konstruktivistische Ansatz – deutlich in ihrer jeweiligen Bewertung der Auswirkungen der veränderten Rahmenbedingungen auf die Gestaltung der deutschen Außenpolitik, die Kontinuität von Strukturen und den Gebrauch von Macht zur Durchsetzung nationaler Interessen.

Die Umsetzung nationaler Interessen in politisches Handeln wird bestimmt von den Möglichkeiten und Beschränkungen, denen sich die Akteure in ihrem jeweiligen institutionellen Rahmen ausgesetzt sehen. Selbstverständlich bestimmen insbesondere

21 Vgl. Judith Goldstein/Robert O. Keohane, Ideas and Foreign Policy: An Analytical Framework, in: Dies. (Hrsg.), Ideas and Foreign Policy. Beliefs, Institutions, and Political Change, Ithaca N.Y./London 1993, S. 3-30.

22 Vgl. mit einem ähnlichen Ansatz auch Jeffrey J. Anderson, German Unification and the European Union of Europa. The domestic politics of integration policy, Cambridge 1999.

die Besonderheiten des politischen Systems der Europäischen Union die mitgliedstaatliche Politik und deren Handlungsspielräume. Allerdings wird die deutsche Europapolitik durch dieses sui generis-System nicht grundsätzlich anders beeinflusst als die Politiken anderer Mitgliedstaaten. Für die Analyse von Kontinuität und Wandel der deutschen Politik muss deshalb das interne europapolitische Entscheidungssystem im Mittelpunkt der Untersuchung stehen.

Um das Kriterium der Ideen zu konkretisieren, soll auf die besondere Form der Leitbilder zurückgegriffen werden, die als „diskursiv erzeugte Konstruktionen“[23] sowohl ein Bild und eine Beurteilung des europäischen Integrationsprozesses (also dem „Ist-Zustand“) erlauben, als auch eine Einschätzung der weiteren Zielrichtung und der Optionen zu dessen Weiterentwicklung (also einem angestrebten „Soll-Zustand“).[24] Die Formulierung von Zielvorstellungen wird beeinflusst von der Perzeption der Ausgangssituation, die wiederum bestimmt wird von den Motivhorizonten der politischen Akteure. Zielvorstellungen und bestehende Wahrnehmungs- und Deutungsmuster sind aufeinander bezogen und beeinflussen sich gegenseitig. Europapolitische Leitbilder reichen demzufolge über integrationspolitische Finalitätsvorstellungen hinaus und bedürfen zu ihrer Analyse zugleich der Betrachtung des politischen Kontextes und der Praxis. „Wer nach Leitbildern fragt, darf den Kontext, in dem sie sich herausbilden, zur Wirkung kommen und auch brüchig werden, nicht ausblenden.“[25]

3. Veränderte externe Rahmenbedingungen und neue Herausforderungen

3.1. Neue internationale und europäische Rahmenbedingungen

Außenpolitik, so der damalige Bundesaußenminister Klaus Kinkel in einer Grundsatzrede am 24. August 1994 vor der Deutschen Gesellschaft für Auswärtigen Politik, beruht auf der „Summe der Geographie, der Geschichte und der Erinnerungen eines Landes“.[26] Für die „alte Bundesrepublik“ bestimmten gerade diese Determinanten ihre Außen- und Europapolitik. Zwei Faktoren standen dabei im Vordergrund: (a) der historische Ursprung der Bundesrepublik und die daraus erwachsenden Belastungen für die politische Souveränität und den Handlungsspielraum und (b) die geographische Lage im Zentrum des geteilten Europa.[27] Mit der epochalen Zäsur und der

23 Thomas Dietz, Postmoderne und europäische Integration, in: Zeitschrift für Internationale Beziehungen 3 (1996), S. 255-281, S. 258

24 Hierzu grundlegend Heinrich Schneider, Leitbilder der Europapolitik. Der Weg zur Integration, Bonn 1977 und Heinrich Schneider, Deutsche Europapolitik: Leitbilder in der Perspektive, in: Heinrich Schneider/Mathias Jopp/Uwe Schmalz (Anm. 14), S. 69-131.

25 Heinrich Schneider, Europäische Integration: die Leitbilder und die Politik, in: Michael Kreile (Hrsg.), Die Integration Europas, PVS-Sonderheft, Opladen 1992, S. 3-35, S. 5.

26 Die Rede ist abgedruckt in Bulletin der Bundesregierung, Nr. 76 vom 29. August 1994, S. 713-715.

27 Diese beiden Determinanten werden auch von Simon Bulmer, Charlie Jeffery und William E. Paterson in ihrer Analyse der deutschen Europapolitik nach 1990 angelegt. Siehe Bulmer/Jef-

Revolution des internationalen und des europäischen Systems 1989/90 veränderten sich diese beiden zuvor konstituierenden Strukturbedingungen der deutschen Außen- und Europapolitik grundlegend.

1990 wurde der Ost-West-Konflikt mit einer Gemeinsamen Erklärung der 22 Staaten der NATO und des Warschauer Paktes anlässlich des Pariser KSZE Gipfeltreffens vom 19. November 1990 feierlich beendet.[28] Die militärischen und ökonomischen Bündnissysteme in Osteuropa, der Rat für gegenseitige Wirtschaftshilfe und der Warschauer Pakt, lösten sich 1991 schließlich selbst auf. Damit endete die Blockkonfrontation und die Hegemonie der UdSSR über die früheren Satellitenstaaten in Mittelost- und Südosteuropa. Mit dem Ende des Ost-West-Gegensatzes entfiel aber auch die systemische Klammer der gegenseitigen Bedrohung, die die nationalstaatlichen Einzelinteressen begrenzt hatte und eröffnete Spielräume für eine Politik der Re-Nationalisierung. Mit dem Ende der äußeren Bedrohung des Kalten Krieges drohte die Gefahr, dass der innere Zusammenhalt Westeuropas geschwächt werden könnte, dass eine dem nationalstaatlichen Interesse stärker als dem gemeinschaftlichen Interesse verpflichtete Politik dominieren sowie die transatlantische Bindung gelöst werden könnte.

Diese Situation stellte neue Anforderungen an den europäischen Einigungsprozess und erforderte neue strategische Antworten. Neben der weiteren Vertiefung reagierte die Europäische Union mit einer speziellen Form der Unterstützung der jungen Demokratien in Mittel- und Osteuropa. Unmittelbar nach dem Fall der Berliner Mauer hatte die Europäische Union versucht, mit Hilfe der sog. „Europa-Abkommen", also einer neuen Form der Assoziierung, die mittel- und osteuropäischen Staaten politisch und ökonomisch an die EU zu binden. Eine schnelle Mitgliedschaft in der EU war hingegen nicht vorgesehen. Diese vertragliche Anbindung unterhalb der Schwelle der Mitgliedschaft reichte den jungen Demokratien allerdings nicht aus für ihre schnelle „Rückkehr nach Europa". Sie stellten bereits 1994/95 förmliche Anträge auf Mitgliedschaft in der EU, die zur Aufnahme der Beitrittsverhandlungen am 31. März 1998 und schließlich zur Osterweiterung der Europäischen Union zum 1. Mai 2004 führten. Bereits 1995 hatte sich die EU mit Schweden, Finnland und Österreich von 12 auf 15 Mitgliedstaaten vergrößert. Während allerdings die Aufnahme der EFTA-Staaten zu einer ökonomischen Stärkung der EU führte, bedeutete die Aufnahme der acht mittel- und osteuropäischen Kandidaten eine politische, ökonomische und soziale Belastung. Das durchschnittliche Pro-Kopf-Einkommen der EU sank durch die Erweiterung um 12,5 Prozent; Polen, das größte Beitrittsland, erreichte zum Zeitpunkt

---

fery/Paterson (Anm. 20), S. 11. Bereits 1975 hatte Walter F. Hahn zur Bewertung der Außenpolitik der Bundesrepublik geschrieben: „The simple point to be made is that more than any other European people (with the possible exception of the Russians) the Germans are captives of history and geography." Siehe Walter F. Hahn, Between Westpolitik and Ostpolitik: Changing West German security views, Beverly Hills/London 1975, S. 3.

28 Die Unterzeichnerstaaten erklärten, nicht mehr Gegner zu sein, „sondern neue Partnerschaften aufbauen und einander die Hand zur Freundschaft reichen [zu] wollen." Bulletin der Bundesregierung, Nr. 137 vom 24. November 1990, S. 1422 ff.

seines Beitritts nur ein Pro-Kopf-Einkommen von 41 Prozent des EU-15-Durchschnitts. Von Beginn an standen deshalb die Fragen der Kosten und der ökonomischen Folgen der Osterweiterung im Mittelpunkt.

Das durch die Osterweiterung verschärfte Wohlstandsgefälle und die sozio-ökonomischen Disparitäten in der erweiterten Europäischen Union ließen darüber hinaus den Bedarf und das Volumen europäischer Kohäsionspolitik anwachsen. Die Aufnahme der neuen Mitglieder erschwerte den innereuropäischen Interessenausgleich und macht die Anpassung der institutionellen Strukturen an den größeren Mitgliederkreis erforderlich; auch die Ausweitung von Mehrheitsabstimmungen auf zusätzliche Politikbereiche und die Einbeziehung des Europäischen Parlaments als gleichberechtigtes Mitentscheidungsorgan in die europäische Gesetzgebung sind eine direkte Folge dieser Politik zur Sicherung der europäischen Handlungsfähigkeit. Die beiden Erweiterungsetappen um zunächst die EFTA-Staaten und schließlich die Reformstaaten in Mittel- und Osteuropa verstärkten auch die Diskussionen über die politische Legitimation und die Fundamente der Europäischen Union. Seit 1989 durchläuft der europäische Integrationsprozess einen ununterbrochenen Wachstums- und Differenzierungsprozess, der verbunden mit einem immensen funktionalen und institutionellen Vertiefungsprozess mit einem gemeinsamen Binnenmarkt, mit einer gemeinsamen Währung, einer besser koordinierten Gemeinsamen Außen-, Sicherheits- und Verteidigungspolitik sowie der Schaffung einer europäischen Einwanderungs- und Asylpolitik mündete. Dieser seit den Verhandlungen zum Vertrag von Maastricht 1990/91 anhaltende Vertiefung hat zu einer kontinuierlich sich verdichtenden vertikalen Verflechtung im Mehrebenensystem der Europäischen Union und zu einer stetigen Ausweitung der Aufgabenfelder geführt. Damit hat die Europäische Union in den letzten 15 Jahren eine unvergleichbare Veränderung erfahren, die die quantitativen wie die qualitativen Fundamente des europäischen Integrationsprozesses grundlegend reformierte.

3.2. Das veränderte relative politische Gewicht Deutschlands

In dieser so grundlegend gewandelten Europäischen Union veränderte sich auch die Rolle des vereinten Deutschland. Die ehemals teilsouveräne Bundesrepublik Deutschland erlangte ihre vollständige politische Souveränität und vergrößerte damit ihren außenpolitischen Handlungsspielraum. Zuvor an der Schnittstelle des Kalten Krieges am exponierten östlichen Rand gelegen, rückte das vereinte Deutschland in das Zentrum Europas, ohne in die prekäre Mittellage des 19. Jahrhunderts zurückzufallen.[29] Aus der Ostgrenze als Werte- und Verteidigungsgrenze wurde zunächst eine Wohlstands- und Integrationsgrenze. Die politische Geographie des vereinten Deutschland

29 Vgl. Josef Janning, Deutschland und die Europäische Union: Integration und Erweiterung, in: Karl Kaiser/Joachim Krause, Deutschlands neue Außenpolitik, Bd. 3: Interessen und Strategien, München 1996, S. 31-54.

hatte sich scheinbar verbessert – „it was more powerful, less constraint, more secure.“[30] Diese Statusveränderungen wurden als Stärkung seiner „diplomatic power“ wahrgenommen, die in einer gewachsenen Verhandlungsstärke spürbar werde[31] und mit der neuen Möglichkeit zu einer aktiveren und eigenständigeren Politik korrespondiere.

Mit der Einheit wuchs das Territorium der Bundesrepublik um rund 40 Prozent, die Bevölkerungszahl um 25 Prozent auf knapp 82 Millionen Staatsbürger. Das vereinte Deutschland baute damit seine herausgehobene Stellung als größter und bevölkerungsreichster Staat in der Europäischen Union weiter aus. Innerhalb der Europäischen Union war die Bundesrepublik bereits vor der Zäsur des Jahres 1989/90 die *économie dominante,* und diese Stellung wurde trotz der einigungsbedingten Belastungen nicht in Frage gestellt.[32] Diese Position veränderte sich Mitte der neunziger Jahre kontinuierlich und spürbar. Die Integration der ostdeutschen Wirtschaft in eine gesamtdeutsche und in den europäischen Binnenmarkt erwies sich langwieriger als prognostiziert und weitaus schwieriger als erwartet. Die notwendige Umstrukturierung der ostdeutschen Industrie führte zu großflächigen Stilllegungen und erforderte zugleich riesige Investitionen. Die Industrieproduktion brach in den neuen Ländern innerhalb kürzester Zeit um rund 70 Prozent gegenüber den Ergebnissen vor der deutschen Einheit ein, und das Bruttoinlandprodukt sank bis 1991 um ein Drittel; der Anteil der neuen Länder am gesamtdeutschen BIP betrug im Jahr 2004 lediglich 14,7 Prozent.[33] In den 90er Jahren sind mehr als 1,5 Mio. Arbeitsplätze in den neuen Bundesländern verloren gegangen. Die sozial- und beschäftigungspolitischen Folgen dieses umfassenden ökonomischen und gesellschaftlichen Umbaus führten zu immensen Belastungen für die öffentlichen Haushalte und die sozialen Sicherungssysteme. Insgesamt betrugen die West-Ost-Transferleistungen nach den Angaben der Bundesregierung jährlich rd. 85 Mrd. Euro, was einem Anteil von 4 Prozent des jährlichen BIP entspricht.[34] Im europäischen Vergleich sank das reale BIP pro Kopf in Kauf-

30 Gunther Hellmann, The sirens of power and German foreign policy: Who is listening?, in: German Politics 6 (1997), Nr. 2, S. 29-57, S. 34.

31 Vgl. Bulmer/Jeffery/Paterson (Anm. 20).

32 Norbert Kloten stellte fest: „Der Rang der Bundesrepublik Deutschland als eine Weltwirtschaftsmacht ist unbestritten.“ Norbert Kloten, Die Bundesrepublik als Weltwirtschaftsmacht, in: Kaiser/Maull (Anm. 1), S. 63-80, S. 63. Vgl. auch Simon Bulmer/William E. Paterson, Germany in the European Union: Gentle Giant or Emergent Leader, in: International Affairs 72 (1996), S. 9-32; ebenso Rainer Baumann/Volker Rittberger/Wolfgang Wagner, Macht und Machtpolitik, Neorealistische Außenpolitiktheorie und Prognosen über die deutsche Außenpolitik nach der Vereinigung, in: Zeitschrift für Internationale Beziehungen 6 (1999), H. 2, S. 245-286, S. 273 ff.

33 Vgl. Jahresbericht der Bundesregierung zum Stand der Deutschen Einheit 2005, Berlin 2005.

34 Nationales Reformprogramm Deutschland im Rahmen der EU-Lissabon-Strategie „Innovation forcieren – Sicherheit im Wandel fördern – Deutsche Einheit vollenden“ vom 7. Dezember 2005. In einem Bericht zum zehnten Jahrestag der deutschen Einheit errechnete das Rheinisch-Westfälische Institut für Wirtschaftsforschung (RWI) einen Gesamtbetrag von rd. 1,5 Bill. DM bis Ende 1998 bzw. 192 Mrd. DM pro Jahr oder 6,2 Prozent des westdeutschen (bzw. 5,6 Prozent des gesamtdeutschen) Bruttoinlandsprodukts. Vgl. Ullrich Heilemann/Hermann Rappen,

kraftstandards bezogen auf die EU-25 (EU-25=100) von 118,2 Prozent im Jahr 1996 auf nur noch 107,5 Prozent im Jahr 2006; Großbritannien hingegen verbuchte im gleichen Zeitraum ein Wachstum von 109,2 Prozent auf 116,0 Prozent. Nicht nur die ökonomische Leistungsfähigkeit gemessen in absoluten Werten sank also, sondern auch die relative Position des vereinten Deutschland im Vergleich mit den anderen europäischen Partnern verschlechterte sich kontinuierlich.

Durch die internen Transferleistungen an die neuen Länder wurde nur der Zuwachs der ökonomischen Leistungsfähigkeit gebremst und die Möglichkeit außen- und europapolitischer Handlungsfähigkeit mit Hilfe ökonomischer Stärke und finanziellen Mitteln stark eingeschränkt.[35] Zwar besaß die Bundesrepublik bis zur Einführung der gemeinsamen Währung Euro am 1. Januar 1999 fraglos eine währungspolitische Machtposition, mit der D-Mark als Ankerwährung der Europäischen Union. Aber durch die Integration der Bundesbank in das System der Europäischen Zentralbanken und die fiskalischen Grenzen des europäischen Stabilitäts- und Wachstumspaktes verzichtete die Bundesrepublik auf ihren währungspolitischen Handlungsspielraum und die einseitige Nutzung ihrer zentralen Rolle als größte europäische Volkswirtschaft.

4. Kategorien zur Vermessung von Kontinuität und Wandel

Die drei zur Vermessung von Kontinuität und Wandel gewählten Referenzkriterien – Interessen, Leitbilder und europapolitisches Entscheidungssystem – sind nur in ihren gegenseitigen Bezugnahmen und nur in diesem Kontext zu verstehen. Zunächst sollen die grundlegenden Interessen und Präferenzen der deutschen Europapolitik dargestellt werden. Deren Einordnung in den Prozess von Kontinuität und Wandel wird jedoch nur möglich, wenn sie vor dem Hintergrund längerfristig wirkender europapolitischer Leitbilder und der begrenzenden Funktion und der Eigenheiten des deutschen europapolitischen Entscheidungssystems gesehen werden, die anschließend beleuchtet werden sollen.

4.1. Interessen und Handlungsoptionen der deutschen Europapolitik

Das Konzept der „nationalen Interessen" als Leitlinie außenpolitischen Handelns wird zumeist definiert als „situations-, perzeptions- und wertebedingte Zielsetzungen bzw. Zielorientierungen des Wollens von Verhaltensträgern, insbesondere Führungszentren, zur Regelung der Außenbeziehungen ihrer Staaten oder sonstiger Systeme zu anderen

Zehn Jahre Deutsche Einheit – Bestandsaufnahmen und Perspektiven, RWI-Papier Nr. 67, Essen 2000.

35 Vgl. James Sperling, German Foreign Policy after Unification: The End of the Cheque Book Diplomacy?, in: West European Politics 17 (1994), S. 73-97.

Staaten oder anderen Systemen ihrer jeweiligen internationalen Umwelt“[36] Diese Kategorie, die „die Integrationsimpulse gibt und das Ausmaß möglichen Integrationsfortschrittes abdeckt“[37], bleibt als „Schlüsselbegriff aller Außenpolitik“[38] auch weiterhin ein entscheidendes Element für die Analyse des europäischen Integrationsprozesses und der Politik der Mitgliedstaaten.

Das vorrangige Interesse der Außenpolitik Konrad Adenauers in den Gründungsjahren der jungen Bundesrepublik war zunächst die Wiedererlangung der nationalen Souveränität. Als Gründungsmitglied der ersten europäischen Integrationsgemeinschaften 1952 entwickelte die Regierung Adenauer die Strategie, durch den Verzicht auf Teile der staatlichen Souveränität internationale Gleichberechtigung und Handlungsfähigkeit zu gewinnen – „Souveränität durch Integration“[39]. Aus der historischen Erfahrung der deutschen Außenpolitik des 19. und der ersten Hälfte des 20. Jahrhunderts zog Adenauer die Konsequenz, dass die deutsche Frage nur durch die dauerhafte und vollständige Westintegration der Bundesrepublik gelöst werden könne. Mit dieser Entscheidung brach er mit der Tradition deutscher Außenpolitik, die Deutschland entweder in der Rolle des Hegemon über die europäischen Mächte oder als Makler im Zentrum zwischen den Mächten gesehen hatte. Im Zentrum der ersten Schritte der deutschen Europapolitik stand dabei die Aussöhnung mit den Nachbarn. Insbesondere die deutsch-französische Partnerschaft entwickelte sich zum „Motor der europäischen Integration“[40]. Damit entsprach die deutsche Integrationspolitik dem wechselseitigen Sicherheitsbedürfnis der Bundesrepublik und ihrer westeuropäischen Partner. Erst die Herstellung von Vertrauenswürdigkeit und Berechenbarkeit durch die Verankerung in den westlichen Integrationsgemeinschaften eröffnete außen- und europapolitische Handlungsspielräume. „In der Frühzeit der Bundesrepublik bedeutete jeder Schritt ‚nach Europa‘ nicht eine Verminderung, sondern eine Vermehrung der Chance, eigene Interessen wahrzunehmen, weil damit regelmäßig eine Reduktion der Kontrollbefugnisse der (west)alliierten Siegermächte verknüpft war.“[41]

Neben diesen politischen Zielen verfolgte Bonn stets auch ökonomische Interessen für den Aufbau integrierter Strukturen in Europa. Angesichts der durch den Zweiten

---

36 Vgl. James N. Rosenau, National Interest, in: International Encyclopedia of Social Sciences, Vol. 11, New York 1968, S. 34-40.

37 Rudolf Hrbek/Wolfgang Wessels, Nationale Interessen der Bundesrepublik Deutschland und der IntegrationsProzess, in: Dies. (Hrsg.), EG-Mitgliedschaft: ein vitales Interesse der Bundesrepublik Deutschland, Bonn 1984, S. 29-69, S 36 ff.

38 Christian Hacke, Die nationalen Interessen der Bundesrepublik Deutschland an der Schwelle zum 21. Jahrhundert, in: Außenpolitik 2/1998, S. 5-26.

39 So überschreibt Gregor Schöllgen das Kapitel über die Frühphase der bundesdeutschen Außenpolitik von 1945-1955. Gregor Schöllgen, Die Außenpolitik der Bundesrepublik Deutschland. Von den Anfängen bis zur Gegenwart, München 1999. Vgl. auch umfassend Herbert Müller Roschach, Die deutsche Europapolitik 1949-1977. Eine politische Chronik, Bonn 1980.

40 Vgl. Robert Picht/Wolfgang Wessels, Motor für Europa? Deutsch-französischer Bilateralismus und europäische Integration, Bonn 1990.

41 Heinrich Schneider, „Eine neue deutsche Europapolitik?“ – Rückschau – Auswertung – Zukunftsperspektiven, in: Schneider/Jopp/Schmalz (Anm. 14), S. 751-811, S. 763.

Weltkrieg zerstörten ökonomischen Grundlagen in Deutschland – aber eben nicht nur hier – war die Integration in die europäischen Gemeinschaften ein Ausweg, um den wirtschaftlichen Wiederaufbau beginnen zu können. In den 70er Jahren wurde das politische Interesse der deutschen Europapolitik dann zusehends von der europäischen Absicherung des erfolgreichen ökonomischen „Modells Deutschland" dominiert. Die Öffnung von Absatzmärkten für deutsche Produkte, die Stabilisierung der Währungsparitäten, die Harmonisierung von Produktnormen und Produktionsprozessen sowie die Nutzung des größeren europäischen Potentials in den Verhandlungen der internationalen Wirtschafts- und Währungsinstitutionen rückten in den Vordergrund der deutschen Europapolitik.[42]

Die beiden Komponenten der Integrationspolitik – Rückgewinnung staatlicher Souveränität und ökonomische Prosperität durch Integration – waren jedoch stets komplementär und nicht voneinander zu trennen. Dies wurde zu einem Grundaxiom deutscher Integrations- und Europapolitik. Die Europäische Gemeinschaft wurde zum bestimmenden Handlungsrahmen, indem die deutsche Außenpolitik ihre nationalen Interessen einbringen konnte. Der nationale außenpolitische Handlungsspielraum wurde somit ausgeweitet, zumal die Bundesrepublik auch gegenüber Dritten auf die Solidarität ihrer europäischen Partner verweisen konnte, insbesondere im Rahmen ihrer Deutschlandpolitik. Dieses außenpolitische Konzept der „kooperativen Interessendurchsetzung"[43] oder des „reflexiven Multilateralismus"[44] wurde zum bestimmenden Charakteristikum der deutschen Europapolitik vor 1989.

Die Kongruenz der deutschen mit den europäischen Interessen wurde zum Ziel der Integrationspolitik und damit zum Rahmen der nationalen deutschen Interessenformulierung. Die Strategie der „Europäisierung" deutscher Interessen und der „Germanisierung" europäischer Interessen sowie die Europäisierung grundlegender Elemente des deutschen politischen Systems entwickelten sich so zu Kennzeichen der deutschen Europapolitik. Die Integration in die europäischen Integrationsgemeinschaften war zum wichtigsten Bestandteil der deutschen Staatsräson geworden.[45] Dennoch bedeutet diese multilaterale und selbstgewollte Einbindung und Verflechtung keineswegs einen Widerspruch zu einer nationalen Interessenpolitik.[46] „Indem Deutschland immer als ein Hauptunterstützer und Nachfrager supranationaler Lösungen für Probleme der Nationalstaaten aufgetreten ist, hat die Bundesrepublik mit der EU ein

42 Vgl. auch Eckart Gaddum, Die deutsche Europapolitik in den 80er Jahren. Interessen, Konflikte und Entscheidungen der Regierung Kohl, Paderborn u.a. 1994, S. 51 ff.; Gisela Müller-Brandeck-Bocquet u.a., Deutsche Europapolitik von Konrad Adenauer bis Gerhard Schröder, Opladen 2002.

43 Schmalz (Anm. 14), S. 48.

44 Vgl. Hyde-Price/Jeffery (Anm. 8), S. 690.

45 Vgl. Schwarz (Anm. 2).

46 Vgl. auch Michèle Knodt/Beate Kohler-Koch (Hrsg.), Deutschland zwischen Einigung und Selbstbehauptung, Frankfurt a.M./New York 2000; Inge Schwammel, Deutschlands Aufstieg zur Großmacht. Die Instrumentalisierung der europäischen Integration 1974-1994, Frankfurt a.M. u.a. 1995.

System institutioneller Regeln, Normen und politischen Maßnahmen geschaffen, die deutsche Interessen fördern."[47]

Diese deutsche, von den britischen Analysten Bulmer, Jeffery und Paterson als „Milieu-Politik" bezeichnete Vorgehensweise zielte auf eine Externalisierung der deutschen innerstaatlichen Institutionen, Interessen und Identitäten. Damit war sie auf die Verfolgung langfristiger, strategischer Ziele angelegt. In einem Satz zusammengefasst: „Deutschlands Interesse besteht also in der Schaffung europäischer Strukturen, die ihm seine Entfaltung erlauben, ohne es in eine hegemoniale Position zu bringen."[48] Damit manifestierte sich der deutsche Einfluss in der EU nicht durch die Artikulation einseitiger nationaler Interessen, sondern in Form von „institutional power"[49]. Die gestärkte relative Machtposition des vereinten Deutschland in Europa äußerte sich in einer vornehmlich mittelbaren Gestaltungsmacht in der Europäischen Union und ihren Institutionen sowie in einer „ungewollten" Macht durch die schiere Größe und die zentrale geographische Lage sowie einer „regulativen" Macht des agenda-settings.

Diese eher subtile Form der Machtausübung führt zu einer defensiven „Politik des guten Beispiels" und der stetigen Suche nach Partnern.[50] Die Verhandlungsbereitschaft und die Kompromissorientierung als Kennzeichen der deutschen Europapolitik dominierten über die strikte Formulierung und Durchsetzung nationaler Interessen; eine einseitige interessen-orientierte Politik war vor 1989 kaum denkbar. „Germany projected its power softly, revealing a firm preference for normative and institutional over material interests than large European partners to delegate sovereignity to supranationale institutions."[51] Mit dieser Politik wuchs Deutschland in die Rolle des integrationspolitischen „Musterknaben", zumal das Machtpotential im Gegensatz zu den anderen großen EU-Mitgliedern nicht in Einfluss und Interessendurchsetzung umgesetzt wurde.[52] Vereinzelt wird aber gerade der subtile Einfluss deutscher Europapolitik als Instrumentalisierung des europäischen Integrationsprozesses für nationale deutsche Interessen sowie zur Erreichung und Absicherung einer deutschen Großmachtstellung interpretiert.[53]

---

47 Bulmer/Jeffery/Paterson (Anm. 20), S. 16 f.; ebenso Simon Bulmer, Shaping the rules? The constitutive politics of the European Union and German Power, in: Peter Katzenstein (Anm. 5), S. 49-79: "The softness of German power in Europe is also the result of institutional similarities. In institutional terms the EU and Germany are quite similar."

48 Josef Janning/Melanie Piepenschneider, Deutschland in Europa, Melle 1993, S. 44.

49 Bulmer (Anm. 47), S. 50.

50 William E. Paterson spricht von einem „Führungs-Vermeidungs-Reflex" der deutschen Europapolitik. William E. Paterson, Muss Europa Angst vor Deutschland haben?, in: Rudolf Hrbek (Hrsg.), Der Vertrag von Maastricht in der wissenschaftlichen Kontroverse, Baden-Baden 1993, S. 10.

51 Anderson (Anm. 5), S. 80.

52 Vgl. Gerald Schneider/Stefanie Bailer, Mächtig, aber wenig einflussreich: Ursachen und Konsequenzen des deutschen Integrationsdilemmas, in: Integration 25 (2002), S. 49-60.

53 Vgl. Schwammel (Anm. 46); ebenso Patricia A. Davis: National interests revisited: the German case, in: German politics and society 16 (1998), S. 82-111. Dieser Vorwurf wurde auch während des Prozesses der deutschen Einheit und der gleichzeitigen Debatte über das Ziel einer euro-

Seit Mitte der 90er Jahre, also nach dem Ausklingen der betonten Kontinuitätsrhetorik, sei jedoch diese eher subtile Milieupolitik von einer pragmatischen, von Kosten-Nutzen-Abwägungen geleiteten Politik abgelöst worden, die deutsche Europapolitik mithin interessenorientierter, pragmatischer und somit „normaler" geworden. Als Beispiele für eine Revision der Inhalte und des Stils der deutschen Europapolitik werden zumeist einzelne Episoden angeführt, die auffallend häufig in die rot-grüne Regierungszeit fallen. Diese Beispiele lassen sich zu drei Gruppen zusammenfassen[54]:

a) Beispiele offensiver Personalpolitik der rot-grünen Bundesregierung, wenn auch häufig nicht erfolgreich, wie im Fall des Staatssekretärs im Bundesfinanzministerium Cajo Koch-Weser oder bei der Forderung, den Posten eines „Superkommissars" in der Europäischen Kommission für Günther Verheugen zu schaffen.
b) Beispiele zur institutionellen Reform der EU, die zu offenen Konflikten mit europäischen Partnern führten, wie die deutsch-französischen Konflikte zur weiteren Finanzierung der Gemeinsamen Agrarpolitik 1999 oder bei der Frage der Stimmengewichtung während der Regierungskonferenz in Nizza im Dezember 2000.
c) Prägnante Beispiele aus dem Bereich der europäischen Rechtsetzung wie das überraschende Veto von Bundeskanzler Schröder, mit dem die Verabschiedung der sog. Altauto-Richtlinie[55] im Sinne der deutschen Automobilindustrie verzögert wurde, oder Einzelfälle deutscher Subventions- und Industriepolitik sowie die offensive Politik zur Anerkennung von Deutsch als offizielle Amtssprache.

An diesen Beispielen zeige sich, so die Vertreter der Wandelthese, ein Trend zur Verfolgung kurzfristiger Interessen, häufig um aktueller ökonomischer Vorteile willen, bei dem auch Konflikte mit traditionellen Partnern und der Europäischen Kommission billigend in Kauf genommen werden. Diese Pragmatisierung und Normalisierung[56] der deutschen Europapolitik habe zu einer Konditionierung der Selbstverpflichtung auf das grundsätzliche Integrationsprojekt und damit einhergehend einer deutlichen Betonung der nationalen Interessen geführt.

---

päischen Politischen Union von den europäischen Partnern erhoben – von besonderer Brisanz waren die Äußerungen des damaligen britischen Handelsministers Nicholas Ridley im Juli 1990, der die EG als Instrument deutscher Machtpolitik bezeichnet hatte. Siehe hierzu die Arbeitspapiere zur Internationalen Politik der DGAP von Helmut Hubel, Das vereinte Deutschland aus internationaler Sicht. Eine Zwischenbilanz, Bonn 1992 und Helmut Hubel/Bernhard May, Ein „normales" Deutschland? Die souveräne Bundesrepublik in der ausländischen Wahrnehmung, Bonn 1995.

54 Vgl. z.B. Charlie Jeffery/William E. Paterson, Germany and European Integration: A Shifting of Tectonic Plates, in: West European Politics 26 (2003), Nr. 4, S. 59-75; Marianne Kneuer, Deutsche Europapolitik ohne inneren Kompass, in: Die Politische Meinung, Nr. 418 (2004), S. 21-29.

55 Hierzu ausführlich Simon Bulmer/Andreas Maurer/William E. Paterson, Das Entscheidungs- und Koordinierungssystem deutscher Europapolitik: Hindernis für eine neue Politik?, in: Jopp/Schneider/Schmalz (Anm. 14) , S. 231-265, S. 251.

56 Vgl. als Anhänger dieser These Knelangen (Anm. 12), der von „Pragmatisierung" spricht; Hyde-Price/Jeffery (Anm. 8) sprechen von „Normalisierung"; und Josef Janning (Anm. 29) prognostizierte eine „kalkulierte Integrationsstrategie".

Und zweifellos sprechen einige Beispiele für eine Veränderung der europapolitischen Interessen und der Politik, um diese veränderten Interessen durchzusetzen. Aber die prinzipielle Frage bleibt dennoch, ob sie auch Belege für einen umfassenden und fundamentalen Wandel der Werte und Grundlagen deutscher Europapolitik sind. Folgt man dieser These, ergeben sich daraus zwei Schlussfolgerungen:

1. Die These könnte implizieren, dass nach der deutschen Einheit und mit der Erlangung der vollständigen nationalen Souveränität und außenpolitischen Handlungsfreiheit sich zugleich neue, erweiterte Möglichkeiten für autonome Entscheidungen im Bereich der Europapolitik eröffnet hätten. War also diese nationale Interessenpolitik vor 1989 nicht möglich, aber nach dem Ende des Ost-West-Konflikts?
2. Die deutsche Europapolitik verfolgte bis zur deutschen Einheit keine nationalen Interessen oder ordnete zumindest bei Zielkonflikten die nationalen den europäischen Interessen unter.

Angesichts der Tatsache, dass die Mehrzahl der Episoden in die Jahre nach dem Regierungswechsel 1998 fällt und dass viele Bebachter zugleich den europapolitischen Politikstil von Bundeskanzler Gerhard Schröder kritisieren, drängt sich die Frage auf, ob die Veränderungen Belege für eine Revision der europapolitischen Orientierungen und Präferenzen sind oder lediglich Beispiele für einen veränderten diplomatischen Stil. Um die „Pragmatisierung" der deutschen Europapolitik als Folge einer Revision der normativen Grundlagen oder als Ausfluss des Regierungswechsels 1998 interpretieren zu können, sollten diese Anzeichen mit längerfristig wirksamen Kriterien und Maßstäben, wie der Formulierung europapolitischer Leitbilder, in Beziehung gesetzt werden. Für die Analyse der deutschen Europapolitik stellen sich deshalb zwei Fragen: Was sind die langfristigen europapolitischen Leitbilder? Welche Veränderungen sind nach 1989 festzustellen?

4.2. Leitbilder der Europapolitik

Folgt man dem konstruktivistischen Vorverständnis, dass Interessen nicht als gegeben angenommen werden können, sondern durch „soziale Konstruktion" formuliert werden, dann sind die aktuellen europapolitischen Interessen und Prioritäten bestimmt von den langfristigen, strategischen Zielen der deutschen Außen- und Europapolitik, d.h. von dem außenpolitischen Selbstverständnis sowie den europapolitischen Leitbildern und Konzepten der Entscheidungsträger. Selbstverständlich veränderten sich die Gewichte, Inhalte, Fragestellungen, Ziele und Präferenzen der deutschen Europapolitik im Laufe von vier Jahrzehnten. Dennoch können als prägende Leitbilder der deutschen Europapolitik vor der Zäsur 1989/90 a) die integrationspolitischen Zielvorstellungen, b) die Vorstellungen zu Art und Ausmaß der ökonomischen Integration und c) die normativ-ideelle Verankerung des europäischen Integrationsgedankens in der deutschen Gesellschaft unterschieden werden.

Für die Bundesrepublik war die europäische Integration der entscheidende Pfeiler zur Einbindung und engen Verflechtung mit dem „Westen“, mit dessen Grundwerten und Ordnungsprinzipien. Diese Politik der Westbindung bedeutete eine fundamentale Neu-Orientierung der deutschen Außenpolitik und die „Erlösung der Bundesrepublik aus der Mittellage“, so Richard v. Weizsäcker.[57] Der Prämisse folgend, dass demokratische, eng miteinander verflochtene und unter einem supranationalen Dach integrierte Staaten keine Kriege gegeneinander führen, erfüllte die Europäische Gemeinschaft die Funktion als Friedensgemeinschaft. Die westlichen Integrationsgemeinschaften dienten der Sicherheit für und zugleich der Sicherheit vor Deutschland.

Die Europapolitik hatte sich zur nicht mehr hinterfragten bundesrepublikanischen Staatsräson entwickelt, basierend auf dem Konsens über die Essentials, den Wert und den Nutzen der europäischen Integration. An dem Zielkonflikt zwischen Westintegration und deutscher Einheit[58], die im Zuge der tiefgreifenden Zäsur im Ost-West-Verhältnis 1989/90 wieder auf die Tagesordnung der internationalen Politik gesetzt wurde, zeigte sich die konstituierende Bedeutung der Einbindung der Bundesrepublik in die westlichen Integrationsgemeinschaften für die deutsche Außenpolitik. Die Integration in EG und NATO als Staatsräson der Bundesrepublik war im Zuge der Verhandlungen über die deutsche Einheit im Rahmen des 2+4-Prozesses nicht revidierbar und trotz vielfacher und sehr flexibler Versuche von sowjetischer Seite nicht verhandelbar.[59]

Dieses markante integrationspolitische Leitbild manifestiert sich am deutlichsten in der grundlegenden verfassungsrechtlichen Entscheidung für die europäische Integration. Das Grundgesetz zeichnet sich seit 1949 durch eine ausgesprochene Integrationsoffenheit aus. Die Präambel beinhaltet die Verpflichtung, auf das Ziel eines vereinten Europas hinzuwirken und der alte Artikel 24 GG sah die Möglichkeit der Übertragung von Hoheitsrechten auf zwischenstaatliche Einrichtungen vor. Auch die vom Deutschen Bundestag am 26. Juli 1950 fast einstimmig verabschiedete Entschließung für einen „Europäischen Bundespakt“ symbolisiert das prägende Leitbild der ersten Jahre bundesrepublikanischer Europapolitik für einen europäischen Bundesstaat. Dieses föderale Leitbild einer europäischen Politischen Union bestimmte die deutsche Europapolitik bis zur Zäsur 1989/90 und auch danach bekannten sich die deutschen Politiker zu diesem Leitbild.[60]

57 Zitiert nach Garton Ash (Anm. 5); vgl. auch Heinrich-August Winkler, Der lange Weg nach Westen, 2. Bd., München 2000.

58 Vgl. Hans-Peter Schwarz, Das deutsche Dilemma, in: Kaiser/Maull (Anm. 1), S. 81-97.

59 Vgl. zu den äußeren Aspekten der deutschen Einheit z.B. Karl Kaiser, Deutschlands Vereinigung. Die internationalen Aspekte, Bergisch-Gladbach 1991; Paul B. Stares (Hrsg.), The New Germany and the New Europe, Washington 1992 und darin die Aufsätze von Catherine McArdle Kelleher (The new Germany: An overview) und von Harald Müller (German Foreign Policy after Unification).

60 Der damalige Kanzleramtsminister Friedrich Bohl bestätigte dieses europapolitische Leitbild für die deutsche EU-Präsidentschaft 1994: „Ziel der deutschen Europapolitik ist und bleibt ein föderales Europa.“ Friedrich Bohl, Ziele der deutschen Präsidentschaft in der Europäischen Union, in: Integration 17 (1994), H. 3, S. 133-137, S. 133.

Ergänzt wurde dieses durch das ökonomisch-ordnungspolitische Leitbild der engen Verflechtung der deutschen Volkswirtschaft mit den westeuropäischen Partnern. In Anbetracht der europaweiten Zerstörung durch den Zweiten Weltkrieg war für die Bundesrepublik und die anderen europäischen Staaten die Überwindung der Kriegsfolgen und der Aufbau einer prosperierenden und stabilen Wirtschaftsordnung von besonderer Bedeutung. Die Integration in die europäischen und internationalen Gemeinschaften und Institutionen bildete dabei die Basis und den Rahmen für das „deutsche Wirtschaftswunder". Die ökonomische komplettierte die politische Verflechtung und erhöhte zugleich die innere Stabilität der Bundesrepublik. Die deutsche Volkswirtschaft profitierte dabei stark von der Liberalisierung und der Öffnung der Märkte im Zuge der Verwirklichung des europäischen Binnenmarktes.[61] Der Anteil der Exporte in den Binnenmarkt und der Importe aus den EG-Partnerstaaten wuchs in den 70er und 80er Jahren stetig. Wirtschaftlicher Wohlstand und Sicherheit als Basis staatlichen Handelns kann aus deutscher Sicht nur durch die Sicherung der europäischen Exportmärkte und durch die Offenheit und Verflechtung der internationalen Handelsmärkte garantiert werden. Deutschland war und ist als rohstoffarme, exportorientierte Volkswirtschaft auf den Absatzmarkt Europa angewiesen.[62]

Auch die Integration in die europäische Wirtschafts- und Währungsunion folgte den ordnungspolitischen Leitprinzipien der deutschen Politik. Zugleich erfüllte diese umfassende finanzpolitische Integration die politische Zielvorgabe des föderalen Integrationsleitbildes. Die Bundesbank verlor ihre autonome Rolle als Hüterin der europäischen Ankerwährung und ordnete sich der Europäischen Zentralbank unter. Obgleich die EZB weitgehend dem institutionellen Vorbild der Bundesbank entspricht und durch den Europäische Stabilitäts- und Wachstumspakt auf die deutschen ordnungs- und stabilitätspolitischen Leitbilder festgelegt wurde, verlor die Bundesregierung zugleich finanzpolitische Handlungsspielräume. Dies zeigte sich besonders deutlich in dem Konflikt zwischen der Bundesregierung, der Europäischen Kommission und anderen Mitgliedstaaten über die Verletzung der strikten Stabilitätskriterien des Paktes im Jahr 2002. Die Bundesregierung konnte nur durch massive Lobbyarbeit die Frühwarnung der Kommission („Blauer Brief") wegen der zu hohen Staatsverschuldung verhindern. Weithin wurde diese Politik als bedenkliches Anzeichen für eine Distanzierung oder zumindest eine Infragestellung der europapolitischen Vorreiterrolle und des eigenen ordnungspolitischen Leitbildes interpretiert, zumal dieser währungspolitische Konflikt in einer Reihe steht mit frühzeitig erkennbaren Anzeichen für veränderte Positionen oder die Relativierung anderer europapolitischer Leitbilder[63]. Als Beispiele werden häufig angeführt:

---

61 Vgl. Schneider (Anm. 16), S. 88.

62 Vgl. Gaddum (Anm. 42), S. 54 ff.

63 Der EU-Korrespondent der FAZ, Peter Hort, sprach sogar, den damaligen Leiter der Europaabteilung im Auswärtigen Amt Hans-Friedrich von Ploetz zitierend, von einer deutschen Europapolitik, die "britischer" werde. Vgl. Peter Hort, Die deutsche Europapolitik wird „britischer". Bonn stellt das Integrationsmodell in Frage und orientiert sich mehr an Kosten und Nutzen, in: Frankfurter Allgemeine Zeitung vom 20. Oktober 1997, S. 16.

- die fehlende Unterstützung des betont föderalen, niederländischen Vertragsentwurfs für eine Politische Union während der Regierungskonferenz zum Vertrag von Maastricht[64];
- das Maastricht-Urteil des Bundesverfassungsgerichts vom Oktober 1993, in dem der Begriff des „Staatenverbundes" kreiert wurde; Beobachter interpretierten dies als einen Versuch,, eine neue Leitbilddefinition zu prägen, zumal seither das Urteil als Argumentationshilfe für eine zunehmend skeptischere Politik gegenüber einer weiteren Vertiefung des europäischen Integrationsprozesses genutzt wurde[65];
- die daran anschließende offen ausgesprochene Abkehr von der Zielformel der „Vereinigten Staaten von Europa" durch Bundeskanzler Helmut Kohl im Februar 1992;[66]
- die erstmalige Abkehr von der integrationsfreundlichen Politik während der Schlussphase der Regierungskonferenz zum Vertrag von Amsterdam im Juni 1996 durch die Ablehnung der Vergemeinschaftung der Asyl- und Einwanderungspolitik und damit die Verhinderung einer weitergehenden Vertiefung des europäischen Integrationsbestandes;[67]
- und schließlich die lautstarke Propagierung des Subsidiaritätsprinzips und der Kompetenzabgrenzung zwischen der nationalstaatlichen und der europäischen Ebene durch die deutschen Länder, die seit 1988 mit einer eigenen europapolitischen Agenda auf der Brüsseler Bühne agierten.

Dennoch, so stellt Markus Jachtenfuchs fest, könne man diese Modifikationen und neuen Akzentsetzungen nicht auf eine grundsätzliche Revision der europapolitischen Leitbilder[68] schließen: „Nach dem Ende des Ost-West-Konflikts hat es zwar Versuche gegeben, die deutsche Europapolitik stärker als bisher an der Bewahrung und Maximierung von Autonomie und Einfluss auszurichten, aber es hat weder eine Reorientierung der deutschen europapolitischen Präferenzen gegeben noch einen substanziellen Wandel der europapolitischen Leitideen."[69] Jedoch seien vermehrt Kontroversen über konkrete politische Maßnahmen und insofern über die „Ausgestaltung des europäische Föderalismus" zu erwarten. Auch die Umwälzung der Rahmenbedingungen

64 Vgl. Schneider (Anm.24), S. 99 ff.; Andreas Maurer/Thomas Grunert, Der Wandel der Europapolitik der Mitgliedstaaten, in: Jopp/Maurer/Schneider (Anm. 14), S. 213-300, S. 241 ff.

65 Vgl. Michèle Knodt/Nicola Staeck, Shifting paradigms: reflecting Germany`s European policy, in: European Integration online Papers 3 (1999), Nr. 3.

66 Vgl. Schneider (Anm. 41), S. 771; Maurer/Grunert (Anm. 64), S. 244.

67 Vgl. Maurer/Grunert (Anm. 64), S. 249 ff.

68 Vgl. Markus Jachtenfuchs, Deutsche Europapolitik: Vom abstrakten zum konkreten Föderalismus, in: Kohler-Koch/Knodt (Anm. 46), S. 85-109. Vgl. auch umfassender Markus Jachtenfuchs, Die Konstruktion Europäischer Verfassungsideen und institutionelle Entwicklung, Baden-Baden 2002. Jachtenfuchs hat in seiner Untersuchung die zur Vertragsreform zum Vertrag von Amsterdam wirkenden Leitbilder untersucht. Für die Verhandlungen zur vorangegangenen Regierungskonferenz zum Vertrag von Maastricht kommt Thomas Dietz zu dem gleichen Ergebnis. Vgl. Dietz (Anm. 23).

69 Jachtenfuchs, Deutsche Europapolitik (Anm. 68), S. 102.

führte also nicht zu einer grundlegenden Revision des integrationspolitischen Leitbildes einer föderalen Politischen Union.

Die Entscheidungsprozesse der politischen Akteure werden darüber hinaus zunehmend von den europapolitischen Orientierungen der Bürgerinnen und Bürger beeinflusst. Deshalb ist die Wirkung von Ideen und Leitbildern auf die Europäisierung kollektiver Identitäten zu analysieren. Dabei steht insbesondere die Frage im Mittelpunkt, wie und in welchem Ausmaß die Meinungen und Präferenzen der Wähler die Entscheidungsträger und ihre Entscheidungen beeinflussen.[70] Zur Analyse der öffentlichen Meinung sind die im Rahmen von Meinungsumfragen gemessenen Präferenzen heranzuziehen.[71]

Mit dem Ende des Ost-West-Konfliktes war nach einem kurzfristigen deutlichen Zuwachs europaweit ein Rückgang der Zustimmung zur europäischen Einigung zu verzeichnen.[72] Bis dahin hatten sich die Zustimmungswerte für den europäischen Integrationsprozess auf konstant hohem Niveau bewegt.[73] Auch im vereinten Deutschland war nach 1990 eine skeptischere Stimmung messbar, die seit Mitte der 90er Jahre auch über dem langjährigen Mittelwert vor dem Ende des Ost-West-Konfliktes und zum Teil deutlich über dem europäischen Durchschnitt lag. Dabei war in Ostdeutschland eine skeptischere Stimmung feststellbar als in der alten Bundesrepublik. Deutlich erkennbar ist allerdings, dass die unmissverständlich ablehnende Einstellung der Bundesbürger („Die Mitgliedschaft in der EU ist eine schlechte Sache") nicht von dem grundsätzlich in ganz Europa sichtbaren Trend abweicht. Hingegen liegen die eindeutigen Zustimmungswerte („Die Mitgliedschaft in der EU ist eine gute Sache") seit Mitte der 90er Jahres unter den Werten für die anderen Mitgliedstaaten; die Gruppe der Unentschiedenen und Indifferenten hat deutlich zu Lasten der Gruppe der Befürworter zugenommen. Dieser eklatante Rückgang der allgemeinen Sympathiewerte zur europäischen Integration wurde komplettiert durch einen zunehmenden Rückgang des Vertrauens in die Institutionen der EU.

Immer mehr Deutsche schwanken also zwischen einer grundsätzlich positiven Einstellung zum europäischen Integrationsprozess und der Skepsis, ob die EU und die großen Reform- und Erweiterungsprojekte wirklich nützlich und im deutschen Inter-

---

70 Vgl. auch Hans Rattinger, Einstellungen zur europäischen Integration in der Bundesrepublik: Ein Kausalmodell, in: Zeitschrift für Internationale Beziehungen 3 (1996), S. 45-78.

71 Hierzu dienen die regelmäßig durchgeführten und standardisierten Eurobarometer-Meinungsumfragen sowie die analytischen und aktuelle europapolitische Themen aufgreifenden jährlichen Beiträge von Elisabeth Noelle-Neumann „Die öffentliche Meinung", in: Werner Weidenfeld/Wolfgang Wessels (Hrsg.), Jahrbuch der Europäischen Integration, Bonn 1982 ff.

72 Vgl. Abbildung 1.

73 Vgl. hierzu Oskar Niedermayer, Die Entwicklung der öffentlichen Meinung zu Europa, in: Jopp/Maurer/Schneider (Anm. 16), S. 419-448; Manuela Glab/Jürgen Gros/Karl-Rudolf Korte/Peter M. Wagner, Wertegrundlagen und Belastungsgrenzen deutscher Europapolitik, in: Werner Weidenfeld (Hrsg.), Deutsche Europapolitik, Bonn 1998, S. 167-208; Karl-Rudolf Korte/Andreas Maurer, Soziopolitische Grundlagen der deutschen Europapolitik. Konturen der Kontinuität und des Wandels, in: Schneider/Jopp/Schmalz (Anm. 14), S. 195-230.

esse sind. Oskar Niedermayer bezeichnete die Deutschen gar als „Sorgenkinder“[74]. Der europapolitische Grundkonsens[75], den alle Parteien, Verbände und Interessengruppen und die überwiegende Mehrheit der Deutschen geteilt hatten, ist zurückgegangen und einer zurückhaltenden Einstellung oder gar Skepsis gegenüber dem europäischen Integrationsprozess gewichen; der permissive Konsensus erodierte und wurde von einer nüchternen, interessengeleiteten und grundsätzlich skeptischeren Stimmung abgelöst.[76]

So können die schleichenden Veränderungen der europapolitischen Orientierung, die als „shifting paradigms“ oder „shifting of tectonic plates“ bezeichnet wurden[77], in Verbindung mit den aktuellen Beispielen für eine pragmatischere und auf die Durchsetzung deutscher Interessen zielende Europapolitik der Regierung Schröder/Fischer auch als Anzeichen einer substanziellen Veränderung der Leitbilder der deutschen Europapolitik interpretiert werden.[78] Jedoch sprechen die wiederholten Versuche der deutschen Europapolitik, den europäischen Integrationsprozess durch konkrete Initiativen für weitgehende institutionelle Reformen[79] wie durch die Entwürfe langfristiger Zielvorstellungen für die Finalität der Europäischen Union[80] zu vertiefen, eher für die Kontinuität und die Prägekraft der alten europapolitischen Leitbilder. Auch das aktuelle Festhalten der Bundesregierung am europäischen Verfassungsvertrag, trotz der gescheiterten Referenden in Frankreich und den Niederlanden, und damit verbunden, die Ablehnung von Versuchen, den Kompromiss abzuändern, aufzuweichen oder eine Politik der „Rosinenpickerei“ zu betreiben, sprechen ebenfalls für die Kontinuität der europapolitischen Leitbilder. Wenn eine fundamentale Revision der Ziele und ein Wertewandel der deutschen Europapolitik anstünden bzw. bereits im Gange wären, dann würde die derzeitige Situation der Europäischen Union einen geeigneten Anlass

74 Niedermayer (Anm. 73), S. 437.

75 So Karlheinz Reif, Eine Ende des „Permissive Consensus? Zum Wandel europapolitischer Einstellungen in der öffentlichen Meinung der EG-Mitgliedstaaten, in: Rudolf Hrbek (Hrsg.), Der Vertrag von Maastricht in der wissenschaftlichen Kontroverse, Baden-Baden 1993, S. 23-40.

76 Vgl. Hans-Wolfgang Platzer/Walter Ruhland, Welches Deutschland in welchem Europa? Demoskopische Analysen, politische Perspektiven, gesellschaftliche Kontroversen, Bonn 1994

77 Vgl. Knodt/Staeck (Anm. 65); Jeffery/Paterson (Anm. 54).

78 Charlie Jeffery und William E. Paterson kommen zu der Schlussfolgerung, „that a value change is under way.“ Jeffery/Paterson (Anm. 54), S. 73.

79 Hier sind insbesondere die gemeinsam mit Frankreich in die Beratungen des Europäischen Verfassungskonvents eingebrachten Überlegungen zur institutionellen Architektur der Union zu nennen. Gerhard Schröder/Jacques Chirac, Deutsch-französischer Beitrag zum Europäischen Konvent über die institutionelle Architektur der Union, Berlin/Paris 15. Januar 2003 und als Dokument des Konvents, CONV 489/93. Erläuternd auch Mathias Jopp/Saskia Matl, Perspektiven der deutsch-französischen Konventsvorschläge für die institutionelle Architektur der Europäischen Union, in: Integration 26 (2003), S. 99-110.

80 Vgl. z.B. die Humboldt-Rede von Bundesaußenminister Joschka Fischer am 12. Mai 2000 „Vom Staatenverbund zur Föderation – Gedanken über die Finalität der europäischen Integration“, abgedruckt in: Integration 23 (2000), S. 149 ff. oder auch den Leitantrag „Verantwortung für Europa“ zum SPD-Parteitag vom 19.-23. November 2001 in Nürnberg. Erläuternd hierzu auch Peter Becker/Olaf Leiße, Die Zukunft Europas. Der Konvent zur Zukunft der Europäischen Union, Wiesbaden 2005.

und Vorwand liefern, um diese Neu-Ausrichtung ohne größere europäische oder innenpolitische Konflikte in die Tat umzusetzen.

Zusammengefasst lassen sich drei Ergebnisse bei dieser Analyse der Entwicklung der europapolitischen Leitbilder festhalten:

1. Das Leitbild der deutschen Europapolitik bis zum Fall der Berliner Mauer war die Idee einer „föderalen europäischen Politischen Union". Damit verbunden waren die Leitbilder der Stärkung der supranationalen Institutionen und Strukturen sowie der politischen Verflechtung mit dieser föderalen europäischen Ordnung. Das europapolitische Leitbild prägte zugleich das ökonomische Leitbild von der Europäisierung der deutschen Ordnungspolitik. Die grundsätzliche Orientierung der deutschen Europapolitik an marktwirtschaftlichen Leitprinzipien lieferte umgekehrt die Basis zur weiteren wirtschaftlichen Integration. Der Europäische Binnenmarkt und die WWU wurden so zum Amalgam des ökonomischen und des politischen Leitbilds der deutschen Europapolitik.
2. Mit dem Ende des Ost-West-Konflikts veränderte sich der Stellenwert und die Gewichtung der Leitbilder, aber nicht deren fortgesetzte Prägekraft. Mit den Auswirkungen der stärker zu Tage tretenden innerdeutschen sozio-ökonomischen Disparitäten und im Zuge der Marktöffnung nach Mittel- und Osteuropa auch der innereuropäischen Disparitäten wuchsen die ökonomischen, sozialen und fiskalischen Probleme. Unter dem Druck dieser Verhältnisse verlor das Leitbild der Europäisierung der deutschen Ordnungspolitik zunehmend an Bedeutung. Hingegen bestand trotz des Abschieds von der Zielvorstellung der „Vereinigten Staaten von Europa" durch Bundeskanzler Kohl Mitte der 90er Jahre das Leitbild der unauflöslichen Verflechtung mit Europa fort und wurde in das politische Handeln der rot-grünen Bundesregierung aufgenommen.
3. Die erkennbar zunehmende Skepsis der deutschen Bevölkerung gegenüber der Europäischen Union kann als Zeichen einer sinkenden Identifizierung mit dem europäischen Integrationsprozess interpretiert werden; der permissive Konsens wurde offenkundig von einem utilitaristischen und damit interessenbestimmten Orientierungsmuster verdrängt.

4.3 Das europapolitische Entscheidungssystem

Eine entscheidende Rahmenbedingung, die maßgeblich die Gestaltung wie die Inhalte der deutschen Europapolitik prägt und determiniert, ist die besondere Struktur des europapolitischen Entscheidungssystems. Die Koordinierung der verschiedenen Akteure auf nationaler, regionaler und gesellschaftlicher Ebene müssen bei der Analyse und Bewertung politischer Prozesse und Entscheidungen in der deutschen Europapolitik ebenso beachtet werden wie die rechtlichen Grundlagen, auf denen sie agieren. Dabei sind die horizontalen Koordinierungsmechanismen, z.B. die Abstimmungsmechanismen innerhalb der Bundesregierung, wie die vertikale Koordinierung, z.B. zwischen Bund und Ländern, einzubeziehen. Beide Aspekte geben den Handlungsspielraum vor und bestimmen in beträchtlichem Maß das Ergebnis der nationalen Positionsfestlegung und Interessendefinition, die dann auf europäischer Ebene eingebracht wird.

Europapolitik war und ist „kein inhaltlich abgrenzbarer autonomer Politikbereich“[81], sondern hat sich zu einer zusätzlichen Querschnittspolitik entwickelt, die nicht nur bei der Exekutive zu neuen Problemlösungsmechanismen geführt hat, sondern auch die Mitwirkung der Legislativorgane stärker fordert. Simon Bulmer, Charlie Jeffery und William E. Paterson sprechen von einem „highly inclusive“ Politikfeld, in das inzwischen nahezu alle Ministerien der Bundesregierung und alle Ebenen des europapolitischen Entscheidungsprozesses einbezogen werden.[82] Die Dominanz der Exekutive über die Legislative, die auf den Feldern der klassischen Außenpolitik ihren Ausdruck in Artikel 32 (in Verbindung mit Artikel 59 Absatz 2 GG) gefunden hat, wurde für die „europäische Innenpolitik“ mit dem neuen Europaartikel 23 des Grundgesetzes und den beiden Ausführungsgesetzen zur Zusammenarbeit von Bundesregierung und Bundestag (ZusBTG oder EUZBBG) sowie von Bundesregierung und Bundesrat (ZusBRG oder EUZBLG) stark eingegrenzt. Damit ist die Zusammenarbeit zwischen Bundesregierung einerseits und Bundestag bzw. Bundesrat andererseits bei Angelegenheiten der EU der einzige Politikbereich, der verfassungsrechtlich geregelt und in hohem Maße gesetzlich ausdifferenziert wurde.

Mit der Auflösung der klassischen Trennung von Innen- und Außenpolitik im Bereich der Europapolitik bestimmte die europäische Rechtsetzung immer stärker auch die innerstaatliche Legislativtätigkeit. Diese Europäisierung neuer Politikfelder – angefangen bei der Agrarpolitik bis hin zum Verbraucherschutz oder klassisch innenpolitischen Politikbereichen, wie der Steuer-, der Innen- und der Justizpolitik – führt dazu, dass nicht nur die Grenzen zwischen Innen- und Außenpolitik verschwimmen und diffundieren, sondern dass Politikbereiche, die bislang kaum oder gar nicht von europäischer Rechtsetzung beeinflusst worden sind, nun eine eigene europäische Dimension entfalten.[83] In der Folge wirkt dieser Trend zur Europäisierung aller Ebenen und Politikbereiche immer tiefer in das politisch-administrative Entscheidungssystem der deutschen Europapolitik[84] hinein und umfasst inzwischen nahezu alle obersten

81 Dieter Kastrup, Die Zukunft des Auswärtigen Dienstes, in: Armin Laschet/Peter Pappert (Hrsg.), Ein Kontinent im Umbruch. Perspektiven für eine europäische Außenpolitik, Berlin/Frankfurt a.M. 1993, S. 89-77, S. 82.

82 Simon Bulmer/Charlie Jeffery/William E. Paterson, Germany‘s European diplomacy. Shaping the regional Milieu, Manchester 2000, S. 106.

83 Vgl. Kenneth Dyson/Klaus H. Goetz (Hrsg.), Germany, Europe and the Politics of Constraint, Oxford 2003.

84 Vgl. Klaus H. Goetz, National Governance and European Integration. Inter-governmental Relations in Germany, in: Journal of Common Market Studies 33 (1995), S. 91-116; Wolfgang Wessels, Strukturen und Verfahren Bonner EU-Politik – eine administrativ-politische Mehrebenenfusion, in: Hans-Ulrich Derlien/Axel Murswieck (Hrsg.), Der Politikzyklus zwischen Bonn und Brüssel, Opladen 1996, S. 21-37; Wolfgang Wessels, Die Öffnung des Staates. Modelle und Wirklichkeit grenzüberschreitender Verwaltungspraxis 1960-1995, Opladen 2000; Bulmer/Maurer/Paterson, Das Entscheidungs- und Koordinierungssystem deutscher Europapolitik (Anm. 53); Andreas Maurer/Wolfgang Wessels, Die Ständige Vertretung Deutschlands bei der EU –

Bundes- und Landesverwaltungen.[85] Die Erschließung neuer Politikbereiche für europäische Regulierung, entweder durch supranationale Gesetzgebung oder durch intergouvernementale Kooperation und Koordinierung, involviert somit eine zunehmende Zahl an Verwaltungseinheiten und -personal.[86] Diese Europäisierung der Verwaltung bedeutet zugleich, dass sowohl die Politiker als auch die Beamten auf allen Ebenen und in allen Bereichen ihre Aufmerksamkeit, ihre Interessenartikulation und -projektionen auf die europapolitischen Entscheidungsprozesse ausrichten müssen. Der immens hohe Durchdringungsgrad und die Tiefen- und Breitenwirkung der Europäisierung der obersten politisch-administrativen Verwaltungsebenen erfordert einerseits die Öffnung nahezu aller Politikbereiche für die deutsche Europapolitik, und andererseits durchdringen auch bislang primär innenpolitische Politikprozesse und Konflikte die deutsche Europapolitik.

Die Koordination und die frühzeitige Positionsfestlegung erweisen sich vor diesem Hintergrund als äußerst komplex, weil politikfeldübergreifende Koordinierungsmechanismen wie ebenenübergreifende Abstimmungsprozesse entwickelt wurden und darüber hinaus noch europapolitische Grundsatzfragen mit besonderen fachspezifischen Fragestellungen gegeneinander abgewogen und vermittelt werden müssen. Insgesamt ist ein deutlicher Trend zu administrativer Differenzierung und Dezentralisierung des europapolitischen Entscheidungs- und Koordinierungssystems festzustellen.

Selbst wenn die Gestaltung der deutschen Europapolitik sich spätestens mit der Verfassungsänderung und der Neufassung des „Europa-Artikel“ 23 des Grundgesetzes vom Dezember 1992 von anderen außenpolitischen Prozessen durch die stärkere auch innenpolitisch spürbare Durchdringung und Vermengung unterscheidet, so ist die Europapolitik dennoch primär eine Aufgabe des Bundes und der Bundesregierung.[87]

Scharnier im administrativen Mehrebenensystem, in: Knodt/Kohler-Koch (Anm. 46), S. 293-324; Simon Bulmer/Andreas Maurer/William E. Paterson, The European Policy-Making Machinery in the Berlin Republic: hindrance or hand-maiden?, in: German Politics 10 (2001), Nr. 1, S. 177-206.

85 Vgl. Michael Felder u.a., Die Auswirkungen der europäischen Integration auf das politisch-administrative System der Bundesrepublik Deutschland, Forschungsbericht des RISP-Rhein-Ruhr-Institut für Sozialforschung und Politikberatung e.V. an der Gerhard-Mercator-Universität Duisburg, Forschungsgruppe Systemanalyse für Verwaltung und Politik (SVP), 2002. Diese empirisch sehr breit angelegte Untersuchung kam zu dem Ergebnis, dass Ende 2000 ein Europäisierungsgrad von über 80 Prozent der Abteilungen in den Bundes- und Landesministerien (88 Prozent für die Bundesministerien und 80,6 Prozent für die Landesministerien) erreicht wurde. Wolfgang Wessels belegt diesen Trend durch Daten zur Beteiligung deutscher Ministerialbeamter an Sitzungen Brüsseler Gremien, die zwischen 1961 und 1995 deutlich gestiegen ist. Wessels (Anm. 84), S. 37 ff.

86 Wolfgang Wessels spricht von einem Zuwachs der Anzahl an Planstellen höherer Beamter (ab A 13) in den Bundesministerien im Zeitraum 1960 bis 1995 um durchschnittlich 3,6 Prozent jährlich. Vgl. Wessels (Anm. 84), S. 24 f.

87 Eine knappe Darstellung der Entstehungsgeschichte des deutschen europapolitischen Entscheidungssystems liefern Simon Bulmer/Martin Burch, The „Europeanisation“ of central government: the UK and Germany in historical institutionalist perspective, in: Mark Aspinwall/Gerald Schneider (Hrsg.), The rules of integration: Institutionalist approaches to the study of Europe, Manchester 2001, S. 73-96.

Auch die Europapolitik, als spezifischer Bereich der auswärtigen Politik, unterliegt der Dominanz der Exekutive. Die Abstimmung einer einheitlichen Position innerhalb der Bundesregierung ist dabei vom Spannungsverhältnis der in Artikel 65 des Grundgesetzes fest geschriebenen Kanzler-, Ressort- und Kollegialprinzipien charakterisiert.

Die fundamentalen Fragen der Weiterentwicklung des europäischen Integrationsprozesses, d.h. Fragen der Erweiterung und Vertiefung der EU, zählen zweifellos zu den außen- und europapolitischen Kernpunkten und sind damit latent dem Bereich der Richtlinienkompetenz des Kanzlers zuzuordnen.[88] Die Schlüsselfunktion des Kanzlers wurde auf europäischer Ebene durch die herausgehobene strategische Rolle des Europäischen Rates für die Formulierung der Ziele und weiteren Schritte der europäischen Integration zusätzlich gestärkt. Die Ausübung der Richtlinienkompetenz im Bereich der Europapolitik blieb allerdings die Ausnahme.[89] Erst in den neunziger Jahren nutzte Helmut Kohl seine Richtlinienkompetenz für eine umfassende politische Steuerung der deutschen Europapolitik.[90] Mit der Einrichtung einer gesonderten Europa-Abteilung im Kanzleramt im Oktober 2001 wurde der Prozess der institutionellen Anpassung und der Wahrnehmung der politischen Leitlinien- und Koordinierungsfunktion für die Europapolitik im Kanzleramt vorläufig abgeschlossen.

Grundsätzlich verblieb die Steuerung und Koordinierung der deutschen Europapolitik dem Auswärtigen Amt, das sich diese Aufgabe allerdings mit dem Bundeswirtschaftsministerium (BMWi) bzw. während der rot-grünen Koalition mit dem Bundesfinanzministerium teilen musste. Diese funktionale Aufgabenverteilung basierte auf einer Vereinbarung zwischen beiden Ressorts vom 6. Juni 1958. Die Übereinkunft sah vor, dass die außenpolitischen und auswärtigen Angelegenheiten der damaligen EWG durch das Auswärtige Amt und die wirtschaftspolitischen und ökonomischen Fragen durch das BMWi wahrgenommen wurden. Konsequenz der Vereinbarung war einerseits die Notwendigkeit zur Kooperation, und andererseits wurde mit dieser Regelung ein latentes Spannungsverhältnis zwischen beiden Ministerien etabliert. Für die administrative Umsetzung werden die Vorsitz- und Sekretariatsaufgaben in einem mehrstufigen interministeriellen Abstimmungsprozess zwischen beiden Koordinierungsministerien aufgeteilt; während der Staatsminister im Auswärtigen Amt die Leitung des Staatssekretärausschusses für Europafragen wahrnimmt, obliegt die Stellvertretung und das Sekretariat des Ausschusses dem BMWi bzw. dem BMF. Auf Arbeitsebene

88 Vgl. Judith Siwert-Probst, Die klassischen außenpolitischen Institutionen, in: Wolf-Dieter Eberwein/Karl Kaiser (Hrsg.), Deutschlands neue Außenpolitik. Bd. 4: Institutionen und Ressourcen, München 1998, S. 13-28, S. 22. Die Autorin spricht sogar davon, dass „die europapolitische Zuständigkeit eine klassische Querschnittsaufgabe des Kanzleramts“ sei.

89 Vgl. Elfriede Regelsberger/Wolfgang Wessels, Entscheidungsprozesse Bonner Europa-Politik – Verwalten statt Gestalten?, in: Hrbek/Wessels (Anm. 37), S. 469-499, S. 481 f. – Helmut Schmidt spricht über die Initiative zur Schaffung des europäischen Währungssystems davon, die Sache „von ganz oben“ ins Werk gesetzt zu haben. Vgl. Helmut Schmidt, Die Deutschen und ihre Nachbarn, Menschen und Mächte II, Berlin 1990, S. 222.

90 Vgl. Bulmer/Jeffery/Paterson (Anm. 20), S. 27.

wurde der 1971 installierte Ausschuss der Europabeauftragten der Bundesministerien vom Leiter der Europaabteilung des BMWi geleitet. Auch die Leitung der Ständigen Vertretung der Bundesrepublik bei der EU in Brüssel wurde zwischen beiden Häusern aufgeteilt; das Auswärtige Amt benennt den Ständigen Vertreter im Rang eines Botschafters und damit den Repräsentanten im Ausschuss der Ständigen Vertreter II (AStV II zur Vorbereitung z.B. des Allgemeinen Rats, des EcoFin, des Entwicklungshilfe-, des Innen- und Justiz- sowie des Haushaltsrats), während das BMWi bzw. das BMF den Stellvertreter des Ständigen Vertreters nach Brüssel abordnet, der die Bundesrepublik im AStV I (zur Vorbereitung der Räte für Binnenmarkt, Verkehr, Umwelt und Teilaspekte der Landwirtschaft) vertritt. Obwohl das Auswärtige Amt weiterhin für die Kernfragen der Integrationspolitik zuständig ist, liegt die Federführung für einzelne Vorhaben der EU entsprechend dem in Artikel 65, Satz 2 GG fixierten Ressortprinzip grundsätzlich bei jenem Ministerium, das nach der Geschäftsordnung der Bundesregierung für diese Aufgabe zuständig ist.

Zusammengefasst ist die Koordination der Europapolitik innerhalb der Bundesregierung charakterisiert von einer starken Sektoralisierung und Fragmentierung im Bereich der Routinepolitik. Im Zuge der Europäisierung fast aller Politikbereiche wurde ein eingespielter mehrstufiger Abstimmungsmodus etabliert und verfeinert, in den nahezu alle Ressorts einbezogen werden, ohne eine „zentrale Autorität, die sich um kohärente Positionen bemühen würde."[91] Die Sektoralisierung der Europapolitik verstärkt das Ressortprinzip und vergrößert zugleich die Spielräume der Bundesministerien, eigenständig in den jeweiligen Arbeitsgruppen des Rates agieren zu können. Dies kann bei sich überschneidenden bzw. verwandten Dossiers zu unterschiedlichen Positionen führen. Auch der nicht selten koalitionsbedingte Pluralismus reduziert die Stringenz und Kohärenz der deutschen Europapolitik. Andererseits wird so eine vorzeitige Festlegung vermieden, die die Flexibilität der eigenen Politik erhöht sowie eine mögliche Isolation im hierarchisch aufgebauten EU-Politikzyklus verhindert.[92]

Die Effizienz der deutschen europapolitischen Koordinierung wird regelmäßig als unangemessen kritisiert[93] und eine stärkere Zentralisierung des Entscheidungsprozesses in der Bundesregierung gefordert. Als kritikwürdig gilt häufig, dass der komplexe Abstimmungsmechanismus nicht angemessen auf die konsensorientierte Arbeit in den Arbeitsgremien des Ministerrats abgestimmt sei. Es komme deshalb zu einer Häufung von Stimmenthaltungen der deutschen Delegationen („the German vote"), weil eine abgestimmte Positionierung der Bundesregierung häufig erst zu spät vorliege. In der Konsequenz führe dies zu einer unterdurchschnittlichen Um- und Durchsetzung deutscher Interessen in den Arbeitsgruppen des Rats, gegenüber der Kommission und dem Europäischen Parlament.[94]

91 Bulmer/Jeffery/Paterson (Anm. 20), S. 28; ebenso Wessels (Anm. 84) , S. 31ff.
92 Bulmer/Jeffery/Paterson (Anm. 20), S. 29 f.
93 Vgl. z.B. Josef Janning/Patrick Meyer, Deutsche Europapolitik – Vorschläge zur Effektivierung, in: Weidenfeld (Anm. 20), S. 267-286.
94 Vgl. Wessels (Anm. 84), S. 31 ff.; Bulmer/Maurer/Paterson (Anm. 55), S. 256 ff.

Als zusätzliche Akteure werden, gerade wegen der gestrengen Beeinflussung der nationalen durch die europäische Gesetzgebung, zunehmend auch Bundestag und Bundesrat gefordert. Deren europapolitischen Mitwirkungsrechte und der Mitwirkungsbedarf wuchsen mit der zunehmenden Differenzierung der Europapolitik kontinuierlich an. Der Bundestag hatte bereits bei den ersten Schritten des europäischen Integrationsprozesses auf eine angemessene Beteiligung und die Möglichkeit zu einer umfassenden parlamentarischen Kontrolle der Europapolitik gedrängt.[95] Eine deutliche qualitative Stärkung seiner Position gegenüber der Bundesregierung setzte der Bundestag jedoch erst im Zusammenhang mit der Ratifizierung des Maastrichter Vertrags und den parallel erfolgten Grundgesetzänderungen durch.[96]

Das Parlament konnte seine Informations- und Kontrollrechte in europäischen Angelegenheiten umfassend verfassungsrechtlich absichern und in einem Ausführungsgesetz konkretisieren.[97] In der praktischen Umsetzung dieser Rechte nach Artikel 23 GG und die einfachgesetzlichen Ausführungsregelungen des EUZBBG hat der Bundestag besondere parlamentarische Verfahren entwickelt, die vom „Unionsausschuss" wahrgenommen werden. Der Ausschuss nimmt insoweit eine besondere Stellung ein, als er in Artikel 45 des Grundgesetzes verfassungsrechtlich verankert wurde. Damit ist der EU-Ausschuss neben dem Auswärtigen, dem Verteidigungs- und dem Petitionsausschuss einer von vier Ausschüssen, deren Konstituierung die Verfassung vorschreibt. Eine Sonderrolle wird dem EU-Ausschuss auch durch die Regelung zugebilligt, nach der das Plenum des Bundestages den Ausschuss ermächtigen kann, die Rechte des Bundestages gemäß Artikel 23 GG wahrzunehmen.

Als wichtigste Ursache der Fragementierung und der prozeduralen Komplexität der Koordinierungsmechanismen deutscher Europapolitik wird zumeist die besondere Form des deutschen Föderalismus genannt.[98] Die einzigartig starke Stellung der deut-

---

95 Bereits das Ratifikationsgesetz zu den Gründungsverträgen von EWG und EURATOM beinhaltete die Einbindung des Bundestages in die Beratungen in den Ministerräten der neuen Gemeinschaften und damit eine laufende Unterrichtung. Vgl. grundsätzlich zur Mitwirkung des Bundestags Annette Elisabeth Töller, Europapolitik im Bundestag, Frankfurt a.M. u.a. 1995; Sven Hölscheidt, Mitwirkungsrechte des Deutschen Bundestages in Angelegenheiten der EU, in: Aus Politik und Zeitgeschichte, B 28/2000, S. 31-38; Friedbert Pflüger, Die fortschreitende europäische Integration und der Europaausschuss des Deutschen Bundestages, in: integration 23 (2000), S. 229-244; Michael Fuchs, Der Ausschuss für die Angelegenheiten der Europäischen Union des Deutschen Bundestages – kein Ausschuss wie jeder andere!, Deutscher Bundestag, Berlin 2001.

96 Vgl. Christian Rath, Entscheidungspotenziale des Deutschen Bundestages in EU-Angelegenheiten. Mandatsgesetze und parlamentarische Stellungnahmen im Rahmen der unionswärtigen Gewalt, Baden-Baden 2001.

97 Vgl. Michael Fuchs, Art. 23 in der Bewährung. Anmerkungen aus der Praxis, in: Die öffentliche Verwaltung 54 (2001), S. 233-240; vgl. auch Wolfgang Zeh, Bundestag und Bundesrat bei der Umsetzung von EU-Recht, in: Derlien/Murswieck (Anm. 84), S. 39-51.

98 Siehe Michèle Knodt, Europäisierung à la Sinatra: Deutsche Länder im europäischen Mehrebenensystem, in: Dies./Beate Kohler-Koch (Hrsg.), Deutschland zwischen Europäisierung und Selbstbehauptung, Frankfurt a.M./New York 2000, S. 237-264. Bezogen auf die Regierungskonferenz zum Vertrag von Nizza siehe Martin Große Hüttmann/Michèle Knodt, Die Europäisierung des deutschen Föderalismus, in: Aus Politik und Zeitgeschichte, B 52-53/2000, S. 31-38.

schen Länder bei der Formulierung und Umsetzung der deutschen Europapolitik wurde einerseits mit dem Vorwurf belegt, die Länder betrieben eine „Nebenaußenpolitik“[99]. Die Länder, so die einhellige Meinung, haben durch die stetige Ausweitung ihrer Mitwirkungsrechte und -instrumente an der Europapolitik des Bundes ihre Einflussmöglichkeiten gesichert und die Europäisierung ganzer Politikfelder kompensiert. Andererseits wird der spezifische Typus des „kooperativen Föderalismus“ als Stärke der deutschen Europapolitik interpretiert.[100] Die Verankerung der Ländermitwirkung in EU-Angelegenheiten in Artikel 23 GG ist das deutlichste Kennzeichen für die Ausweitung des kooperativen Föderalismus auf die Europapolitik. Danach wirkt der Bundesrat bei allen Angelegenheiten der EU mit, insbesondere bei der Erarbeitung und Verabschiedung von europäischen Rechtsakten. In den Absätzen vier bis sechs von Art. 23 GG wird der Grad der Mitwirkung entsprechend der innerstaatlichen Kompetenzverteilung zwischen Bund und Ländern differenziert. Weiter ergänzt und spezifiziert wurden die Mitwirkungsrechte der Länder durch ein eigenes Ausführungsgesetz und eine zusätzliche Bund-Länder-Vereinbarung.[101]

Mit den neuen Mitwirkungsrechten übernehmen die Länder zugleich eine stärkere Verantwortung für die deutsche Europapolitik. Dies gilt nicht nur für die Fälle, in denen den Länder die Verhandlungsführung im Ministerrat übertragen werden kann (Bildung, Kultur), sondern auch für die, in denen die Länder durch den Bundesrat eine Stellungnahme verabschieden, an die die Bundesregierung bei ihren Verhandlungen in Brüssel gebunden ist. Organisatorisch verlangen die Mitwirkungsrechte des Bundesrats ein hohes Maß an Flexibilität. Sie sind mit großem personellen Aufwand verbunden, sowohl für die länderübergreifende Koordinierung als auch für die Präsenz in den zahlreichen Arbeitsgremien von Rat und Kommission.

Der Europa-Ausschuss des Bundesrates hat sich im Verlauf der europapolitischen Mitwirkung zu einem Instrument entwickelt, in dem die europäische „Routinepolitik“ begleitet wird. Die Abstimmung der Länder zu den grundlegenden Fragen der europäischen Integration dagegen, zu Regierungskonferenzen oder Erweiterungsverhandlungen, erfolgen dagegen nicht im Bundesrat, sondern in der direkten Abstimmung im Länderkreis und werden anschließend im Bundesrat nur mehr rechtlich verbindlich

99 Vgl. Klaus-Otto Nass, „Nebenaußenpolitik“ der Bundesländer, in: Europa-Archiv 41 (1986), S. 619-628.

100 Grundlegend zur Mitwirkung der Länder in Angelegenheiten der EU aus der Fülle der hierzu inzwischen vorliegenden Literatur: Rudolf Morawetz/Wilhelm Kaiser, Die Zusammenarbeit von Bund und Ländern bei Vorhaben der Europäischen Union, Bonn 1994; Franz H.U. Borkenhagen (Hrsg.), Die Europapolitik der deutschen Länder. Bilanz und Perspektiven nach dem Gipfel von Amsterdam, Opladen 1998; Christian Callies, Innerstaatliche Mitwirkungsrechte der deutschen Bundesländer nach Art. 23 GG und ihre Sicherung auf europäischer Ebene, in: Rudolf Hrbek (Hrsg.), Europapolitik und Bundesstaatsprinzip, Baden-Baden 2000, S. 13-27.

101 Siehe ausführlich aus der Masse der Literatur zu Artikel 23 GG, seiner Entstehungsgeschichte und der erweiterten Mitwirkungsrechte der Länder über den Bundesrat die Dissertationen von Christian Schede, Bundesrat und Europäische Union. Die Beteiligung des Bundesrates nach dem neuen Artikel 23 des Grundgesetzes, Frankfurt a.M. u.a. 1994 und Martin Pröpper, Die Mitwirkung des Bundesrates an der europapolitischen Willensbildung, Gießen 1997.

verabschiedet. Daneben haben die Länder innerhalb der Landesregierungen und im Rahmen der Länderabstimmung auf die gewachsenen europapolitischen Herausforderungen reagiert. In jedem Land gibt es inzwischen einen Europabeauftragten[102] – im Rang eines Ministers oder eines Staatssekretärs, und auch die Fachministerien verfügen über Europa-Referenten. Im Zuge der Einheitlichen Europäischen Akte verschafften sich die Länder darüber hinaus eigene Kanäle zur direkten Interessenvermittlung zwischen den Landeshauptstädten und den Institutionen in Brüssel. Die ersten Länder eröffneten zwischen 1985 und 1987 Informationsbüros in Brüssel; die neuen Bundesländer folgten schnell diesem Beispiel. Seit 1992 hat jedes Land ein eigenes Vertretungsbüro in Brüssel.

Charakteristisch für das deutsche europapolitische Entscheidungssystem ist der fragmentierte institutionelle Aufbau, der eine Vielzahl von langwierigen vertikalen und horizontalen Koordinierungsprozessen notwendig macht. Es bilden sich je nach Verhandlungsstand, Verlauf des Politikzyklus in Brüssel und je nach Politikbereich und politischer Bedeutung verschiedene Zentren im deutschen europapolitischen Entscheidungssystem mit unterschiedlichen Interessen und Einflußmöglichkeiten. Als weitere Konsequenz des institutionellen Pluralismus wird ein Mangel an langfristiger, strategischer Gesamtplanung festgestellt. Zwar bewirkt das Bestreben, Positionen auf einer möglichst niedrigen Entscheidungsebene sowohl des internen Koordinierungsprozesses in Berlin abzustimmen als auch des Brüsseler Politikzyklus einzubringen, ein hohes Maß an Entscheidungsautonomie und Flexibilität; dies erschwert aber eine kohärente europapolitische Gesamtstrategie. Dennoch sind folgende Trends feststellbar:

1. Die Differenzierung der in die Europapolitik eingebundenen Entscheidungsträger und Institutionen hat zugenommen, und damit folgte zugleich eine deutliche Sektoralisierung und Spezialisierung des europapolitischen Entscheidungssystems. Immer mehr Entscheidungsträger und Institutionen sind inzwischen mit europapolitischen Themen und Vorgängen befasst. Dies führt zwangsläufig zu einer Bürokratisierung der Entscheidungsprozesse.
2. Die Europäisierung der Innenpolitik nahm mit der Vertiefung des Integrationsprozesses stetig zu. Dies bedeutet zugleich die Europäisierung der Verwaltung. Vormals innenpolitische Entscheidungen wurden und werden immer stärker durch europäische Vorgaben beeinflusst oder gar präjudiziert. Die Inkorporierung europapolitischer Aspekte in die deutsche Innenpolitik bedingt ferner die Externalisierung innenpolitischer Interessenkonflikte in die europapolitische Debatte.
3. Mit der Europäisierung des gesamten politisch-administrativen Entscheidungssystems, also der Exekutive, nahm die Notwendigkeit einer stärkeren Legitimierung und Parlamentarisierung der Europapolitik zu. Die Dominanz der Exekutive über die Legislative wurde für die „europäische Innenpolitik" mit dem neuen Europaar-

102 Vgl. Christoph Schönberg, Europabeauftragte in den deutschen Bundesländern, in: Die öffentliche Verwaltung 51 (1998), S. 665-672. Bei der Mehrzahl der Landesregierungen ist der Europaminister angesichts des Querschnittscharakters der Europapolitik und der Koordinierungsfunktion der Europa-Abteilungen in den Staats- bzw. Senatskanzleien angesiedelt.

tikel 23 des Grundgesetzes begrenzt. Von besonderer Bedeutung ist hierbei die Mitwirkung der Länder über den Bundesrat, die seither weit über die reine Information und Anhörung hinausgeht. Die Kontrolle und die Beeinflussung durch Bundestag und Bundesrat erfolgt allerdings eher sach- und ergebnisorientiert in den Fachausschüssen; konfliktreiche Grundsatzdebatten über Grundlinien der Europapolitik sind hingegen selten. Diese pragmatische, auf die Lösung von Sachfragen zielende Arbeitsweise erhöht jedoch die Zahl der an der Lösung von Einzelfragen beteiligten Akteure weiter.

Diese strukturellen Eigenheiten sind keine neuen Entwicklungen, die im Zuge der veränderten europäischen oder internationalen Rahmenbedingungen oder der deutschen Einheit erwachsen wären. Die Fragmentierung des europapolitischen Entscheidungssystems wurde vielmehr durch die Vertiefung des europäischen Integrationsprozesses – beginnend mit dem Vertrag von Maastricht – deutlich verstärkt. Auch die Defizite der europapolitischen Koordinierung innerhalb der Bundesregierung sind wohl eher Kennzeichen der Kontinuität als des Wandels.

Ein besonderes Zeichen der Veränderung ist die deutliche Aufwertung der Rolle des Bundestages, des Bundesrates und der Länder in der Gestaltung der deutschen Europapolitik mit dem neuen Europa-Artikel 23 des Grundgesetzes. Die institutionelle Pluralität durch die Einbindung und Mitwirkung aller Akteure in die Formulierungs- und Abstimmungsprozesse sichert allerdings den für die deutsche Europapolitik charakteristischen „permissive consensus". Insofern muss auch dieses Element des Wandels wohl eher als Form der institutionellen Adaption interpretiert werden, um die Kontinuität der europapolitischen Leitbilder und Interessen zu sichern.

5. Fazit

Zweifellos lassen sich – trotz der nachdrücklichen Kontinuitätsrhetorik und der Betonung traditioneller Leitlinien, Orientierungen und Interessen der deutschen Europapolitik nach der Zäsur 1989/90 – einige grundlegende, strukturelle Veränderungen festhalten:

1. Mit dem veränderten außen- und europapolitischen Umfeld nach dem Ende des Ost-West-Konflikts veränderten sich nicht nur die Rahmenbedingungen und die Konstanten für die Gestaltung der deutschen Außen- und Europapolitik. Mit den spätestens zu Beginn des neuen Jahrtausends immer stärker werdenden Herausforderungen der Globalisierung verschärfte sich einerseits die Wettbewerbssituation im europäischen und globalen Standortwettbewerb, andererseits wuchs der Koordinierungsbedarf in Europa. Damit einher ging auch eine zunächst gestärkte relative Machtposition und ein tendenziell erweiterter Handlungsspielraum des vereinten Deutschland innerhalb der Europäischen Union. Das „neue Deutschland" übernahm fast zwangsläufig, aber ungewollt die Rolle einer „zentralen Macht" in Europa.

2. Mit der deutschen Einheit veränderte sich allerdings mittelfristig die ökonomische Basis der deutschen Außen- und Europapolitik. Die ökonomische Schwäche und die immensen Finanztransfers in die neuen Bundesländer haben nicht nur Auswirkungen auf die ökonomische Wettbewerbsfähigkeit der deutschen Volkswirtschaft, sondern auch auf das traditionelle Instrumentarium der deutschen Außen- und Europapolitik. Mit dem Schwinden der ökonomischen Stärke und der fiskalischen Spielräume sinken die Möglichkeiten für eine deutsche Europapolitik der „Paketlösungen" und der „side-payments"; Konsenslösungen in europäischen Verhandlungsprozessen sind immer seltener durch den „Zukauf" von Kompromissbereitschaft aus dem Bundeshaushalt zu erzielen.
3. Unter den grundlegend veränderten Bedingungen des internationalen Systems erfuhr die Europäische Union seit 1990 Wachstum und Differenzierung, wobei sich die Vertiefungs- und Erweiterungsprozesse gegenseitig verstärkten. Die stetige Vertiefung des Integrationsprozesses hat nicht nur zu einer Ausdehnung des Anwendungsgebietes für europäische Politikgestaltung geführt, sondern zwangsläufig auch zu einer Konkretisierung der Europapolitik. Neben die fundamentalen Fragen der Weiterentwicklung des europäischen Einigungsprozesses, sozusagen die „high politics" der Integration, sind die Probleme der europäischen Alltags- und Routinepolitik getreten, die europäische „low politics". Für die europäischen Nationalstaaten bedeutet dies, dass ihnen immer weniger autonome Aufgabenfelder bzw. Bereiche originär nationalstaatlicher Souveränität verbleiben.
4. Die zunehmende Europäisierung und die stärkere Durchdringung der bisherigen Innen- und Alltagspolitik durch europäische Vorgaben lässt die Anzahl der in die Formulierung der deutschen Europapolitik eingebundenen Entscheidungsträger und Institutionen ansteigen; die Notwendigkeit, deren Interessen zu beachten, wächst. Das institutionelle *setting* des deutschen europapolitischen Entscheidungssystems hat sich insbesondere durch die zunehmend auch im Bereich der Europapolitik selbständiger auftretenden Bundesländer verändert. Die Differenzierung und Spezialisierung des europapolitischen Entscheidungssystems führt zwangsläufig zu einer Bürokratisierung der Europapolitik und der Entscheidungsverfahren. Umgekehrt werden umso häufiger bislang innenpolitische Interessenkonflikte in die europapolitische Debatte eingeführt.

Analysiert man die Europapolitik des vereinten Deutschland nach 1989 mit Hilfe der drei Kriterien – Ideen, Institutionen und Interessen –, ergibt sich kein eindeutiges Bild von Kontinuität oder Wandel. Dem fundamentalen Wandel des Internationalen Systems durch die Zäsur 1989/90 folgte zwar die Notwendigkeit zur Überprüfung der Grundlagen, der Orientierungen und der deutschen Rolle in Europa und in der Europäischen Union. Ergebnis dieser Prüfung war eine besondere Betonung der Kontinuität und des Festhaltens an den fundamentalen Parametern der deutschen Außen- und Europapolitik. Die Europapolitik des vereinten Deutschland knüpfte an die integrationspolitischen Leitbilder und Grundlagen vor der Zäsur 1989/90 an; die grundlegenden europapolitischen Visionen und Ideen waren von einer starken Kontinuität geprägt. Auch wenn man konstatiert, dass die beständige Betonung der Kontinuität der deutschen Außen- und Europapolitik durch die politische Elite zunächst eine deklaratorische Zielsetzung verfolgte und sich primär an die internationalen Partner richtete, so blieb die feste Einbindung in multilaterale und integrative Strukturen die dominierende „Staatsräson" des vereinten Deutschland. Die EU ist weiterhin der zentrale Handlungsrahmen und das prioritäre Projekt der deutschen Außenpolitik. Der starke Diskontinuitätsimpuls des Epochenbruchs 1989/90 hatte demnach keine rapide Kursänderung und keinen einschneidenden Bruch mit den Traditionslinien der deutschen Europapolitik zur Folge.

Dennoch führten die veränderten Rahmenbedingungen zu graduellen Veränderungen. Die deutsche Europapolitik, insbesondere die europapolitische Alltags- und Routinepolitik, wurde durch einen Trend zur Pragmatisierung, Enttabuisierung und Normalisierung gekennzeichnet. In Anlehnung an die weiter oben aufgeführte Typologisierung von Wandel muss deshalb eine Abgrenzung zwischen dem Typus der Transformation und dem Typus des kontinuierlichen Wandels versucht werden: Sind die Veränderungsprozesse Zeichen üblicher Anpassungen an veränderte Rahmenbedingungen, oder sind es Zeichen für eine inkrementalistische, aber dennoch tiefreichende Veränderung der Grundlagen und Strukturen deutscher Europapolitik?

Bereits in den 70er Jahren bemerkte Eckart Gaddum deutliche Akzentverlagerungen[103] der deutschen Europapolitik, und auch in den 80er Jahren war ein besonderer europapolitischer „Dualismus" zwischen einem tagespolitisch-interessengeleiteten Pragmatismus und einer normativen Initiierung, Forcierung und Steuerung des Integrationsprozesses festzustellen. Bereits vor der deutschen Einheit wurde über die ungerechte deutsche Nettozahlerposition debattiert; und die deutsche Europapolitik verfolgte bereits vor 1989 nationale, sektorspezifische Interessen mit einem betont pragmatischen Stil, z.B. bei der Subventionierung der deutschen Stahlindustrie, den besonderen Interessen der deutschen Landwirte, der Ausgestaltung der europäischen Wirtschafts- und Währungsunion nach deutschem Vorbild oder in den Bereichen der europäischen Umweltpolitik oder Sozialpolitik.[104]

Die Akzentverlagerungen nach 1989 und die hörbarere Vertretung deutscher spezifischer Interessen gegenüber den europäischen Organen und Partnern sind insoweit als Elemente der europäischen Routinepolitik eher Belege für das Fortbestehen des „Dualismus" von tagespolitischer Interessenpolitik und langfristigen grundlegenden integrationspolitischen Leitbildern und Zeichen europapolitischer Kontinuität. Eine langsame Transformation der Fundamente der deutschen Europapolitik, wie sie von Charlie Jeffery und William E. Paterson mit der Metapher der gegeneinander schiebenden tektonischen Platten deutscher und europäischer Politiken bezeichnet werden, wäre dann festzustellen, wenn einerseits ein spürbarer Wandel bei den langfristig wirkenden Leitbildern der deutschen Europapolitik festzustellen wäre und wenn anderer-

103 Gaddum zitiert auch Alfred Grosser, der bereits 1975 eine „weniger vergangenheitsbefangene" deutsche Außenpolitik bemerkte. Vgl. Gaddum (Anm. 42), S. 59 f.
104 Vgl. Schmalz (Anm. 14), S. 53 ff.

seits die inkrementalistischen Veränderungen auf die deutsche Europapolitik begrenzt und nicht zugleich und in ähnlicher Form in den Europapolitiken anderer EU-Mitgliedstaaten feststellbar wären. Denn erst diese Beschränkung inkrementalistischer Veränderungsprozesse auf die deutsche Europapolitik liefert einen belastbaren Anhaltspunkt für die Verortung der Normalisierungs- und Pragmatisierungsprozesse zur Typologie des transformatorischen Wandels.

Jedoch unterstreicht gerade die Kontinuität der Definition nationaler Grundlinien, Ziele und Interessen deutscher Europapolitik sowie die tiefe Verinnerlichung des europäischen Integrationsgedankens in der deutschen politischen Elite, dass die Anzeichen eher auf den Typus des kontinuierlichen Wandels hindeuten. Die „Europäisierung Deutschlands“[105] als Ziel und Errungenschaft der deutschen Europapolitik vor 1990, der Multilateralismus als prägender Politikstil, die Kongruenz von Institutionen, Normen und Konventionen sowie die europäische Identität und Verpflichtung der politischen Eliten und der Bevölkerung wirkten fort und bestimmten auch die deutsche Europapolitik nach 1990.[106]

Auch ein zweites Kriterium für transformatorischen Wandel, scheint nicht einschlägig. Trotz der zyklischen Krisen des Integrationsprozesses sind die großen europapolitischen Weichenstellungen mit der Einführung der gemeinsamen Währung, der unaufhaltsamen Integration im europäischen Binnenmarkt, den Initiativen für eine europäische Sicherheits-, Außen- und Verteidigungspolitik sowie für eine gemeinsame Migrations- und Asylpolitik gestellt. Auf dem Feld der Europapolitik hat sich somit eine Gewichtsverschiebung von der Propagierung visionärer Europaideen zu Gunsten der europäischen Alltagspolitik ergeben. Damit wird die Europapolitik zwangsläufig und weiter zunehmend zur „Routinepolitik“ und naturgemäß konkreter, bürokratischer und pragmatischer. Es zeichnet sich eine Normalisierung des Integrationsprozesses und damit unvermeidlich der deutschen Europapolitik ab. Diese These wird dadurch bekräftigt, dass die Europäisierung neuer Politikfelder, nationaler Akteure und Institutionen und damit verbunden die Normalisierungstendenzen der nationalen Europapolitiken der Mitgliedstaaten keine Tendenz ist, die auf das vereinte Deutschland begrenzt wäre.[107] Die zu Recht konstatierte Normalisierung, Pragmatisierung und Routinisierung der deutschen Europapolitik ist nicht auf den Epochenwandel 1989 oder die deutsche Einheit zurückzuführen, sondern primär auf die Vertiefung des Integrationsprozesses. Allenfalls das Ausmaß und die Form des tagespolitisch dominierten Pragmatismus könnte ein Kennzeichen graduellen Wandels sein.

Veränderungen waren durch den Regierungswechsel 1998 festzustellen; aber nicht so sehr in den inhaltlichen Positionen und den Zielen als vielmehr im Stil. Zu Recht

105 Vgl. Klaus Goetz, Integration Policy in a Europeanized State: Germany and the Intergovernmental Conference, in: Journal of European Public Policy 3 (1996), S. 23-44.

106 Bulmer (Anm. 5), S. 49-79.

107 Zu den Europäisierungsprozessen grundlegend und einführend Kevin Featherstone/Claudio M. Radaelli (Hrsg.), The politics of Europeanisation, Oxford 2003; Thomas Risse/Maria Green Cowles/James Carporosa, Transforming Europe. Europeanization and Domestic Change, Ithaca NY 2001.

Abbildung 1: Entwicklung der öffentlichen Meinung zur Europäischen Union 1985-2005

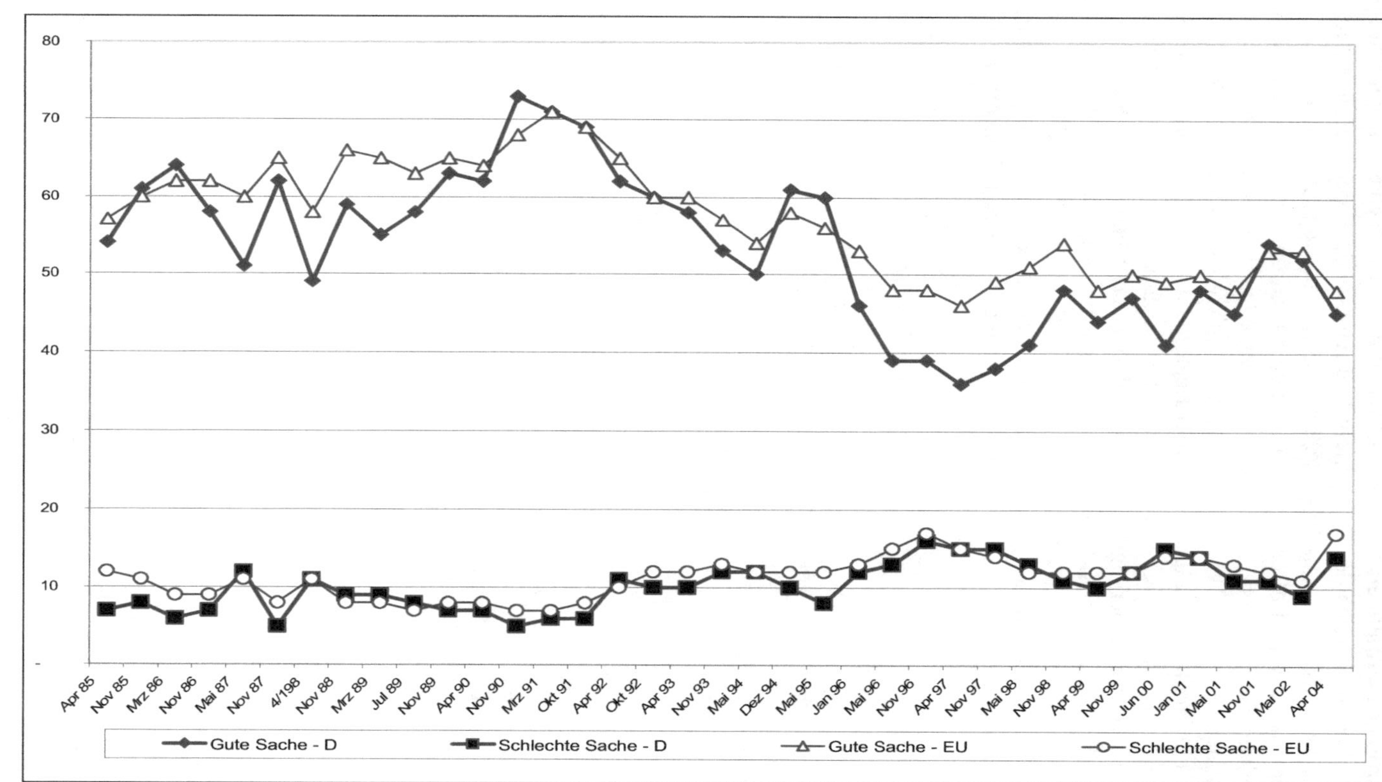

Quelle: Eurobarometer, Die öffentliche Meinung in der Europäischen Union, Umfragen seit 1985.
Die Frage lautet: Ist die Mitgliedschaft Deutschlands in der EU ihrer Meinung nach eine gute Sache, eine schlechte Sache, weder gut noch schlecht?

wird auf einen auffälligen forschen Politikstil der rot-grünen Koalition[108] hingewiesen, der sich im Bereich der Europapolitik durch eine deutliche Instrumentalisierung der Europapolitik für innenpolitische Ziele und Profilierung sowie durch ein durchaus selbstbewussteres und offensiveres Auftreten auf europäischer Ebene auszeichnete. Dennoch erscheint es voreilig, von einem veränderten Politikstil auf einen Wandel der Grundlinien der deutschen Europapolitik zu schließen. Denn ob es wirklich eine strukturelle Veränderung der Grundkoordinaten der deutschen Europapolitik in den letzten Jahren gegeben hat, wird sich nach dem nochmaligen Wechsel der handelnden Personen und der Regierungskoalition im Oktober 2005 beweisen müssen. Diese Frage scheint nach den ersten Erfahrungen mit den schwierigen Verhandlungen zum EU-Finanzrahmen 2007-2013 zumindest offen, zumal die Europapolitik der neuen Bundeskanzlerin und der neuen Bundesregierung in den Medien als Rückkehr zur traditionellen Europapolitik interpretiert und insbesondere der deutlich sichtbare Stilwechsel unterstrichen wurde.[109]

108 Vgl. Kneuer (Anm. 54), S. 29.

109 Unmittelbar nach dem EU-Gipfel wurde die Verhandlungsstrategie der neuen deutschen Bundesregierung und insbesondere die neue Bundeskanzlerin Angela Merkel während des Gipfels vom 15. bis 17. Dezember 2005 als Vermittler zwischen den verschiedenen Interessen gelobt: "The return of Germany" titelten einige Beobachter; ähnlich Beate Neuss, Auf internationaler Bühne. Über einen glanzvollen außenpolitischen Auftakt und seine Chancen, in: Die Politische Meinung 3/2006, S. 23-28.

Autoren und Herausgeber

Peter Becker,
Dr. phil., Wissenschaftlicher Mitarbeiter an der Stiftung Wissenschaft und Politik in Berlin.

Julia von Blumenthal,
Dr. phil., Wissenschaftliche Mitarbeiterin an der Helmut-Schmidt-Universität der Bundeswehr Hamburg und z.Z. Visitig Fellow in Australien.

Andreas Busch,
Dr. phil., Reader für European Politics am Department of Politics and International Relations der University of Oxford.

Michael Edinger,
Dr. phil., Wissenschaftlicher Mitarbeiter im Sonderforschungsbereich 580 an der Friedrich-Schiller-Universität Jena.

Andreas Hallermann,
Dr. phil., Wissenschaftlicher Assistent am Lehrstuhl für empirische Sozialforschung an der Friedrich-Schiller-Universität Jena.

Eckhard Jesse,
Dr. phil., Professor für Politikwissenschaft an der TU Chemnitz.

Claus Leggewie,
Dr. phil., Professor für Politikwissenschaft an der Universität Siegen, z.Z. Direktor des Kulturwissenschaftlichen Instituts Essen.

Hanns W. Maull,
Dr. phil., Professor für Politikwissenschaft an der Universität Trier.

Werner Patzelt,
Dr. phil., Professor für Politikwissenschaft an der TU Dresden.

Eberhard Sandschneider,
Dr. phil., Direktor des Forschungsinstituts der Deutschen Gesellschaft für Auswärtige Politik und Professor für Politikwissenschaft an der FU Berlin.

Zeitfracht Medien GmbH
Ferdinand-Jühlke-Straße 7
99095 Erfurt, Deutschland
produktsicherheit@kolibri360.de